Du même auteur

Le Siècle de François Ier. Du roi guerrier au roi mécène (dir. avec Olivier Bosc), cat. exp. (Chantilly, musée Condé, 7 septembre – 7 décembre 2015), Paris, Cercle d'art, 2015.

Trésors royaux. La bibliothèque de François Ier (dir.), cat. exp. (Blois, château royal, 4 juillet – 18 octobre 2015), Blois, château royal/Paris, BnF/Rennes, Presses universitaires de Rennes, 2015.

Une Renaissance en Normandie. Georges d'Amboise, bibliophile et mécène (dir. avec Florence Calame-Levert et Gennaro Toscano), cat. exp. (Évreux, musée d'Art, Histoire et Archéologie, 8 juillet – 22 octobre 2017), Montreuil, Gourcuff Gradenigo, 2017.

Arts et artistes en Champagne du Nord. Entre Moyen Âge et Renaissance, Rennes, Presses universitaires de Rennes, coll. « Corpus vitrearum », Études n° 11, 2024.

FRANÇOIS Ier

Roi chevalier, roi mécène

Directeur de collection
Charles-Éloi Vial

Pour Perrin

Direction éditoriale
Benoît Yvert

Création graphique
Ursula Held

Mise en pages
Marguerite de Marcillac

Fabrication
Carol Recouvreur

Photogravure
Point11

Pour la Bibliothèque nationale de France

Direction éditoriale
Laure Lane

Coordination éditoriale
Anne-Marike Linnebank

Suivi et coordination iconographiques
Anne Mensior et Franck Bougamont

Perrin, un département de Place des Éditeurs
92, avenue de France, 75013 Paris
Tél. : 01 44 16 08 00

Bibliothèque nationale de France
Quai François-Mauriac
75706 Paris Cedex 13

ISBN Perrin : 978-2-262-09953-4

ISBN BnF : 978-2-7177-3011-1

Dépôt légal : novembre 2025

MINISTÈRE
DE LA CULTURE
Liberté
Égalité
Fraternité

Maxence Hermant

FRANÇOIS Ier

Roi chevalier, roi mécène

BIBLIOTHÈQUE
DES
ILLUSTRES

PERRIN/BIBLIOTHÈQUE NATIONALE DE FRANCE

INTRODUCTION

« Des légendes, toutes hostiles au roi et à sa mère, que [l'auteur] a voulu mettre à néant, l'une ou l'autre inspirait sans doute déjà peu de foi aux historiens doués de perspicacité et peut-être dans telle ou telle y a-t-il une parcelle de vérité qu'il n'a pas reconnue; mais on peut dire qu'en général elles ne résisteront pas à la discussion solide, spirituelle et convaincante qu'il en a faite [...]. Et cependant, de ces contes qui presque tous n'apparaissent que longtemps après la mort du roi proclamé si grand par ses contemporains, combien se lisent encore dans nos livres d'histoire les plus répandus, jusque dans nos manuels et nos dictionnaires classiques! »

P. Paris, *Études...*, vol. 1, p. VI.

Marignan, 1515. Blois, Chambord, Fontainebleau. Tels sont les mots que nombre de Français prononcent spontanément à l'évocation du nom de François Ier. Avec Jeanne d'Arc, Louis XIV ou Napoléon, ce souverain fait partie du petit nombre de personnages qui structurent notre imaginaire collectif, ce qui avec le recul peut paraître d'autant plus étonnant qu'il n'était pas destiné à régner. Il est par excellence le roi de la Renaissance, celui qui clôt le Moyen Âge et ouvre l'ère de la modernité. Très tôt, il a divisé les historiens, qui louent volontiers son courage au combat, son apport culturel – son soutien ardent aux auteurs et aux artistes, la promotion de la langue française – mais aussi politique, *via* la profonde réforme de l'État royal et l'émergence d'une administration moderne. En regard, ils déplorent ses frasques amoureuses, son obsession pour

Auguste-Gaspard-Louis Desnoyers, *Souvent femme varie, Bien fol est qui s'y fie*, burin, Paris, 1817. BnF, Estampes, Réserve AA-5 (DESNOYERS, Auguste-Gaspard-Louis).

l'Italie, son opposition acharnée à Charles Quint, son soutien aux débuts de la répression contre les protestants. Sa carrure de géant – près de deux mètres – a immédiatement impressionné les artistes, les mémorialistes et les historiens, alimentant pour la postérité la légende de « l'Hercule français ». Sa vie a également été très tôt enjolivée par de nombreuses anecdotes, tour à tour galantes ou chevaleresques, souvent fausses, plus rarement fondées sur des faits réels, mais presque toujours exagérées ou déformées au fil des siècles[1].

« Souvent femme varie, bien fol est qui s'y fie » : désireux de laisser une trace d'un amour éconduit, François Ier aurait gravé ces vers fameux sur la vitre d'une fenêtre du château de Chambord. Cette maxime a été largement diffusée par Victor Hugo en 1832 dans *Le roi s'amuse*. Elle dérive, de fait, d'un passage de Brantôme, écrivain de la seconde moitié du XVIe siècle, qui affirme avoir lu la mention « Toute femme varie » gravée sur une fenêtre du château. Comment démêler le vrai de la légende ? L'image d'un roi galant, coureur de jupons, reste encore prégnante. Elle a été largement diffusée dès le XIXe siècle par la gravure et la peinture, par les romans et le théâtre, plus tard par le cinéma, la radio ou encore la bande dessinée. On pourrait citer d'autres anecdotes à la véracité plus ou moins douteuse mais pourtant constamment reprises, telle la mort de Françoise de Foix, comtesse de Châteaubriant, première maîtresse de François Ier, qui aurait été tuée, selon la rumeur publique, par un mari jaloux, ou encore les efforts de Diane de Poitiers, qui aurait payé de sa personne pour obtenir la grâce royale de son père condamné à mort.

Considéré de longue date comme une des figures tutélaires de la monarchie, François Ier devint aussi un des héros de la peinture troubadour qui, sous la Restauration, s'est réapproprié de façon édifiante l'histoire du Moyen Âge mais aussi de la Renaissance. Le comte de Blacas, ancien ministre de Louis XVIII, commanda ainsi en 1818 au peintre Jean-Auguste-Dominique Ingres un tableau représentant l'épisode célèbre, mais revisité par l'architecte, peintre et écrivain toscan Giorgio Vasari, de la mort de Léonard de Vinci, poussant son dernier souffle dans les bras du monarque[2].

D'autres épisodes saillants de l'histoire du règne ont également marqué les plus grands artistes, en particulier la bataille de Marignan ou la rencontre en 1539 de François Ier et de Charles Quint au château de Fontainebleau. Nombre de ces tableaux ont figuré en bonne place dans les expositions du Salon, manifestation qui avait lieu à Paris depuis la fin du XVIIe siècle pour présenter les œuvres des artistes agréés par l'Académie royale de peinture et de sculpture, puis par l'Académie des beaux-arts. La plupart des peintres ne connaissaient alors qu'un modèle du portrait du roi, celui du Titien, exposé

Jean-Auguste-Dominique Ingres, *François Ier reçoit les derniers soupirs de Léonard de Vinci*, huile sur toile, Rome, 1818. Paris, musée du Petit-Palais – musée des beaux-arts de la Ville de Paris, inv. PDUT1165.

Alexandre-Marie Colin, *Charles Quint reçu au palais du Louvre par François Ier*, huile sur toile, Paris, 1843. Paris, Assemblée nationale, dépôt du musée du Louvre, inv. 3304.

au musée du Louvre, facilement accessible et largement diffusé par l'estampe qui a immortalisé pour la postérité son long nez aquilin, sa barbe fournie et son regard étrangement malicieux. Les portraits peints confirment ceux rédigés par les contemporains, tel celui-ci, dû à un ambassadeur vénitien, publié pour la première fois en 1838 et qui a pu inspirer certains artistes :

> Son aspect est tout à fait royal, en sorte que sans avoir jamais vu sa figure ni son portrait, à le regarder seulement, on dirait aussitôt : c'est le roi. Tous ses mouvements sont si nobles et si majestueux, que nul prince ne saurait l'égaler. Son tempérament est robuste, malgré les fatigues qu'il a toujours endurées et qu'il endure encore dans tant d'expéditions et de voyages. [...] Il mange et boit beaucoup, il dort encore mieux, et, qui plus est, il ne songe qu'à mener joyeuse vie. Il aime un peu la recherche dans son habillement, qui est galonné et chamarré, riche en pierreries et en ornements précieux[3].

Dans le second tiers du XIXe siècle, Louis-Philippe fit à son tour beaucoup pour entretenir la mémoire de son prédécesseur, en ordonnant notamment d'importants travaux de restauration au château de Fontainebleau. La galerie François Ier, chef-d'œuvre de la Renaissance alors fort dégradé, retrouva ainsi sa splendeur[4], le roi des Français s'étant attaché à la mémoire ce monarque mécène et réformateur, comme lui issu d'une branche cadette. À l'époque de l'historiographie romantique triomphante, sa biographie demeurait pourtant empreinte d'anecdotes apocryphes. Le souverain fut ainsi vulgarisé à la diable dans l'*Histoire de France* de Jules Michelet dont le volume consacré à la Renaissance fut publié en 1855, l'historien accumulant dans ce volume les erreurs et les clichés, malgré une utilisation pionnière des archives : « Cette royale figure qui semblait tout comprendre et hâblait à merveille, était en réalité un splendide automate dans la main de sa mère, l'intrigante, violente et rusée Savoyarde, et d'un homme d'affaires, Duprat, fin, vil et bas, qu'il prit pour chancelier[5]. » Le premier à accomplir un réel travail d'historien, de recherche et de critique des sources, fut sans nul doute Paulin Paris, dont la biographie posthume du souverain parut en 1885.

Comme souvent au XIXe siècle, la personnalité du roi fut perçue différemment par les monarchistes et les républicains. Pour ne prendre par exemple que les questions religieuses, les premiers reprochèrent au roi son laxisme dans le traitement de la Réforme, tandis que les seconds louèrent sa modération, en particulier l'influence libérale de sa sœur. La lecture de son règne, comme de tant d'autres, est un révélateur assez fidèle des affrontements politiques et religieux de la IIIe République, proclamée en

54

FRANÇOIS Ier ARMÉ CHEVALIER PAR BAYARD

« François Ier armé chevalier par Bayard », illustration d'Eugène Grasset, gravée par Charles Gillot, dans [Gustave Ducoudray], *Histoire et civilisation de la France. Cours élémentaire et moyen. Nouveau cours primaire du certificat d'études*, Paris, Hachette, 1890, p. 54. BnF, Philosophie, Histoire, Sciences de l'homme, 8-L39-886.

1870 à la chute du Second Empire. C'est également au XIXe siècle que remonte la légende, encore tenace, de l'institution en 1537 par le souverain du dépôt légal, obligation soi-disant faite aux éditeurs de déposer à la Bibliothèque royale un exemplaire de tous les livres imprimés dans le royaume.

Il est un domaine de l'édition qui a beaucoup fait pour forger son image et son imaginaire : les manuels scolaires. Après 1882, lorsque la IIIe République rendit l'école primaire obligatoire, les grands éditeurs, dont Hachette, publièrent en masse des manuels à destination des jeunes élèves, où l'histoire se trouvait revisitée avec une vision laïque, notamment les vies des hommes illustres ayant fondé la France, dont François Ier, devenu un des principaux acteurs de ce panthéon. Cette image aujourd'hui datée demeure prégnante dans les esprits, le « roman national » s'étant fondé sur deux grands blocs : d'un côté la valorisation de la politique culturelle du roi, le « père des lettres », promoteur de la Renaissance, collectionneur et grand bâtisseur de châteaux ; de l'autre les guerres d'Italie, avec la victoire de Marignan et la défaite glorieuse de Pavie, mais aussi l'affrontement avec Charles Quint, en écho aux tensions avec l'Allemagne de la fin du XIXe siècle. « Ce fut l'honneur de François Ier de lutter contre cette puissance dangereuse[6] », résume ainsi un manuel scolaire. La bravoure du roi chevalier s'incarne tout particulièrement dans l'épisode, plus que romancé et abondamment diffusé par la gravure, de l'adoubement de François Ier par le chevalier Bayard, « sans peur et sans reproche », au lendemain de la bataille de Marignan[7]. Cet événement mythique a fini par basculer dans l'inconscient collectif. Dans tous ces ouvrages, François Ier est aussi montré comme celui qui a su mettre un terme à la féodalité, par la centralisation et l'unification du royaume, la promotion d'une langue unique, le français, le rattachement de la Bretagne ou la réforme de l'administration, préparant ainsi le terrain à l'absolutisme à venir. Ces considérations sont généralement nuancées par des critiques sur son caractère impétueux, ses mœurs ou ses obsessions, en contraste avec Louis XII, « le père du peuple », le bon souverain devant être ferme, mais pondéré et modéré. « Ce fut un grand malheur que le roi devînt si puissant, car, lorsque les rois font tout ce qu'ils veulent, ils peuvent commettre de grandes fautes, et le royaume en souffre[8] », note par exemple Ernest Lavisse.

Depuis quelques dizaines d'années, François Ier a fait l'objet de nombreuses biographies de grande qualité. En écrire une nouvelle pourrait donc sembler une gageure, même si les études récentes permettent de jeter sur celui-ci un nouveau regard, apporter un éclairage différent, en pondérant notamment quelques jugements et conclusions hâtives, en mettant davantage en avant l'héritage culturel du souverain et surtout en exploitant de nouvelles sources.

Pour le présent ouvrage, les collections de la Bibliothèque nationale de France ont été largement mises à contribution. Peut-être plus que pour tout autre souverain ou personnage historique, elles présentent en effet une richesse et une variété parfois insoupçonnées, notamment en matière de documents d'archives originaux. Manuscrits enluminés, livres imprimés, lettres, chartes et traités, dessins et gravures, médailles, camées et intailles, permettent de mettre en images et d'incarner ce souverain de la Renaissance.

Bien plus encore, et il faut le rappeler ici, la BnF est l'héritière de la Bibliothèque royale. En son cœur se trouvent les livres manuscrits et imprimés – près de cinq mille ! –, progressivement rassemblés par François Ier, réunis dès 1544 dans sa bibliothèque (on parlait alors de « librairie ») au château de Fontainebleau. Ces volumes inestimables demeurent une source inépuisable. Ils dévoilent les goûts et les intérêts, parfois inattendus, du souverain, permettent de mieux connaître sa famille, son entourage, ses lieux de résidence et son quotidien, mais ils nous plongent aussi au cœur d'une époque d'effervescence artistique inégalée et d'un règne mené tambour battant.

---

1. P.-G. Girault (dir.), *François Ier...*, p. 10-12.
2. G. Toscano, « La mort de Léonard. Un épisode de l'histoire de France. De Ménageot à Ingres », dans S. Tullio Cataldo, *Léonard en France...*, p. 188-235.
3. « Relation » de Marino Cavalli (1546), dans *Relations...*, vol. 1, p. 279.
4. J. Lazaj et M. Buaillon, « La "maison des siècles" en chantier », dans O. Beaufils et V. Cochet (dir.), *Louis-Philippe...*, p. 119-120.
5. J. Michelet, *Histoire...*, p. 304.
6. [G. Ducoudray], *Nouveau Cours...*, p. 55.
7. B. Deruelle, « L'adoubement de François Ier à Marignan (1515). "Car il print l'ordre de chevalerie de sa main" », dans B. Deruelle et L. Vissière (dir.), *L'Énigme...*, p. 65-82 ; T. Lassabatère, *Bayard...*, p. 277-393.
8. E. Lavisse, *Histoire...*, p. 71.

▸ Dans cet ouvrage offert par l'imprimeur-libraire parisien Antoine Vérard, on retrouve une miniature en pleine page représentant la traditionnelle remise du livre par son auteur. Le jeune François, comte d'Angoulême, est accompagné de sa mère, Louise de Savoie, veuve et donc tout de noir vêtue, et d'une jeune fille qui est probablement sa sœur Marguerite. Louise y est représentée comme une mère dévouée à l'éducation de son fils, héritier de plus en plus probable du trône de France.

Octovien de Saint-Gelais, *Séjour d'honneur*, Paris, Antoine Vérard, 1503, enluminé par le Maître de Philippe de Gueldre. BnF, Réserve des livres rares, Vélins 2239, f. aa1 v° (détail).

CHAPITRE 1ER

Un héritier inattendu

« Le jour de la Conversion de saint Paul, le 25 janvier 1501, vers deux heures de l'après-midi, mon seigneur, mon César et mon fils fut entraîné à travers les champs près d'Amboise par une jument que lui avait donnée le maréchal de Gié ; le danger fut si grand que ceux qui étaient présents l'estimaient irrémédiable ; toutefois Dieu, protecteur des femmes veuves et défenseur des orphelins, prévoyant les choses futures, ne voulut pas m'abandonner, sachant que si le hasard m'avait si soudainement privée de mon amour, j'aurais été très malheureuse. »

Journal de Louise de Savoie, BnF, Arsenal, Ms-3435, f. 1-2.

Le bref mais étonnant *Journal* tenu par Louise de Savoie, comtesse d'Angoulême, n'est pas qu'une simple chronique enregistrant les dates des naissances et des trépas princiers, les grandes batailles, les événements dynastiques et les fêtes religieuses. Il s'agit, chose exceptionnelle pour l'époque, d'un document éminemment personnel et d'une source documentaire capitale dans notre connaissance de la jeunesse de son fils, le futur François Ier. Au fil du temps, elle évoque non seulement l'enfance et l'éducation du jeune prince, mais aussi les signes qu'elle croyait discerner jusque dans les plus petits événements du quotidien, et qui à l'en croire prédestinaient son jeune et beau « César » à un destin grandiose. À la date du 25 janvier 1501, elle consigna par exemple un des accidents que celui-ci subit lors d'une sortie à cheval. La date des faits, le jour de la fête de la Conversion de saint Paul, ainsi que l'issue heureuse, comptaient pour elle comme des signes indubitables que son enfant était destiné à devenir un jour roi de France. Cette prophétie lui avait d'ailleurs été annoncée par l'ermite François de Paule, qu'elle avait tenu à consulter pendant sa grossesse.

Rien pourtant n'était moins sûr, le jeune homme à la généalogie prestigieuse n'occupant qu'une place secondaire dans l'ordre de la succession royale : François d'Angoulême était en effet l'arrière-petit-fils de Louis d'Orléans, fils de Charles V et frère cadet du roi Charles VI. Cette branche cadette des Valois-Orléans, dite des Valois-Angoulême, portait depuis cette époque les armes *d'azur à trois fleurs de lys d'or, au lambel d'argent à trois pendants, chaque pendant chargé d'un croissant de gueules.*

La famille comtale d'Angoulême

François d'Angoulême naquit à Cognac le 12 septembre 1494. Son père, Charles, était le fils de Jean d'Angoulême (1399-1467) et de Marguerite de Rohan. Jean était lui-même le fils de Louis, duc d'Orléans (assassiné en 1407 sur ordre du duc de Bourgogne), et de Valentine, fille du duc de Milan, Jean Galéas Visconti. Livré comme otage en Angleterre en 1412, à la suite de la sanglante défaite d'Azincourt, Jean y était demeuré pendant de nombreuses années, tout comme son frère, le poète Charles d'Orléans, dans l'attente d'une rançon. Il ne fut libéré qu'en 1445, après trente-trois ans de captivité ! De retour en France, Jean avait repris les rênes de son comté d'Angoulême. Fidèle de Charles VII, il combattit aux côtés de son demi-frère, Jean de Dunois, dit le bâtard d'Orléans, et contribua ainsi à chasser les Anglais hors du royaume à la fin de la guerre de Cent Ans. Prince lettré, comprenant le latin, copiant lui-même certains manuscrits, mais ne partageant pas le goût pour le faste de son frère Charles, il jeta les bases de la bibliothèque familiale que les documents anciens décrivent comme le « retraict de monseigneur ». Cette ascendance littéraire n'est pas anodine : le château de Cognac était devenu dès cette époque un foyer intellectuel particulièrement vif, la famille d'Angoulême passant pour extrêmement lettrée et raffinée malgré la modestie de sa cour.

Le prince-poète mourut en 1467 mais son épouse, Marguerite de Rohan (fille d'Alain IX, vicomte de Rohan, et de Marguerite de Bretagne, fille du duc Jean IV de Bretagne), à laquelle il s'était uni en 1449, lui survécut une trentaine d'années, jusqu'en 1497. Son fils Charles, né en 1459, se retrouva donc très jeune à la tête de la principauté familiale, même s'il occupe une place réduite dans l'historiographie, probablement en raison de sa mort précoce en 1496, à l'âge de trente-six ans. Volontiers décrit comme effacé, le père de François Ier mérite pourtant que l'on réévalue son rôle. Il avait ainsi activement participé à la Guerre folle, qui se déroula de 1485 à 1488, en prenant le parti de Louis d'Orléans contre Anne de Beaujeu, régente durant la minorité de son frère Charles VIII. Par la suite, le roi lui avait confié la charge de gouverneur de Guyenne.

Écrit vers 1278 par Gilles de Rome à la demande du jeune Philippe le Bel, le *De regimine principum* est un manuel de bon gouvernement. Une traduction en français en fut faite en 1487 pour Charles d'Angoulême. En tête de l'exemplaire de présentation, figure une miniature où Robinet Testard a peint la traditionnelle remise du livre par le traducteur à son commanditaire. Ceint de la couronne comtale et vêtu d'un bel habit fleurdelysé, le comte est assis sur un trône richement drapé. Ses armes ornent la panse de la première lettre du texte, un C majuscule (« Considérant qu'il n'est riens plus doulx ne plus desirable aux humains qu'est l'exercice des lettres… »).

Gilles de Rome, *Régime des princes*, trad. par Charles de Saint-Gelais, enluminé par Robinet Testard, Cognac, 1487-1488. BnF, Manuscrits, Smith-Lesouëf 75, f. 1.

Du point de vue intellectuel, Charles d'Angoulême prolongea le goût de son père pour les livres et manifesta un intérêt appuyé pour les manuscrits enluminés, volontiers luxueux, mais aussi – le fait est suffisamment original et précoce pour être noté – pour les livres imprimés[1].

Charles d'Angoulême épousa Louise de Savoie en 1488[2]. La jeune princesse n'avait alors que onze ans, il en avait dix-sept de plus. Fille du futur duc de Savoie, Philippe de Bresse, dit sans Terre, et de Marguerite de Bourbon (fille du duc Charles Ier de Bourbon et d'Agnès de Bourgogne), elle avait été confiée à sa cousine, Anne de Beaujeu, à la mort de sa mère en 1483[3]. Maigrement dotée, elle était douée d'une grande intelligence et d'une remarquable ambition, pour elle et surtout pour ses deux enfants : Marguerite, née le 11 avril 1492, et François, né deux ans plus tard.

On présente souvent le château de Cognac, où le futur roi passa son enfance, comme un logement modeste. L'étude architecturale de cette demeure princière s'avère particulièrement complexe car le bâtiment a été depuis considérablement modifié. Il ne reste en réalité que peu de chose de ses dispositions anciennes, les lieux ayant été remaniés après l'avènement de François à la couronne. Peu d'éléments matériels nous sont parvenus, en dehors de la riche bibliothèque de Cognac transmise par l'héritage de François Ier et pour la majeure partie conservée dans les collections de la Bibliothèque nationale de France. Les textes liminaires, ainsi que les pages de dédicace de ces documents somptueusement enluminés, dévoilent quelques rares éléments sur le quotidien du jeune prince et de ses parents, et permettent de mieux comprendre un des traits de caractère du futur roi, connu comme un monarque bibliophile, qualifié par la postérité de « père des lettres ». Cet intérêt pour le livre, de même que son habitude de protéger les auteurs, était, on l'a dit, un héritage de son histoire familiale.

Charles et Louise s'étaient entourés à Cognac d'une petite cour, où l'on appréciait la chasse, les fêtes, la musique, la poésie. Elle était fréquentée par la noblesse locale, mais aussi un certain nombre d'écrivains et d'artistes, dont le poète et traducteur Octovien de Saint-Gelais, par ailleurs évêque d'Angoulême, le faiseur de ballades, de rondeaux, joueur de flûte et d'orgue Imbert Chandelier ou encore l'enlumineur Robinet Testard, personnage qui semble avoir occupé une place centrale dans l'entourage princier. Actif à Poitiers au début des années 1470, ce dernier avait été repéré par la famille d'Angoulême, et tout particulièrement par Charles, qui en fit son artiste de cour attitré. On le documente ainsi comme valet de chambre du comte en 1484. Il continua à être employé par Louise de Savoie et François, devenu roi, à défaut de lui commander des manuscrits, resta fidèle à l'enlumineur de ses défunts parents en lui versant des gages jusqu'en 1534[4].

La famille d'Angoulême disposait d'une riche bibliothèque, décrite en soixante-quinze *items*, représentant environ cent quatre-vingts volumes, ce qui est important pour l'époque, sans compter ceux qui furent décrits en lot et ceux qui étaient hors inventaire[5]. Celui-ci énumère en outre une importante vaisselle précieuse : pots et flacons godronnés, bassins, chandeliers, drageoirs, brocs, aiguières, tasses, plats, écuelles, cuillers et couteaux, en argent ou argent doré, pour un poids total d'environ cent soixante-dix kilos de métal précieux. La richesse de la famille se mesure également au nombre des bijoux recensés : une croix en or avec un gros diamant, un rubis et deux émeraudes (4 100 écus), deux bagues en or avec un rubis (900 écus), une bague en or avec un diamant taillé en cœur (450 écus), une bague en or avec une turquoise (120 écus), une chaîne en or, avec un pendant en diamant en forme de cœur (1 000 écus), une perle ronde (1 000 écus) et un diamant en pointe (300 écus). Cet ensemble était d'un coût considérable. On note également la présence, au château de Cognac, mais aussi dans celui d'Angoulême, de nombreuses tapisseries et tentures : notamment six pièces de verdure (tentures à décor végétal), appelées « la Bergerie », neuf sur les Chasses, neuf sur l'histoire de Thésée, dix sur « la Morisque » (batailles des chrétiens contre les Maures en Espagne), dix semées de cerfs en broderies, onze sur le thème des Bûcherons, deux consacrés à l'histoire d'Alexandre, ainsi que de nombreuses autres verdures. Certaines sont dites avoir été achetées à Lyon, d'autres venant de Flandres. Le goût de la famille pour le luxe et les textiles précieux transparaît aussi dans les nombreuses mentions de couvertures de drap d'or, de carreaux de drap d'or et d'argent, de dais de velours bleu semé de lys d'or ou de rideaux de damas cramoisi.

En 1494, au moment de la naissance du futur François Ier, le roi de France était Charles VIII, fils de Louis XI, monté sur le trône en 1483. Son épouse, la reine Anne de Bretagne, avait donné naissance deux ans auparavant à un dauphin, Charles-Orland. L'avenir de la monarchie française paraissait donc assuré, le couple royal étant en outre encore jeune et en âge de procréer. En cas d'absence de descendance masculine, l'héritier du trône devait être non pas le chef de la branche Angoulême, qui ne venait qu'en deuxième position, mais celui de la branche des Valois-Orléans, le duc Louis d'Orléans, futur Louis XII. Toute une série de morts inattendues vint pourtant bouleverser l'ordre de succession et le destin du jeune François, prince très éloigné du trône, qui était au départ destiné à n'occuper qu'une place secondaire dans son comté d'Angoulême, loin des fastes de la cour de France, alors localisée dans le Val de Loire.

Louise de Savoie se retrouva précocement veuve le 1er janvier 1496. Charles fut inhumé comme son père dans la cathédrale d'Angoulême.

Les rares reliures textiles conservées du temps de Charles d'Angoulême permettent d'avoir une idée du luxe déployé dans le château de Cognac à cette époque. Ce manuscrit de la fin du XIIIe siècle, provenant de Charles V et acquis par Jean d'Angoulême durant sa captivité à Londres, a reçu sous Charles d'Angoulême une riche reliure de drap d'or façonné à motif de chevrons. Des fils de soie rose pâle et bleu y alternent avec des filets métalliques dorés (une âme de soie autour de laquelle est enroulée une très fine lame de métal, ici de laiton, parfois de cuivre, d'argent doré, voire d'or).

De la joie de paradis – Reclus de Molliens, *Roman de Miserere* et *Roman de Carité*, Paris, fin XIIIe siècle, reliure entre 1467 et 1496. BnF, Manuscrits, Français 1838, plat inférieur.

Éminente bibliophile, Louise de Savoie rassembla une importante collection de manuscrits et imprimés, qu'elle transmit pour une large part à son fils. On y trouve uniquement des livres en français, et notamment des traductions d'auteurs antiques, dont Ovide. Les *Héroïdes*, traduites et adaptées par Octovien de Saint-Gelais en 1497, sont un recueil de lettres écrites par des héroïnes antiques se plaignant de l'absence ou de l'indifférence de l'être aimé, probable écho à sa condition de veuve.

Hypermestre en prison, dans Ovide, *Héroïdes*, trad. par Octovien de Saint-Gelais, enluminé par Robinet Testard, Cognac ou Angoulême, 1497. BnF, Manuscrits, Français 875, f. 78.

L'inventaire après-décès dressé en novembre 1496 nous en apprend beaucoup sur l'environnement dans lequel le jeune François a été élevé durant sa prime jeunesse[6]. Encore cet inventaire ne contient-il que les biens appartenant au comte et transmis à ses enfants, et non ceux appartenant en propre à Louise de Savoie, à commencer par ses livres personnels. Femme cultivée et manifestement dotée d'un fort caractère, Louise était alors âgée d'à peine dix-neuf ans. Elle se retrouva brusquement responsable d'un comté qu'il lui fallait administrer, avec deux enfants à élever : Marguerite, trois ans, et François, un an. Elle prit également en charge les enfants bâtards de son défunt mari, Jeanne et Madeleine, nés d'une relation avec Antoinette de Polignac, dame de Combronde, qu'elle garda du reste à ses côtés.

Le duc de Valois à Amboise

Outre la mort inattendue de ce père qu'il avait à peine connu, le destin de François fut bouleversé par plusieurs autres disparitions. Le 16 décembre 1495, le dauphin Charles-Orland mourut à l'âge de trois ans. Le 17 avril 1498, Charles VIII décéda à son tour des suites d'une hémorragie cérébrale, après s'être violemment heurté la tête sur un linteau de porte du château d'Amboise, dans des circonstances qui ont attisé l'imaginaire des uns et des autres. Le couple royal n'ayant pas eu d'autre enfant, la couronne passa dès lors au plus proche cousin du roi, le duc d'Orléans, qui monta sur le trône sous le nom de Louis XII. Il était marié à Jeanne de France, fille de Charlotte de Savoie et de Louis XI. Ce dernier avait finement contraint son cousin à épouser sa fille, princesse notoirement difforme, afin d'entraîner l'extinction de la branche d'Orléans. Dès son avènement, Louis XII se hâta de faire annuler ce mariage. Le tribunal ecclésiastique ouvert à la cathédrale Saint-Gatien de Tours invoqua une union contrainte et consanguine, le défaut d'âge lors du mariage et le fait que la reine était tout bonnement stérile. Le pape Alexandre VI trancha en faveur du roi de France le 17 avril 1498, pour non-consommation de l'union. Redevenu libre, Louis XII épousa Anne de Bretagne le 8 janvier 1499, en suivant exactement les dispositions du contrat qui avait été conclu pour le mariage de Charles VIII en 1491. Il avait alors été établi que si celle-ci devenait veuve sans avoir donné naissance à un enfant mâle, son successeur devrait l'épouser. Une des visées de cet étrange accord nuptial était en réalité de conserver le stratégique duché de Bretagne dans l'orbite du royaume.

Dans la fleur de l'âge – il avait presque trente-six ans en montant sur le trône –, Louis XII espérait bien avoir une descendance masculine.

En attendant, son héritier légitime, selon la loi salique et la règle de la primogéniture mâle, devenait automatiquement le petit François d'Angoulême, alors âgé d'un peu moins de quatre ans. Le roi décida donc de faire venir Louise et ses deux enfants à la cour, en Val de Loire. Il les installa au château d'Amboise, où il avait fait construire une nouvelle aile, perpendiculaire à celle édifiée sous Charles VIII. Le couple royal s'installa de son côté au château de Blois, où d'amples travaux furent entrepris à partir de 1501. À Amboise, Louis XII mandata un homme de confiance pour surveiller la famille Angoulême en la personne de Pierre de Rohan, maréchal de Gié, nommé gouverneur de la ville et capitaine du château. Vétéran des guerres de Louis XI et de Charles VIII, ce dernier se méfiait de Louise... qui le lui rendait bien. Dans son nouveau logis, plus proche de la cour, la mère du nouvel héritier s'attacha à recomposer une cour sur le modèle de celle de Cognac, mais plus brillante, en s'attachant de nouveaux poètes, historiens et artistes.

Pour marquer cette nouvelle place d'héritier présomptif, Louis XII octroya au jeune François le duché de Valois, par lettres patentes de février 1499, enregistrées au parlement de Paris le 26 avril suivant. Le titre de duc de Valois avait été auparavant porté par Louis XII en tant que duc d'Orléans, qui le tenait de son aïeul Louis d'Orléans, premier duc en titre, frère de Charles VI. Les lettres patentes stipulent que le roi, par ce titre apanager, « considerans la proximité de lignaige », transmettait non seulement le duché, mais aussi « ses appartenances et appendances ainsi qu'elle se comporte et poursuit tant en villes, chasteaux, forteresses, juridicions, hommes, hommaiges, vassaulx et subgects, rachaptz, fiefz, arriere fiefz, terres, boys, forestz, prez, vignes, fours, moulins, estangs, rivieres, pescheries, droiz, cens, rentes et yssues que autres prouffitz, revenues et emoluments quelzconques qui en dependent pour en joyr par lui et ses successeurs en tous droiz de duché, seigneurerie, auctorittez, honneurs, prerogatives, prouffitz et preeminences quelzconques ». Outre les confortables revenus qu'il garantissait à son nouveau titulaire, ce titre lui conférait le droit de disposer de la nomination aux offices royaux dépendant de l'administration du duché. Ce droit fut provisoirement confié à Louise de Savoie, en raison de la « minorité et bas age » du jeune François[7]. Souvent figurée en dame Prudence dans les textes et les enluminures de l'époque, Louise prit en main l'éducation de ses deux enfants. Les manuscrits de la bibliothèque familiale qui nous sont parvenus témoignent de l'étroitesse des liens qui les unissaient, à tel point que l'on a pu parler de « triade Angoulême ».

Pour donner à son fils une éducation à la hauteur de son statut, Louise de Savoie s'entoura d'un groupe d'intellectuels triés sur le volet. Issu de

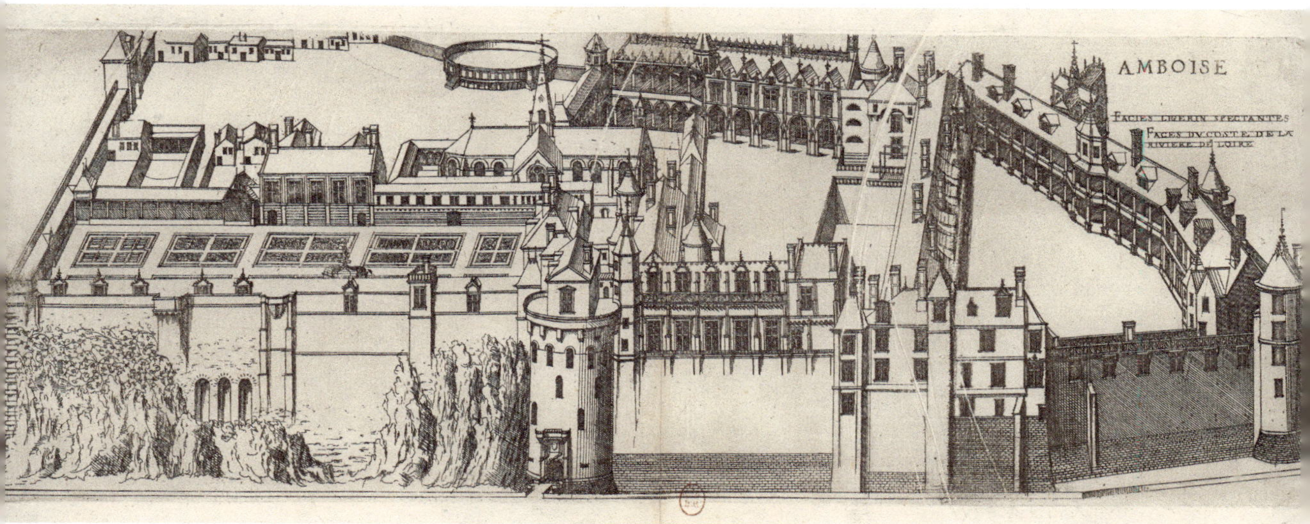

Cette gravure présente l'état du château d'Amboise à la fin du xvie siècle. L'aile au centre du premier plan, et qui est parvenue jusqu'à nous, avait été édifiée sous Charles VIII, avec, en retour d'équerre, celle construite sous Louis XII. C'est là, sur les bords de Loire, que François d'Angoulême, devenu duc de Valois en 1499, passa une partie de ses jeunes années.

Jacques Androuet Du Cerceau, *Vue du château d'Amboise*, eau-forte, 1579.
BnF, Estampes, Ed-2 (2)-Fol.

la noblesse poitevine, chanoine de la cathédrale Saint-Pierre et de l'église Sainte-Radegonde de Poitiers, François de Moulins de Rochefort apparaît dès 1501 comme maître d'école de François de Valois dans les comptes de Louise, puis en 1502 comme aumônier et chapelain[8]. Il vécut très probablement à Amboise, auprès de son élève, et le suivit à Blois, pour apparaître dès 1511 dans les comptes de la maison de celui-ci. Ses premiers temps de service correspondent précisément aux années de formation du jeune prince. Parmi divers opuscules consacrés à son éducation morale et intellectuelle, il écrivit notamment en 1505 un *Dialogue sur le jeu* pour le mettre en garde contre l'abus des cartes et des dés, activités reflétant par excellence les vices de l'homme, suscitant immanquablement colère et avarice[9]. Religieux franciscain originaire du Poitou, connaisseur de la littérature antique, Jean Thenaud fut lui aussi précepteur du prince. Il commença, probablement vers 1508-1509, un imposant traité intitulé *Triomphe des vertus* dont l'écriture l'occupa plusieurs années. On peut également citer Christophe de Longueil. Fils naturel de l'évêque Antoine de Longueil, chancelier et aumônier d'Anne de Bretagne, il fit de brillantes études de droit et fut appelé par Louise dès 1510, mais son enseignement ne dura que quelques mois.

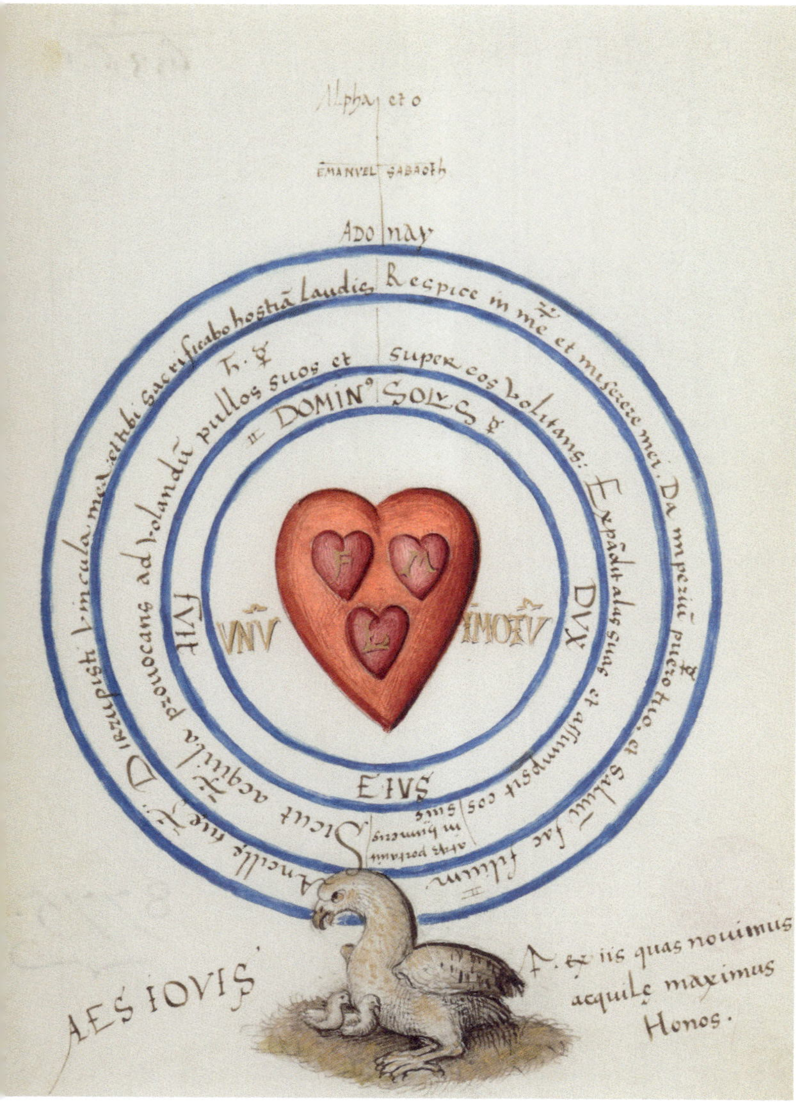
Alpha et o
EMANVEL SABAOTH
ADO nay
DOMIN°
SOLVS
VNV
DVX
EIVS
AES IOVIS
ex iis quas novimus
aquile maximus
Honos.

Dominum
DOMINI
REGNAB
Olor Liburnicarum more Rostrato
impetu fertur, Colla iponit
precedentibus, Ciconie que
nidu sepe repetens, fessum
ad terga recipit ducem

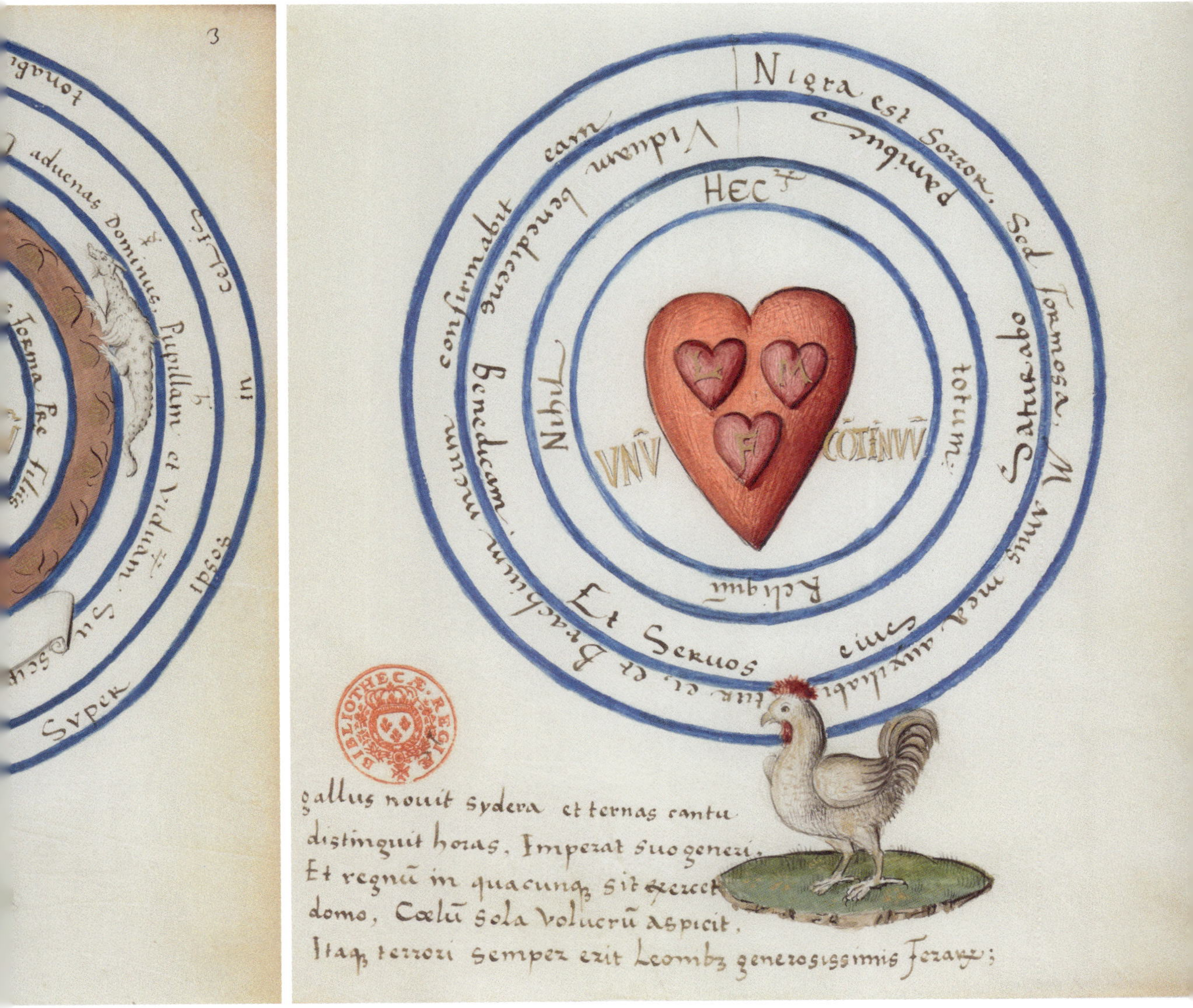

Parmi les manuscrits livrés par François de Moulins de Rochefort figure cet étonnant livret emblématique où chaque membre de la « triade Angoulême », Louise, Marguerite et François, est évoqué de façon allégorique sur une composition. Autour de trois cœurs marqués de leurs initiales se trouvent des cercles concentriques comportant des citations latines des Écritures, créditées de vertus quasi magiques. Au-dessous sont figurés un aigle et ses deux aiglons (Louise), un cygne (Marguerite) ou un coq (François).

François de Moulins de Rochefort, *Liber enigmatum*, Val de Loire, vers 1515. BnF, Manuscrits, Latin 8775, f. 1 v°, 3 et 4.

Signe de l'intérêt que Louise de Savoie portait à l'éducation de son fils, ce *Compas du dauphin* contient une miniature la représentant alors qu'elle place un compas au-dessus de son fils, debout devant un dauphin, évocation directe de sa place d'héritier de la couronne. Le compas, qui renvoie au cercle, et donc à la perfection, est aussi un instrument de navigation. Louise, incarnation de la Prudence, est ainsi représentée comme le repère moral de son fils, son guide. Toutes ces enluminures montrent nettement le jeune François comme un prince accompli, prêt à exercer son « métier » de roi.

Le Compas du dauphin, enluminé par le Maître de Philippe de Gueldre, Paris, vers 1505-1506. BnF, Manuscrits, Français 2285, f. 5.

Si François reçut une éducation poussée le sensibilisant aux différents courants intellectuels de son temps, on ne peut pour autant qualifier celle-ci d'humaniste au sens classique du terme de l'érudit lettré s'intéressant à la connaissance des langues et littératures anciennes. Certes, il apprit et maîtrisa très tôt l'italien, mais il eut en revanche beaucoup plus de difficultés avec le latin, qu'il goûtait fort peu et dont il ne retint que les bases, le grand savant Guillaume Budé lui faisant même dire dans son *De philologia* paru en 1532 : « *Latinae linguae tantum rudimenta, vel elementa potius puer attigi* » (Enfant, je n'ai atteint que les rudiments ou plutôt les éléments de base de la langue latine.) Le grec lui était en outre totalement étranger. D'esprit curieux, le jeune François était en revanche particulièrement attiré par les armes.

Une éducation sportive et militaire lui fut donnée par son écuyer, Regnaud du Refuge, et par le maréchal de Gié. Ce dernier fut remplacé après sa disgrâce en 1506 par Artus de Gouffier, militaire plus jeune, qui avait pris part aux campagnes d'Italie lancées par Charles VIII et par Louis XII, avant de devenir par la suite gouverneur du duché de Valois. François fut aussi entouré de compagnons, amis d'enfance, qui restèrent dans son entourage proche : Robert de La Marck, dit le « Jeune Adventureux », futur maréchal de France, qui a laissé d'importants Mémoires ; Anne de Montmorency, futur connétable ; Marin de Montchenu, futur ambassadeur et premier maître d'hôtel du roi ; ou Philippe Chabot, futur amiral. Ces jeunes aristocrates s'exerçaient à des jeux de balle, dont les règles avaient été apportées d'Italie, comme l'escaigne et la grosse boule. Ils chassaient aussi le cerf et tiraient à l'arc, inventaient des batailles et attaquaient de faux châteaux.

Tout en suivant l'éducation de son fils, Louise de Savoie préparait assidûment son avenir, continuant à nourrir de grandes ambitions pour lui. Elle forgea ainsi le premier chapitre de sa légende en 1504, en commandant une médaille où figurait à l'avers le portrait du jeune prince, accompagné de la légende « François, duc de Valois, comte d'Angolesme, an X de son eage », et au revers l'emblème qu'elle lui avait choisi : la légendaire salamandre, associée au *motto* « *Nostrisco al buono stingo el reo MCCCCCIIII* » (Je me nourris du bon feu et éteins le mauvais, 1504). La plus ancienne mention de cet animal dans l'histoire familiale remontait vraisemblablement à 1461, dans un poème anonyme adressé à Jean d'Angoulême lors des fiançailles de Marie d'Orléans, fille du poète Charles d'Orléans (le frère de Jean) et de Pierre de Bourbon[10]. Jean ne semble pas pour autant l'avoir adopté comme emblème, pas plus que son fils, Charles. La signification de l'animal, représenté au milieu des flammes, et de la devise associée a été longuement commentée par la critique, avec des explications diverses. La salamandre

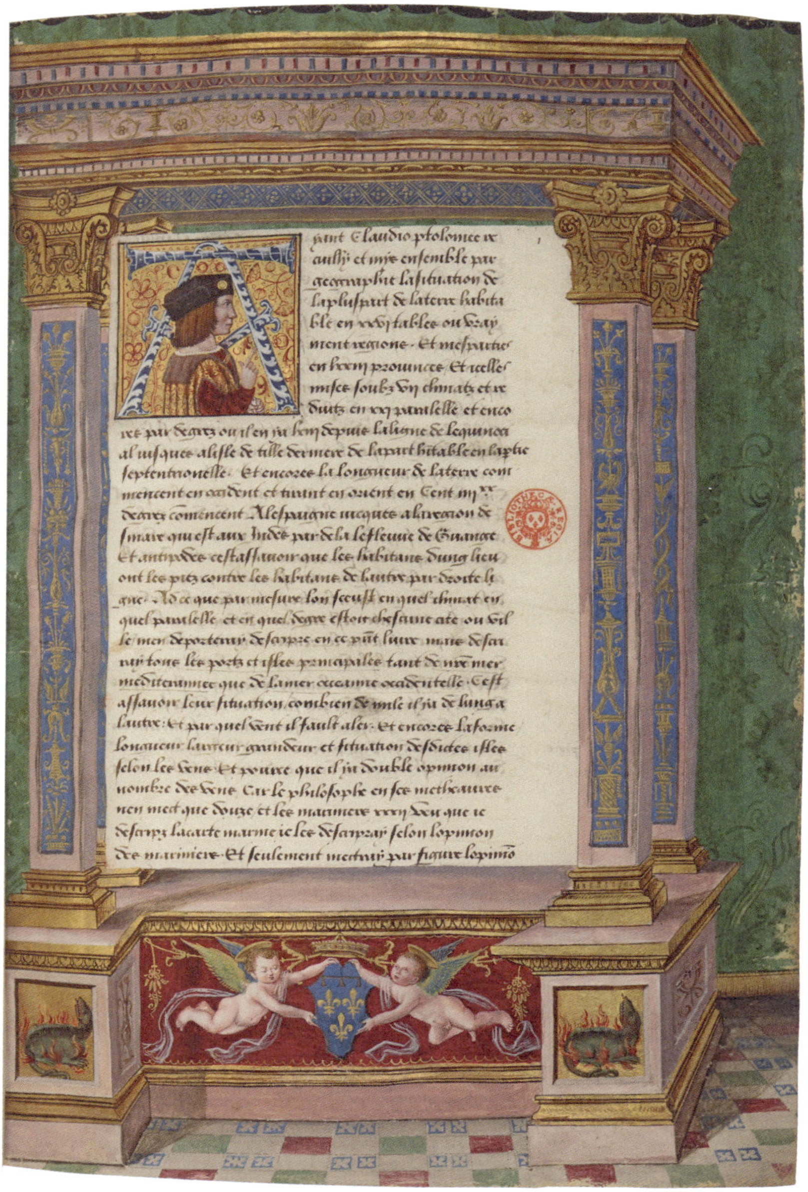

La géographie était au cœur de la formation des princes de la Renaissance, au même titre que la littérature ou l'histoire. Il s'agissait ici de maîtriser l'espace occidental du royaume, avec ses ports au commerce florissant, mais aussi la géographie du bassin méditerranéen, si important dans la politique extérieure française. Le portait du jeune François dans l'initiale trouve sa source dans la médaille de 1504 par un artiste de l'entourage de Giovanni Candida.

Description des côtes, îles et ports de l'océan Atlantique et de la mer Méditerranée, Val de Loire, entre 1504 et 1515. BnF, Manuscrits, Français 2794, f. 1.

Artiste de l'entourage de Giovanni Candida, *Médaille de François, duc de Valois*, argent, Val de Loire (?), 1504. BnF, Monnaies, Médailles et Antiques, SR.63, droit et revers.

trouve son origine dans la mythologie antique, mais elle avait continué à être mentionnée dans les bestiaires médiévaux – ces recueils de fables et de moralités dans lesquels les personnages sont des animaux réels ou fictifs – comme un animal venimeux mais surtout invulnérable au feu, souvent assimilé à une allégorie de la Foi.

Avec l'adoption de ce symbole, Louise clamait que le petit François ne craindrait pas la force du feu, mais la tempérerait et l'éteindrait, en détruisant les mauvais et en nourrissant les bons, qu'il resterait ferme et constant face à l'adversité ; en bref, qu'il était l'archétype du prince idéal. Il s'agissait d'un véritable programme politique, que l'on retrouve au frontispice d'un riche atlas offert au duc de Valois pour lui enseigner la géographie, dont la connaissance était indispensable à un futur monarque. La salamandre devint plus tard l'emblème privilégié de François Ier, présent aussi bien dans l'architecture que dans toutes les expressions artistiques.

L'héritier de la couronne

Confirmant une disposition prise par un traité signé à Lyon en 1501, Louis XII promit par le traité de Blois du 22 septembre 1504 d'unir sa fille aînée, Claude de France, au duc de Luxembourg, Charles de Habsbourg (futur Charles Quint), lui-même fils du duc de Bourgogne, Philippe le Beau,

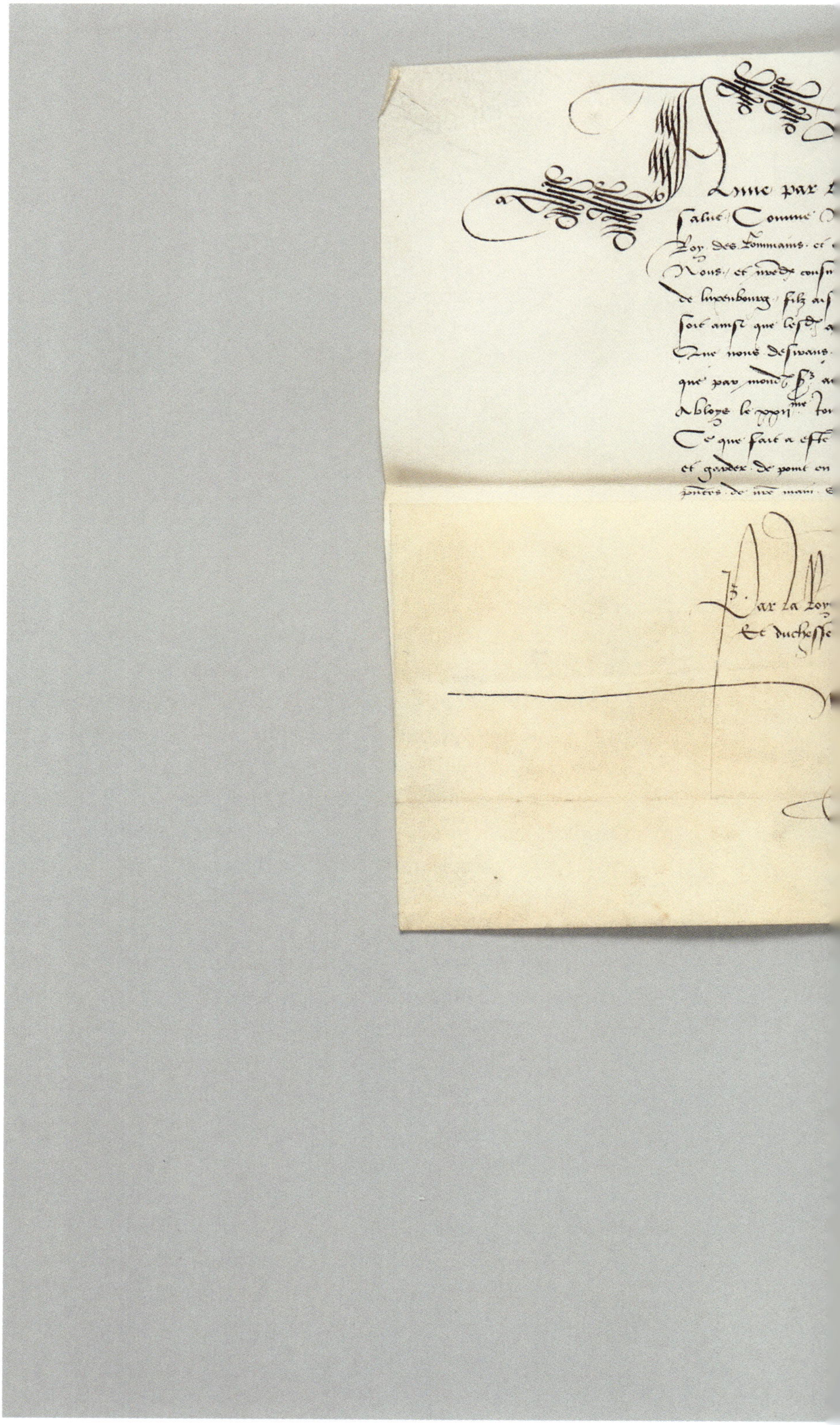

En 1504, Anne de Bretagne promulguait encore des lettres scellées de son sceau pour soutenir l'union de Claude avec Charles de Habsbourg et ainsi faire connaître à tous son sentiment à ce sujet, sans que l'on sache par ailleurs comment Louis XII réagit à l'opposition de son épouse qui désapprouvait ainsi publiquement ses projets matrimoniaux.

Lettre d'Anne de Bretagne au sujet du futur mariage de Claude de France et de Charles, duc de Luxembourg, Orléans, 4 octobre 1504. BnF, Manuscrits, Mélanges de Colbert 360, n° 267.

et de Jeanne de Castille. Deux partis s'opposaient à la cour à cette époque : d'un côté, Anne de Bretagne (qui ne goûtait que peu la place grandissante occupée par le jeune François et sa mère), ainsi que le cardinal, archevêque de Rouen et légat apostolique, Georges d'Amboise, qui faisait office de principal ministre du souverain, soutenaient cette alliance matrimoniale avec l'héritier présomptif des Habsbourg ; de l'autre, le maréchal de Gié se déclarait quant à lui favorable à une union de la fille du roi avec François de Valois, par crainte d'un encerclement de la France. À l'est du royaume, Philippe le Beau dirigeait en effet depuis 1482 les puissants États bourguignons. Au sud, Ferdinand II d'Aragon, dit le Catholique, régnait sur la Castille aux côtés de son épouse Isabelle. Leur fille Jeanne Ire, dite la Folle, avait épousé Philippe le Beau en 1495. Le double but du maréchal, patriotique avant l'heure, était d'éviter une guerre civile de type féodal, tout en protégeant le royaume contre d'éventuelles prétentions de souverains étrangers sur la couronne. La guerre de Cent Ans, qui avait été déclenchée par l'absence d'héritier mâle au roi de France et avait ravagé le royaume, était encore dans tous les esprits. Malgré ses sages conseils, le maréchal de Gié devint la victime d'une coalition de divers ennemis, au premier rang desquels la reine Anne de Bretagne. Un procès lui fut intenté devant le parlement de Toulouse pour crime de lèse-majesté. Si ce grief ne fut finalement pas retenu, il fut tout de même condamné début 1506 à la privation de certaines de ses fonctions, dont celle de maréchal, durant cinq ans, et à un bannissement de la cour de France de dix lieues sous peine de privation de corps et de biens. On lui retira en outre le gouvernement et la garde du duc de Valois.

Paradoxalement, ce sont pourtant les options stratégiques matrimoniales du maréchal disgracié qui triomphèrent. Par son testament, daté du 31 mai 1505, le roi décida en effet de marier sa fille Claude à François[11]. Il s'agissait de sauver la monarchie. Il institua également, en cas de disparition prématurée, une régence collégiale où Louise de Savoie, qu'il qualifie de « trés chere et trés aimee sœur », aurait une place aux côtés de la reine, assistée du cardinal d'Amboise et de quelques proches et officiers de haut rang. L'assemblée des notables réunie à Tours en 1506 annula les traités de Lyon et Blois tout en ouvrant la voie aux fiançailles de Claude et de François qui furent célébrées au Plessis-lèz-Tours le 21 mai. On l'a compris, cette union obligeait à rompre la promesse de mariage précédemment conclue entre Claude de France et le futur Charles Quint, sans que l'on sache pour autant si cet événement marque le début de leur rivalité future.

Ces fiançailles eurent en revanche pour conséquence le départ de François de Valois d'Amboise, pour rejoindre la cour royale au château de

Cette enluminure illustre le premier feuillet du troisième tome des *Chroniques de Louis XII* de Jean d'Auton, destinées au souverain. Les fiancés sont accompagnés de leurs mères, tandis que le cardinal d'Amboise préside à la cérémonie. Le roi est représenté au registre supérieur, assis sur un trône, muni du sceptre et de la couronne.

Fiançailles de François de Valois et Claude de France, dans Jean d'Auton, *Chroniques de Louis XII*, tome 3, enluminé par Guillaume II Leroy, vers 1507. BnF, Manuscrits, Français 5083, f. 1 v°.

Blois, qui devint dès lors son lieu de résidence. Louise de Savoie écrivit ainsi dans son *Journal*, manifestement fort marquée : « Le 3 d'aoust 1508, du temps du roy Loys 12, mon filz partit d'Amboise pour estre homme de court et me laissa toute seule[12]. » Le duc, alors âgé de quatorze ans, suivit désormais le roi, même s'il n'obtint aucun rôle politique ou militaire en raison de son jeune âge, et qu'aucun texte ne nous renseigne sur l'état de leurs relations. Sa situation avait cependant changé, le successeur potentiel étant désormais considéré comme le successeur probable de Louis XII, même s'il ne portait pas le titre de dauphin, réservé au seul fils aîné des souverains.

Aucune naissance ne vint jamais menacer la position du jeune François à la cour. Anne de Bretagne avait donné naissance à deux filles : Claude, née le 13 octobre 1499, et Renée, le 25 octobre 1510. En 1500 et 1502, deux garçons n'avaient vécu que quelques jours. Un petit François mourut rapidement en 1503. La reine fit encore plusieurs fausses couches entre 1505 et 1509. Enfin, un dernier garçon mourut le jour même de sa naissance, le 21 janvier 1512. La santé de la reine fut ébranlée et Louis XII perdit alors tout espoir d'avoir un héritier. Cette dernière date marqua le triomphe définitif de François… et de sa mère. Celle-ci consigna, avec une joie non dissimulée, dans son *Journal* :

> Anne, royne de France, a Bloys, le jour saincte Agnes 21 de janvier eut un filz mais il ne pouvoit retarder l'exaltation de mon Cesar, car il avoit faulte de vie[13].

La prophétie dévoilée par François de Paule à Louise de Savoie semblait donc sur le point de se concrétiser. Particulièrement attentive aux maladies de son fils, la mère de l'héritier ne cessa jamais de guetter les signes annonciateurs de son destin glorieux, dont elle parle à de nombreuses reprises dans son *Journal*, qui énumère les événements de mois en mois, en mettant en parallèle des épisodes divers, placés sous les mêmes auspices astronomiques ou astrologiques. Tout indiquait à ses yeux que François était l'élu de Dieu, à la différence de Louis XII, abandonné par la Providence. Les maladies et accidents, fréquents dans la jeunesse sportive et agitée du prince, représentaient dans cette optique autant d'avertissements à prendre en compte.

À la même époque, anticipant son probable avènement, les auteurs multiplièrent les dédicaces à François dans des textes traitant des devoirs d'un souverain, aussi bien en politique qu'en religion. Il s'agissait naturellement en l'espèce, par un cadeau de luxe, de s'attirer les bonnes grâces du prince, mais aussi celles de sa mère, certains auteurs flattant son penchant

Louis XII, la couronne posée sur son chapeau noir, vêtu d'un riche vêtement de brocart d'or, portant le collier de l'ordre de Saint-Michel, fait face à dame Raison. Derrière lui se trouve le cardinal d'Amboise, une foule d'hommes représentant la cour, mais aussi Fortune et Adversité. Louis XII se plaint de sa mauvaise fortune, désignant du doigt la raison de son tourment : la reine Anne de Bretagne n'a donné naissance qu'à une fille, Claude de France, alors âgée de quatre ans. Cette peinture allégorique illustre le dialogue 78 du deuxième livre (« Du roy sans fils ») des *Remèdes de l'une et l'autre fortune* de Pétrarque, dans l'exemplaire de luxe offert par le cardinal d'Amboise au roi.

Pétrarque, *Des remèdes de l'une et l'autre fortune*, trad. anonyme en français, enluminé par Jean Pichore, Rouen et Paris, 1503. BnF, Manuscrits, Français 225, f. 165.

Le 21 janvier 1512, jour de la Sainte-Agnès, Anne de Bretagne donna le jour à un garçon, héritier de la couronne de France. Il ne vécut que quelques heures. Pour « fêter » ce tragique événement et remercier la sainte d'avoir ainsi protégé l'avenir de son propre fils, Louise de Savoie commanda une plaquette où François est figuré en prière devant le Christ, présenté par sainte Agnès. Le texte contenu dans ce petit volume célèbre l'espérance que le juste met dans le Seigneur. Martyre romaine du début du IVe siècle, symbole de pureté, Agnès fut condamnée au lupanar puis au bûcher mais le feu l'épargna et consuma ses bourreaux. En somme, François ne devait pas pécher, avoir confiance en Dieu qui se chargerait d'anéantir ses ennemis, lui assurant l'exaltation finale, et donc la couronne.

François de Moulins de Rochefort, *Ode monoclos*, Val de Loire, 1512. BnF, Manuscrits, Latin 8396, f. B v°.

bien connu pour l'astrologie. Dans la *Révolution de la Nativité* de François de Moulins de Rochefort, horoscope familial qui court à partir de l'anniversaire de chacun des membres de la triade en 1510[14], on peut ainsi lire pour François « pour ce que ♀ [Vénus] tant en la Nativité que la Revolution est regardee de ♂ [Mars], cela signifie que ceste annee il sera moult inclyné a chozes martialez comme armez, chevaux, jeu de hache et d'aultres bastons comme lancez et plusieurs aultrez et a toutez choses qui appartiennent a prynse de chasteaux, de citez et chosez semblablez ; semblablement, il s'esjouyra en hystoires qui parlent de chozes belliqueuses et de grans gestez et faictz d'armez ». La présence de Mercure en sa propre maison signifie « augmentation d'entendement, de science et de engin [intelligence], et tel sera l'acroissement de son engin que entre ses semblablez on n'a point veu par ci devant le pareil, de laquelle choze plusieurs s'esmerveilleront ». On mettait en outre en garde le jeune François contre une « ebulicion de sang ou de colere » à la fin avril ou au début de mai, et surtout du fait que « aulcuns auront secretement envye sur sa fortune et sur son honneur et promotion, mais ilz n'auront puyssance de luy nuyre ; touteffoiz il faut qu'il se donne garde d'eulx envyron la fin de mars l'an 1511 ». Les horoscopes avaient beau prétendre voir l'avenir, ils expliquaient surtout le présent, à savoir l'ascension facile à prédire du jeune prince qui voyait les obstacles sur la route vers le trône disparaître un à un, à mesure que la santé du monarque régnant déclinait.

Malgré son statut, le duc de Valois fut pourtant tenu pendant encore quelque temps à l'écart des campagnes militaires. Il était en effet inconcevable de risquer la santé, ou pire, la vie, du seul héritier de la couronne. Louis XII était cependant bien conscient de l'importance pour son futur successeur d'obtenir une stature d'homme de guerre, ce que l'intéressé lui-même réclamait. Ce fut chose faite en 1512, lorsque François fut envoyé à l'armée de Guyenne :

> Le 7 jour de septembre 1512, mon filz passa a Amboise pour aller en Guyenne contre les Espagnolz, et estoit lieutenant general du roy Louis 12 ; ainsi comme maintenant en sa dignité royale il est dictateur perpetuel[15].

Durant cette campagne, le jeune prince servit aux côtés du gouverneur de Guyenne, Odet de Foix, seigneur de Lautrec, et du maréchal et grand maître de France, Jacques de Chabannes, seigneur de La Palice. Il s'agissait, dans le contexte de la Sainte Ligue formée par le pape Jules II contre le roi de France, de partir au secours du roi de Navarre, Jean d'Albret, dont le royaume était attaqué par les troupes du roi d'Aragon, Ferdinand le

Il revient probablement à Louise de Savoie d'avoir commandé en 1512 cette médaille, célébrant l'entrée de François dans le monde des armes, à la tête de l'armée de Guyenne. Il s'agit du premier exemple d'une effigie à l'antique dans la médaille française. Le duc de Valois y est représenté en plein profil, sur un buste de trois quarts, la tête ceinte d'une couronne de lauriers. Tout autour se déploie l'inscription, en capitales, *Maximus Franciscus Francorum Dux 1512*. François, qui ne portait toujours pas le titre de dauphin, est ici qualifié selon le titre inusité et sans valeur juridique de « duc des Francs », qui rappelle celui d'Hugues Capet avant son accession au trône en 987, tout en évoquant la gloire militaire des généraux romains : en latin classique, le *dux* est celui qui mène une troupe, un chef militaire.

Cristoforo Caradosso (attribué à), *Médaille de François de Valois à l'antique*, bronze, France ou Italie, 1512. BnF, Monnaies, Médailles et Antiques, SR.2792, droit.

Catholique. Les résultats de cette campagne furent mitigés mais l'invasion de la Guyenne par les troupes espagnoles fut évitée.

Quelques mois après ce baptême guerrier, le 9 janvier 1514, Anne de Bretagne, usée par les maternités et les fausses couches, touchée par la gravelle, une maladie extrêmement douloureuse causant des calculs rénaux, s'éteignit à Blois. François de Valois se trouvait alors avec sa mère à Angoulême, où il devait faire une entrée triomphale. Tous deux prirent le chemin de la cour pour assister aux funérailles de la reine rivale. Louis XII s'empressa alors de faire célébrer le mariage de François et Claude de France, qui se tint le 18 mai dans la chapelle du château de Saint-Germain-en-Laye, sans grande cérémonie en raison du deuil de la défunte reine, comme en attestent les témoins « ni trompettes, ni clairons, ni tambourins, ni ménétriers ; pas de joutes ni de tournois, pas l'ombre de drap d'or ou de soie de satin ni de velours ». Dans ses *Mémoires*, le courtisan Martin Du Bellay rappelle malicieusement que ce « mariage ne s'estoit sceu faire du vivant de ladicte royne Anne, par ce qu'elle aspiroit plutost au mariage de Charles d'Autriche [...], et disoit on que l'occasion que à ce la mouvoit estoit pour la haine qu'elle portait à madame Louise de Savoye[16] ».

De cette union allaient naître de nombreux enfants : Louise (1515-1518), Charlotte (1516-1524), François (1518-1536), Henri, futur Henri II (1519-1559), Madeleine (1520-1537), Charles (1522-1545) et Marguerite (1523-1574). L'avenir de la monarchie française était assuré.

Ne perdant pourtant pas tout à fait espoir d'engendrer lui-même un héritier, Louis XII épousa Marie Tudor, sœur du roi Henry VIII d'Angleterre, le 9 octobre 1514. Il s'éteignit cependant le 31 décembre suivant, laissant le trône de France au « César » de Louise de Savoie. On retrouve dans les *Mémoires* du futur maréchal de Florange, alors jeune militaire proche du nouveau souverain, un texte relatant la mort du vieux roi, qui avait selon lui été achevé par une « haquenée », autrement dit une jument, terme désignant de manière péjorative l'éphémère reine Marie, qui ne tarda pas à repartir à Londres :

> Et a la Basoches, a Parys, ils jouerent que le roy d'Angleterre avoit envoyé ungne hacquenez au roy, pour le porter bien tost et plus doulcement en enfer ou en paradis.
>
> Touttes fois, quant il eut esté bien malade, il envoya querir monsieur d'Angouslesme, luy disant qu'ilz se trouvait fort mal et qu'il n'en eschapperoit pas [...]. Luy mort, monsieur d'Angoulesme se vestit de doeuil, comme le plus prochain de la couronne, et vint au palays, et incontinent en diligence en advertit tous les princes et dames de son royaulme, et especiallement madame Loys[e], sa mere. Et veulx je bien dire que ce fut ungne belle estraine a ung premier jour de l'an veu qu'il n'estoit poinct son filz, et pour vous dire, le dict seigneur d'Angoulesme naysquit par ung jour de l'an, et y eult le royaulme de France par ung jour de l'an[17].

Dans ce bref témoignage, on ne discerne qu'une seule erreur, puisque François Ier n'est pas né un jour de l'an (il y a peut-être confusion avec la date de la mort de son père) : cette mention souligne une nouvelle fois l'importance accordée par certains de ses contemporains aux signes. Comment ne pas en voir un manifeste dans son avènement, pour la nouvelle année 1515, à l'un des plus beaux trônes d'Europe, ouvrant un avenir à la hauteur des ambitions de sa mère ?

1. M. Hermant et S. Lepape, *Les Heures*..., p. 20-25 ; M. B. Winn, *Anthoine Vérard*..., p. 153-194 et 479-481.
2. P. Brioist, L. Fagnart et C. Michon (dir.), *Louise de Savoie*..., p. 13-18 ; A. David-Chapy, *Louise de Savoie*..., p. 31-42.
3. A. David-Chapy, *Anne de France*..., p. 190-194.
4. BnF, Manuscrits, Français 21449, f. 239 v°.
5. M. Hermant (dir.), *Trésors*..., p. 35-58.
6. BnF, Manuscrits, Français 22335, p. 267-285.
7. AN, X[1a] 8610, f. 59-60.
8. Charlotte Bonnet, « Louise de Savoie et François de Moulins de Rochefort », dans P. Brioist, L. Fagnart et C. Michon (dir.), *Louise de Savoie*..., p. 253-262.
9. BnF, Manuscrits, Français 1863.
10. BnF, Manuscrits, Français 5738, f. 36.
11. BnF, Manuscrits, Dupuy 81, f. 119 v°.
12. BnF, Arsenal, Ms-3435, f. 19 v°.
13. BnF, Arsenal, Ms-3435, f. 3.
14. BnF, Manuscrits, Français 2082.
15. BnF, Arsenal, Ms-3435, f. 22 v°-23.
16. Récit du poète André de La Vigne, cité dans R. de La Marck, *Mémoires*..., vol. 1, p. 156, note 1 ; M. et G. Du Bellay, *Mémoires*..., vol. 1, p. 39.
17. R. de La Marck, *Mémoires*..., vol. 1, p. 163-164.

▸ Le juriste Jean Du Tillet a élaboré durant le règne de François Ier une histoire des rois de France qui resta inachevée à la mort du souverain en 1547. Les biographies des rois, depuis Clovis, étaient illustrées d'une représentation souvent exécutée d'après leur tombeau. Le monarque régnant y est peint deux fois, en majesté, comme lors de son sacre. Dans la première, il est figuré sous les traits du jeune roi de 1515, vêtu du large manteau d'azur à semé de fleurs de lys d'or, doublé d'hermine, ceint de la couronne fermée, portant le sceptre et la main de justice, sous un dais tenu par deux angelots.

Jean Du Tillet, *Recueil des rois de France*, Paris, vers 1545-1547 et 1566, enluminé par le Maître des Heures de Henri II. BnF, Manuscrits, Français 2848, f. 150 (détail).

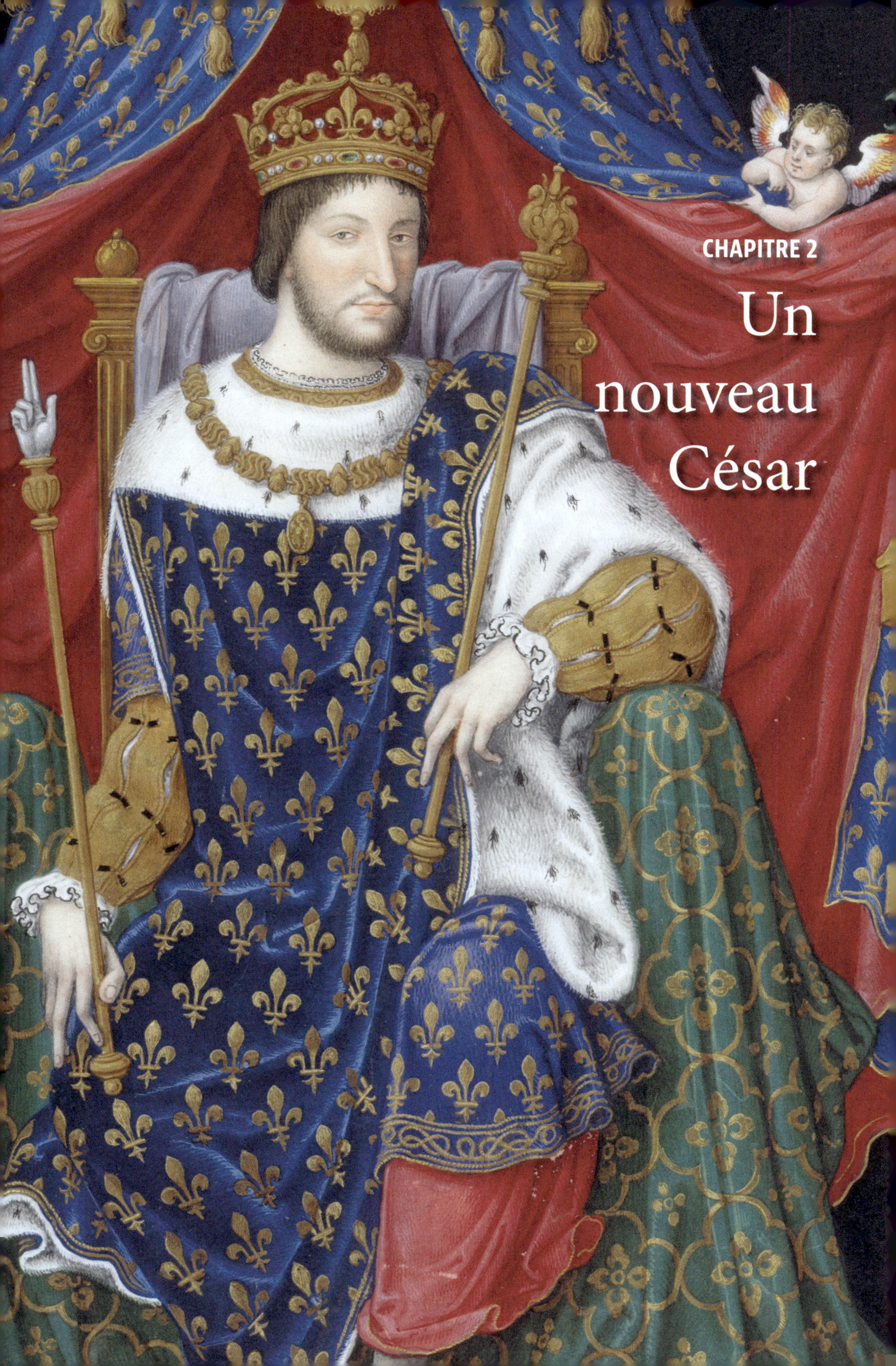

CHAPITRE 2

Un nouveau César

« Le jeudi 13 septembre 1515, mon fils vainquit et défit les Suisses près de Milan ; le combat commença à cinq heures de l'après-midi, dura toute la nuit et le lendemain jusqu'à onze heures avant midi ; et ce jour-là, je partis d'Amboise pour aller à pied à Notre-Dame de Fontaines, lui recommander ce que j'aime plus que moi-même, mon fils glorieux et triomphant, second César, qui a soumis les Suisses. »

Journal de Louise de Savoie, BnF, Arsenal, Ms-3435, f. 23 v°-24.

Le sacre du nouveau roi fut organisé très rapidement. Il eut lieu dans la cathédrale de Reims, comme le voulait la tradition, le jeudi 25 janvier 1515, trois semaines après la disparition de Louis XII[1]. Traditionnellement, le sacre n'était pas nécessaire pour légitimer le nouveau règne. Deux édits royaux de Charles VI, au début du XVe siècle, avaient en effet proclamé l'instantanéité de la succession royale. La formule « Le roi est mort, vive le roi ! » était apparue dans sa forme impersonnelle à la mort de Charles VIII en 1498. La cérémonie du sacre revêtait cependant une importance capitale pour François Ier dans la mesure où il n'était pas le fils de son prédécesseur. Il en était l'héritier légitime, en vertu de l'interprétation de la loi salique qui avait été réaffirmée par les légistes français après l'extinction de la lignée des Capétiens directs en 1328, mais celle-ci pouvait être contestée, en particulier par le roi d'Angleterre. Son mariage avec Claude de France en 1514 avait dans cette optique été une précaution supplémentaire.

Le jeune François, âgé de vingt ans, fut sacré par le puissant archevêque de Reims, Robert de Lenoncourt. La date ne fut pas choisie au hasard. Comme on s'en souvient, c'est un 25 janvier, jour de la fête de la Conversion de saint Paul, envers qui le nouveau roi et sa mère avaient une grande dévotion, que François avait miraculeusement échappé à la mort en 1501. Les grands officiers de la couronne prirent naturellement part à la cérémonie : le grand chambellan, le duc Louis de Longueville ; le connétable, Charles III de Bourbon ; le chancelier Antoine Duprat. Les pairs de France

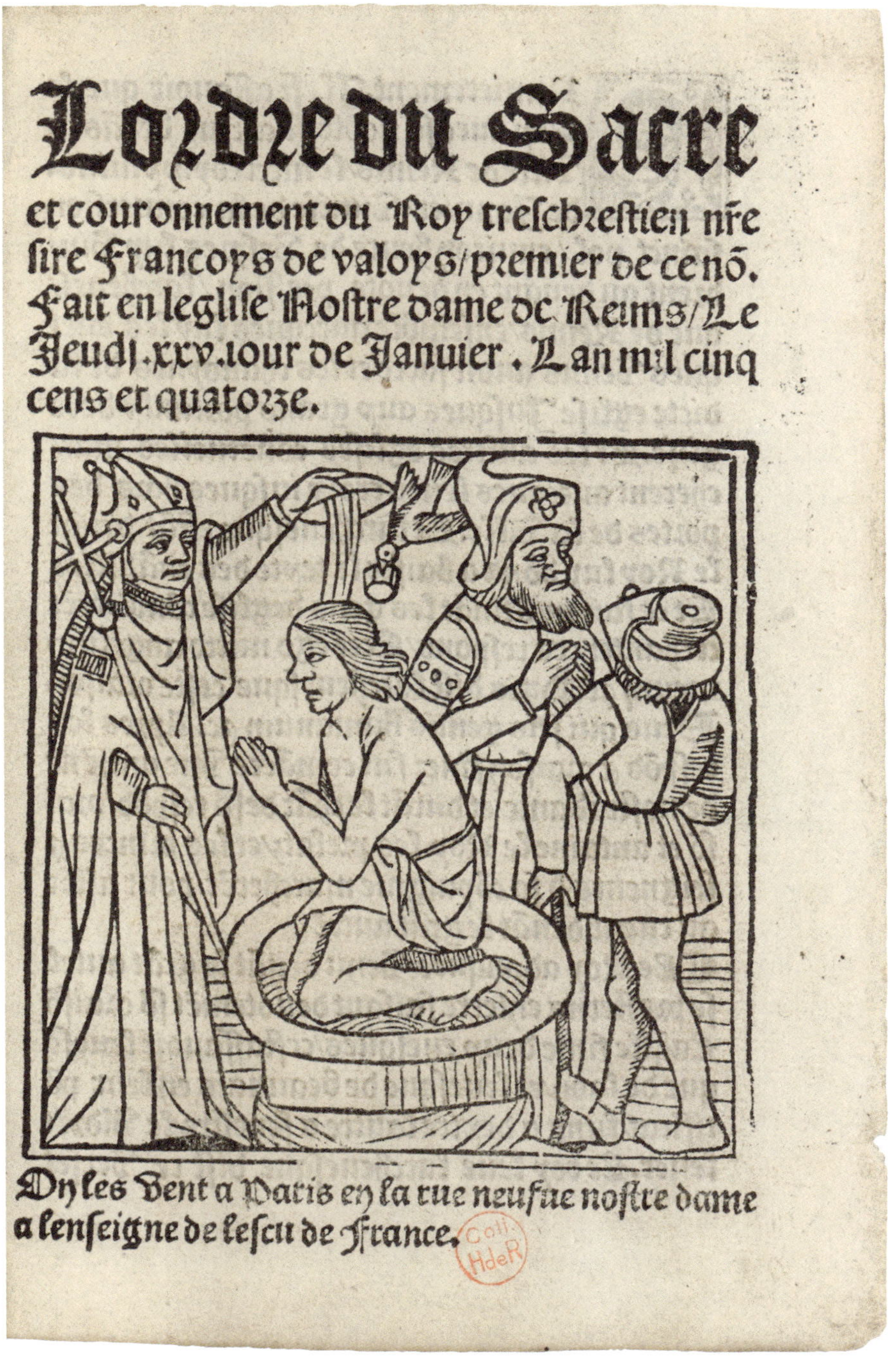
Lordre du Sacre
et couronnement du Roy treſchreſtien nr̃e
ſire Francoys de valoys/premier de ce nõ.
Fait en legliſe Noſtre dame de Reims/Le
Jeudi.xxv.iour de Januier. Lan mil cinq
cens et quatorze.

On les vent a Paris en la rue neufue noſtre dame
a lenſeigne de leſcu de France.

Lordre du sacre et couronnement du roy trés chrestien nostre sire Françoys de Valoys premier de ce nom, fait en l'eglise Nostre Dame de Reims le jeudi XXV jour de janvier l'an mil cinq cens et quatorze [quinze nouveau style], Paris, Jean Jehannot, 1515. BnF, Manuscrits, Rothschild 2120, f. Ai.

ecclésiastiques, les évêques de Laon, Langres, Beauvais, Châlons et Noyon, étaient présents en personne. Le rôle des anciens pairs laïcs (duchés de Bourgogne, de Normandie, de Guyenne, comtés de Flandre, de Champagne et de Toulouse) fut endossé respectivement par le duc Charles IV d'Alençon (héritier présomptif de la couronne tant que François Ier n'eut pas de descendance mâle), le duc Antoine de Lorraine, le duc de Châtellerault, François de Bourbon-Montpensier, le comte Charles de Bourbon-Vendôme, le comte François Ier de Bourbon-Saint-Pol et le prince de la Roche-sur-Yon, Louis de Bourbon-Vendôme. La reine, qui fut elle aussi sacrée le 10 mai 1517 à Saint-Denis, n'assista pas à l'onction de son époux car elle était alors enceinte. Avec une cérémonie fastueuse et la possible naissance d'un héritier, le nouveau règne s'annonçait donc sous les meilleurs auspices. S'il ne fit pas de cadeaux aussi grandioses qu'Henri II ou Henri III après lui, François gratifia néanmoins la cathédrale de Reims d'une riche chape brodée de personnages, d'animaux et de feuillages, et de deux nappes, portant toutes son chiffre[2].

Le roi nouvellement sacré fit son entrée solennelle à Paris le 15 février. Manifestant de manière éclatante la puissance du roi tout en s'avérant chargées de messages politiques, les entrées royales se développèrent tout particulièrement à la fin du Moyen Âge et durant la Renaissance, devenant un moment important de la solennité monarchique. Elles donnaient habituellement lieu à une réception officielle puis à un défilé des corps constitués, civils et religieux, suivi par celui du roi et de sa cour, le tout ponctué de spectacles ou de « mystères », succession de tableaux remplis d'allusions mythologiques, bibliques et historiques, mettant en scène récits et légendes à forte charge mémorielle et visuelle. Ces réjouissances étaient publiques et pouvaient donc être vues par le plus grand nombre. Le délai pour exécuter les structures et décors étant particulièrement réduit, on décida de réemployer autant que possible ceux de l'entrée de l'éphémère reine Marie d'Angleterre quelques semaines auparavant. Le parcours du nouveau roi se subdivisa en sept tableaux : une structure complexe à trois étages, avec au niveau médian Mars et Minerve, vint par exemple souligner les qualités guerrières et intellectuelles du souverain ; à l'étage supérieur siégeait la Divine Providence et, à l'étage inférieur, Clio, Euterpe et Thalie, muses de l'histoire, de la musique et de la comédie, ainsi que Flore, la déesse romaine des fleurs[3]. Les relations qui nous sont parvenues insistent sur l'importance, en nombre et en pompe, du cortège royal, avec des vêtements aux tissus luxueux, rehaussés de pièces d'orfèvrerie et de pierres précieuses, ce faste laissant présager un règne des plus glorieux :

> Le roi marchait après ; tout son costume, sa saie [tunique] et ses protections, la crinière et chanfrein du cheval d'argent battu, le tout couvert d'argent en volume, gros comme le doigt, fait d'orfèvrerie en façon de losanges à jour, et au milieu de chacun des losanges se trouvait une devise aussi d'argent, faite comme deux M l'une sur l'autre, attachées sur l'argent battu. Et il avait un bonnet de velours blanc, couvert de diverses pierreries d'une inestimable richesse[4].

Marignan et les ambitions italiennes

Auréolé de sa légitimité sublimée par le sacre, François Ier décida de faire valoir ses droits sur la péninsule italienne, poursuivant la politique ambitieuse de ses deux prédécesseurs[5]. Charles VIII, profitant de la mort de Ferdinand Ier d'Aragon en 1494, avait décidé de revendiquer le royaume de Naples en vertu du testament du roi René d'Anjou qui avait légué à Louis XI ses droits héréditaires sur les domaines angevins de l'Italie méridionale, sa décision ayant ouvert les guerres d'Italie. La présence française à Naples avait cependant été de très courte durée. Les ambitions des Valois s'étaient ensuite reportées sur le nord de la péninsule. Louis XII était en effet le petit-fils de Valentine Visconti, dont le frère Philippe-Marie, duc de Milan, était mort en 1447 sans descendance mâle. Il avait néanmoins donné en mariage sa fille illégitime Blanche-Marie au *condottiere* Francesco Sforza, qui s'imposa comme duc de Milan en 1450. Louis XII avait décidé, dès son avènement en 1498, de contester le pouvoir du duc Ludovic, surnommé « le More ». Une première expédition, réussie, eut lieu en 1499-1500. Fort de sa victoire, le roi tenta dans la foulée de reconquérir Naples, cette fois-ci en vain.

Le pouvoir français sur le Milanais rencontra cependant l'opposition de la Sainte Ligue, coalition formée en 1511 par le pape Jules II, le roi d'Aragon et de Naples, Ferdinand II, la république de Venise et les cantons suisses, bientôt rejoints par Maximilien d'Autriche, chef de la maison de Habsbourg, et Henry VIII d'Angleterre. Maximilien Sforza, fils de Ludovic le More, monta sur le trône ducal de Milan en 1512. L'année suivante, le 6 juin 1513, la bataille de Novare se solda par une déroute des armées françaises face aux contingents suisses venus au secours de l'armée milanaise. Cette défaite cuisante était encore fraîche dans les esprits quand François Ier monta sur le trône. Lui-même était l'arrière-petit-fils de Valentine Visconti et il considérait qu'il était dans son bon droit en revendiquant à son tour le puissant duché. Faisant ses premiers pas en diplomatie, François conclut ainsi au printemps 1515 plusieurs traités pour s'assurer la neutralité de ses deux plus puissants voisins. Le premier, Charles de Habsbourg, futur Charles Quint, petit-fils de l'empereur Maximilien et de Ferdinand d'Aragon, avait hérité en 1506 des territoires bourguignons à la mort de son père, l'archiduc Philippe le Beau : Franche-Comté, duchés de Luxembourg et de Brabant, comtés de Flandre, de Hollande, de Zélande, de Hainaut et d'Artois, sans compter les droits sur le duché de Bourgogne, annexé par la France en 1477. La régence avait été exercée par Marguerite d'Autriche, la tante de Charles, mais celui-ci fut proclamé majeur le 5 janvier 1515 par les états généraux des Pays-Bas. Il avait alors un peu moins de quinze ans. Le 24 mars, le roi de France lui promit la main de la fille de Louis XII, Renée de France, âgée de quatre ans. Avec le second, un accord d'assistance mutuelle fut signé le 15 avril. Le roi d'Angleterre Henry VIII avait vingt-quatre ans ; il était doté d'une vigueur physique incroyable et nourrissait des ambitions territoriales qui dépassaient de très loin les seules côtes de son île[6]. Ces deux accords certes facilitaient les projets du nouveau roi de France, mais les troupes de mercenaires suisses, qui depuis 1512 tenaient le duché pour le jeune Maximilien Sforza, reçurent de leur côté le soutien de l'empereur Maximilien et de Ferdinand d'Aragon.

Le 26 juin 1515, François Ier informa les bonnes villes de France de son intention de porter les armes en Italie. L'armée se mit en route et se regroupa autour de Lyon et de Grenoble, sous la supervision du célèbre Pierre Terrail de Bayard, dit le chevalier Bayard, lieutenant général du Dauphiné. Dès le mois de mai, Gênes fut occupée. Les troupes françaises étaient placées sous le commandement du connétable Charles de Bourbon. Parmi ses capitaines figuraient notamment Louis de La Trémoille, Jacques de Trivulce, Odet de Foix, vicomte de Lautrec et Robert de La Marck, duc de Bouillon. Le noyau de l'armée reposait sur les compagnies d'ordonnances créées par Charles VII au siècle précédent. Cette cavalerie lourde était composée d'unités ou « lances », où chaque homme d'armes, monté et cuirassé, était accompagné de deux archers, eux-mêmes montés, et d'un nombre variable d'auxiliaires. À cela s'ajoutaient les troupes de la maison du roi. Ces effectifs furent augmentés par un appel, comme souvent, au ban et à l'arrière-ban. Les mercenaires suisses n'étant pas disponibles, car dans le camp adverse, le roi recruta près de vingt mille lansquenets allemands. Une telle entreprise coûta cher. On eut recours à l'impôt, aux bonnes villes de France et à des prêts de particuliers. L'armée française était alors l'une des plus puissantes d'Europe. Elle disposait pour la campagne milanaise d'une artillerie de près de soixante-dix pièces lourdes, commandée par le maître et capitaine général de l'artillerie Jacques Ricard de Genouillac, dit Galiot de Genouillac.

Dans cet ouvrage destiné à François Ier, certains lieutenants de César sont représentés dans des médaillons sous les traits de compagnons d'armes du roi, tel Robert de La Marck sous ceux de Publius Sextius Baculus, centurion de l'armée de Jules César.

François de Moulins de Rochefort, *Commentaires de la guerre gallique*, manuscrit enluminé par Jean Clouet. BnF, Manuscrits, Français 13429, f. 73 (détail).

Avant de quitter le royaume, François Ier fit une solennelle entrée à Lyon le 12 juillet[7]. Le dais royal était brodé aux armes mi-parti de France et de Milan. Les mystères qui furent joués à ce moment prirent une résonance toute particulière, avec une allégorie du départ de l'armée vers l'Italie, présentée comme une entreprise chevaleresque, au travers d'un spectacle nautique dans lequel un cerf blanc ailé, aux armes du connétable de Bourbon, tirait à l'aide de chaînes d'or un navire portant un étendard aux armes et emblèmes du souverain, nommé la « nef du Cerf-Volant ». En haut du mât était juché un Zéphyr, symbole du vent favorable. Plus loin avait été installé un « jardin de Milan », évocation du jardin des Hespérides (onzième des travaux d'Hercule), que François Ier, ici assimilé au héros antique, devait conquérir. Lors de cette entrée, les vertus du roi furent

La bibliothèque ducale de Wolfenbüttel conserve un exceptionnel manuscrit relatant, en texte et en images, l'entrée de François Ier à Lyon le 12 juillet 1515. Au feuillet représentant le « jardin de Milan » se déploie un luxuriant jardin s'ouvrant par une porte au fronton de laquelle sont peintes les armes des ducs de Milan. Sur un des rampants se trouve un personnage vêtu de soie bleue fleurdelysée, le « Noble Champion », cueillant des pommes d'or. Dans le jardin, sous le pommier, se tiennent « Amour Royale », « Bon Droict », « Noble Fraternité » et « Juste Querelle » recevant les pommes lancées par le héros. L'ours ensanglanté, au premier plan, symbolise quant à lui les cantons suisses, tenus à l'extérieur du jardin.

Livret d'entrée de François Ier à Lyon en 1515, Lyon, 1515, enluminé par le Maître de l'Entrée de François Ier. Wolfenbüttel, Herzog August Bibliothek, Cod. Guelf. 86.4 Extrav., f. 31.

Matteo del Nassaro (attribué à), *Intaille au portrait de François Ier*, Milan (?), vers 1515. BnF, Monnaies, Médailles et Antiques, inv. 58.2485.

magnifiées en plusieurs endroits et tout particulièrement par une suite de huit hauts piliers sur chacun desquels se tenait une jeune fille portant une lettre du prénom du roi et un symbole de vertu la caractérisant : F (Foy), R (Rayson), A (Atrampance, c'est-à-dire modération), N (Noblesse), C (Charité), O (Obédience), I (Justice), S (Sapience). Tout était pensé pour créer un syncrétisme entre mythologie, idéal chevaleresque et religion chrétienne, légitimant ainsi la campagne italienne qui serait nécessairement un succès, car soutenue par Dieu[8].

Entre-temps, les Suisses avaient manœuvré des troupes dans les Alpes, aux débouchés traditionnels des armées françaises (Suse, Pignerol, Saluces, cols du Mont-Cenis et du Montgenèvre). L'avant-garde royale, menée par le maréchal Jacques de Chabannes, seigneur de La Palice, surprit en se frayant un chemin par le col de Larche. François Ier entama des négociations avec les Suisses, tentant notamment de semer la discorde entre eux en ravivant d'anciennes tensions entre cantons. Un traité fut conclu à Gallarate le 8 septembre, mais plusieurs cantons restèrent fidèles à Milan.

Cette miniature offre la seule représentation contemporaine connue à ce jour de la bataille de Marignan. L'artiste y dépeint plusieurs moments de façon synthétique. À l'arrière-plan se font face les deux armées, avec les lignes d'infanterie munies de piques, l'armée française étant suivie sur la droite de sa puissante artillerie. Au premier plan, bien reconnaissable au tabar et au caparaçon fleurdelysé, François Ier charge les Suisses à la tête de ses chevaliers. Sur la droite, un blessé, nu, figure éminemment christique, est porté par ses compagnons d'armes.

Maître à la Ratière, *Bataille de Marignan*, peinture sur parchemin, Milan, vers 1515. Chantilly, bibliothèque du musée Condé, DIVERS-VI-347.

Graveur originaire de Vérone, actif à Milan lors de la prise du duché par François Ier, Matteo del Nassaro franchit les Alpes en 1518 et y travailla pour le roi de France. Il est cité comme peintre du roi en 1521, puis comme graveur et valet de chambre du monarque. On lui attribue plusieurs œuvres, dont cette médaille célébrant le vainqueur de Marignan, représenté tel un général romain (portant l'armure et le *paludamentum* impérial), *FRANCISCUS PRIMUS FRANCORUM INVICTISSIMUS* (« très invincible »).

Matteo del Nassaro (attribué à), *Médaille célébrant la bataille de Marignan*, Milan ou France (?), vers 1515-1520. BnF, Monnaies, Médailles et Antiques, SR.82, revers et droit.

L'affrontement décisif eut finalement lieu à Marignan, petite localité à seize kilomètres au sud-est de la capitale lombarde, les 13 et 14 septembre 1515. Dans son *Journal*, Louise de Savoie déclare avoir eu une vision prédictive de cette bataille :

> Le 28 d'aoust 1514, je commencé a predire par celeste prevision que mon filz seroit une foys bien en grand affaire contre les Suysses ; car ainsy que j'estois aprés soupper en mon bois à Romorantin entre 7 et 8 heures, une terrible impression celeste ayant figure de comete s'apparut en ciel vers occident, et je feus la premiere de ma compagnie qui m'en apperceu ; mais ce ne fut sans avoir peur, car je m'escriay sy hault que ma voix se pouvoit estandre et ne disois autre chose sinon helas, Suysses, les Suysses, les Suysses[9] !

Forte de quarante mille hommes, un peu moins d'après certains, l'armée française était manifestement la plus importante jamais réunie depuis le début des guerres d'Italie[10]. Elle était avantagée par une puissante artillerie

¶ Les gestes ensemble la vie du preulx Chevalier Bayard: avec sa genealogie: cōparaisons aulx anciens preulx chevaliers: gentilz: Israelitiques: et chrestiēs. Ensemble oraisons: lamētatiōs: Epitaphes du dit chevalier Bayard. Contenant plusieurs victoyres des roys de France. Charles. viij. Loys. xij. et Frācoys premier de ce nom.

Champier.

¶ Ont vent lesditz livres a Lyon en rue merciere a lenseigne saīct Jehā baptiste en la maison de Gilbert de Villiers.

Cum Privilegio.

L'humaniste lyonnais Symphorien Champier fut un des premiers à répandre, près de dix ans après Marignan, l'épisode du prétendu adoubement de François Ier par Bayard, au soir du premier jour de la bataille. Cet épisode, repris au XIXe siècle et largement diffusé par l'imagerie, fait encore s'interroger les historiens. Le roi avait en effet été déjà adoubé lors de son sacre par le connétable Charles III de Bourbon. Aussi faut-il probablement y voir une tentative *a posteriori* d'honorer le valeureux Bayard, qui avait fait preuve d'une grande bravoure à Marignan, mais aussi, et surtout, de rejeter dans l'ombre le rôle du connétable de Bourbon, qui avait entre-temps trahi François Ier en se ralliant à Charles Quint dès 1523.

Symphorien Champier, *Les Gestes ensemble la vie du preulx chevalier Bayard [...]*, Lyon, Gilbert de Villiers, 1525. BnF, Réserve des livres rares, Rés. 8-Ln27-1198, f. 1.

et reçut l'appui de lansquenets gueldrois et allemands ainsi que de troupes vénitiennes. Face à elle se trouvaient vingt mille piquiers et hallebardiers suisses, avec peu de cavaliers et seulement dix canons. Le combat fut mené par François Ier en personne, le jeune monarque y gagnant, pour les contemporains comme pour la postérité, la réputation flatteuse d'un vaillant roi chevalier.

Les combats durèrent plus de seize heures et furent féroces : on estime, même si les chiffres sont difficiles à établir de façon certaine, que près de seize mille hommes périrent dans les deux camps. La victoire des armes françaises fut largement utilisée par la propagande royale. On publia immédiatement le récit de la bataille et on la raconta dans tout le royaume, sur les places publiques ou lors de prêches à l'église. Le graveur Matteo del Nassaro exécuta intailles et médailles tout à la gloire du nouveau César.

Victorieux, François Ier reprit dans la foulée le contrôle de la Lombardie, qu'il conserva jusqu'au désastre de Pavie en 1525. Le sénat de Milan, institué par Louis XII, fut rétabli et Antoine Duprat nommé chancelier du duché. Anne de Montmorency fut quant à lui nommé gouverneur de la place forte de Novare. Le jeune roi signa ensuite le traité de Noyon avec Charles de Habsbourg le 13 août 1515, celui de Viterbe avec le pape Léon X le 13 octobre 1515 (bientôt suivi par le concordat de Bologne, le 18 août 1516), et celui de Fribourg, dit paix perpétuelle, avec les cantons suisses le 29 novembre 1516. Une paix durable semblait s'installer en Italie sous ses auspices et le roi de France paraissait plus que jamais en position de force.

L'élu de Dieu à l'épreuve du pouvoir

Sacré à Reims, triomphant à Marignan, le roi, accompagné de sa mère et de son épouse, accomplit en janvier 1516 un pèlerinage à la Sainte-Baume, réputée avoir abrité Marie-Madeleine durant les dernières années de sa vie. C'est dans ce contexte que François de Moulins de Rochefort composa son *Commentaire sur le psaume Dominus illuminatio mea* (Ps. 27/26, « L'éternel est ma lumière »), très vraisemblablement destiné à François Ier, à l'instigation de sa mère, qui prenait une place de plus en plus importante aux côtés du jeune monarque.

Dès l'avènement de son fils adulé, Louise de Savoie, « reine sans couronne[11] », s'était naturellement retrouvée au premier plan à la cour. Le 4 février 1515, François lui avait fait don du comté d'Angoulême, qu'il éleva en duché. Il lui octroya en plus le duché d'Anjou, les comtés du Maine et de Beaufort-en-Vallée, ainsi que la baronnie d'Amboise[12]. Présent à Blois

Tous les feuillets de ce petit livret de présentation portent une scène inscrite dans un médaillon, illustrant une phrase du psaume en latin, écrite en lettres d'or et reprise en rouge en partie haute. En bas se trouve la traduction en français, également en rouge, surmontée d'une paraphrase explicative en français, rattachant le psaume au roi de France. Le plus étonnant de ces médaillons est sans conteste le dernier, où l'on voit Louise de Savoie portant la croix de la crucifixion (« Madame aimant myeulx l'ame spirituelle du roy son fils que le corps materiel luy presente la Croix »).

François de Moulins de Rochefort, *Commentaire sur le psaume Dominus illuminatio mea*, Val de Loire, vers 1516, dessins par Godefroy le Batave. BnF, Manuscrits, Français 2088, f. 10 v°.

Ce surprenant portrait représente François Ier sous les traits de saint Jean-Baptiste, vêtu d'une peau de bête, portant une croix de roseau et désignant de sa main droite un agneau. Son visage encore juvénile, doté d'une fine barbe, est celui du souverain à la fin des années 1510. Cette œuvre présente le monarque comme le berger dont les sujets étaient le troupeau, en référence au passage de l'Évangile selon saint Jean (X, 11) dans lequel le bon pasteur est prêt à donner sa vie pour ses brebis. Le perroquet à l'arrière-plan, symbole de l'éloquence, évoque les talents d'orateur du roi, célébré depuis sa victoire comme un nouveau César, tout en établissant un lien supplémentaire avec le saint, patron des prédicateurs.

Jean Clouet (? ou son frère Polet ?), *Saint Jean-Baptiste sous les traits de François Ier*, huile sur bois, Tours, vers 1519-1520. Paris, musée du Louvre, RF 2005-12.

en 1517, le secrétaire du cardinal Louis d'Aragon, Antonio de Beatis, fut frappé par la forte personnalité de Louise :

> La reine mère est très grande, encore belle de teint, très vive et enjouée, elle me paraît âgée de quarante ans environ et l'on peut lui prédire encore plus de dix ans d'excellente santé. Elle accompagne toujours son fils et la reine Claude sur lesquels elle exerce un pouvoir absolu. [...] François est de grande taille, il a un bon visage et le caractère le plus gai et le plus agréable. Il est fort bien dans l'ensemble, quoique son nez soit trop fort, et au jugement général ses jambes trop minces pour un corps aussi grand. Il aime passionnément la chasse et se plaît surtout à forcer les cerfs[13].

Il suggérait ainsi que le souverain, occupé à ses plaisirs et négligeant la politique, se reposait en grande partie sur sa mère pour gouverner.

Avant de partir pour sa campagne milanaise, François Ier avait désigné le 15 juillet 1515 sa mère comme régente du royaume, alors qu'elle n'était ni reine de France ni fille de roi, ce qui rompait nettement avec la tradition. Le roi justifia sa décision par le fait que tous les grands princes le suivaient en Italie et que Louise était seule à même, par son zèle, son amour et ses vertus, d'accomplir cette charge.

Cherchant à accentuer sa mainmise sur l'appareil d'État, le souverain tint toutefois à placer progressivement des personnes de confiance, dont certains anciens proches de Louis XII, à des postes clefs : Robert Stuart d'Aubigny, confirmé comme maréchal de France; Jacques de Chabannes, seigneur de La Palice, et Gaspard de Coligny, seigneur de Châtillon-sur-Loing, nommé eux aussi maréchaux; Arthus Gouffier de Boisy, devenu grand maître de France; ou encore Bayard, nouveau lieutenant général du Dauphiné.

L'entourage de Louise fut également grandement favorisé par la montée de François Ier sur le trône. René de Savoie, dit le Grand Bâtard de Savoie, son demi-frère, fut nommé gouverneur et grand sénéchal de Provence. Plusieurs des anciens serviteurs et proches de la « reine-mère » furent récompensés. Antoine Duprat devint chancelier de France et demeura, de fait, le principal ministre de François Ier jusqu'à sa mort en 1535. François de Moulins de Rochefort devint quant à lui en 1519 conseiller et grand aumônier du roi, charge qu'il conserva jusqu'en 1526[14]. Le franciscain Jean Thenaud continua de produire ses écrits, notamment liés à la cabale, destinés au souverain et à sa mère. Décédé au Plessis-lèz-Tours en 1507, François de Paule fut quant à lui canonisé à la demande de Louise elle-même.

L'échec impérial

Après plusieurs années de stabilité, la mort de Maximilien Ier le 12 janvier 1519 ouvrit la succession à la couronne impériale, et donc une nouvelle période de troubles. La dignité d'empereur du Saint Empire romain germanique n'apportait aucun gain territorial mais un prestige immense et un poids diplomatique accru, plaçant celui qui la détenait dans le sillage de Charlemagne et, plus encore, de l'Empire romain. Si d'autres candidats se manifestèrent, notamment Henry VIII ou le duc Georges de Saxe, les principaux prétendants qui entrèrent en lice étaient Charles de Habsbourg et François Ier.

Le premier était en quelque sorte le candidat naturel à cette dignité, en tant que petit-fils de Maximilien. Il était en effet le fils de Philippe le Beau (fils de Maximilien et de Marie de Bourgogne) et de Jeanne de Castille (fille de Ferdinand d'Aragon et d'Isabelle de Castille). Il avait grandi aux Pays-Bas et avait appris le néerlandais et le français, mais pas l'allemand. Il insista cependant auprès des princes-électeurs sur le fait qu'il était « allemand de sang et de souche » et qu'il serait dangereux d'élire un empereur étranger. Duc de Bourgogne à la mort de son père en 1506, il avait, comme on l'a dit, été déclaré majeur en 1515. Au décès de Ferdinand d'Aragon, il devint roi d'Aragon, de Castille (avec sa mère, en raison de sa folie qui la rendait incapable de régner), de Naples et de Sicile. La mort de Maximilien en 1519 lui apporta en outre le titre d'archiduc d'Autriche. S'engagea alors une lutte entre Charles et François pour convaincre, moyennant finances, les princes-électeurs. Charles de Habsbourg bénéficia de l'appui décisif de Jacob Fugger, richissime banquier d'Augsbourg, qui émit des lettres de change payables après l'élection. Le candidat bourguignon promit également de garantir les libertés des princes au sein de l'Empire, ce qui explique qu'il fut facilement élu roi des Romains le 28 juin 1519.

Âgé de dix-neuf ans, il fut ensuite sacré empereur à Aix-la-Chapelle le 23 octobre 1520, avant d'être à nouveau oint et couronné le 2 mars 1530 à Bologne par le pape Clément VII. L'élu, qui prit le nom de Charles Quint, allait demeurer jusqu'à la fin le grand rival de François Ier. Le caractère des deux hommes différait autant que leurs ambitions. Le roi, impulsif et rêvant de conquêtes, vivait dans un monde encore marqué par les idéaux chevaleresques, tandis que l'empereur, plus réfléchi, nourrissait au contraire une vision plus moderne du pouvoir, ambitionnant d'unifier la chrétienté tout en renforçant la cohérence territoriale de ses différents États[15]. Les deux ennemis étaient en outre à la tête d'États radicalement différents : la France formait un bloc, avec des possessions compactes, alors que l'empire

Sur ce portrait peint dans une généalogie destinée à Marguerite d'Autriche, gouvernante des Pays-Bas, on reconnaît bien la physionomie du tout jeune empereur Charles Quint, doté du menton fort allongé caractéristique de la famille des Habsbourg.

Jean Franco, *Généalogie abrégée de Charles Quint, de Ferdinand de Bohême et de Marguerite d'Autriche*, entre 1527 et 1530. BnF, Manuscrits, Français 5616, f. 54 v°.

Ce *Missel à l'usage d'Augsbourg*, publié en 1510 sur les presses de l'imprimeur Erhard Ratdolt, a appartenu à la famille Fugger, alors au sommet de sa puissance. La planche initiale a été remplacée par une miniature, exécutée en 1518, où la Vierge est adorée par Raymond Fugger et sa femme Catherine Thurzo, avec leurs saints patrons. Les portraits de leurs deux fils, Ulrich et Jacob, figurent dans les médaillons aux angles de l'arc architecturé surmontant la Vierge.

Missale secundum ritum Augustensis ecclesie, Augsbourg, Erhard Ratdolt, 1510, enluminé en 1518. Chantilly, bibliothèque du musée Condé, XVIII-C-004, f. 109 v° (détail).

Caractéristique de l'œuvre de Godefroy le Batave qui se plaisait à peindre ses volumes avec de délicats camaïeux clairs rehaussés de touches de couleur, cette miniature illustre la rencontre fictive entre François Ier et César dans la forêt de Saint-Germain-en-Laye.

François de Moulins de Rochefort, *Commentaires de la guerre gallique*, Val de Loire, 1519, enluminé par Godefroy le Batave. BnF, Manuscrits, Français 13429, f. 4 v° (détail).

Habsbourg, qui l'encerclait en théorie, était constitué de territoires disparates, distants les uns des autres.

Dans ce contexte de course au trône impérial, François de Moulins de Rochefort, ancien précepteur du duc de Valois, fraîchement nommé grand aumônier de François Ier, avait conçu pour son ancien élève une œuvre ambitieuse, les *Commentaires de la guerre gallique*. Il ne s'agit pas d'une traduction en français de la *Guerre des Gaules* de César, mais d'un dialogue imaginaire entre le plus grand Romain de l'Antiquité et le souverain, son héritier moderne, qui se poursuit dans diverses forêts du domaine royal. Le but était manifestement de compléter l'apprentissage du roi – César lui délivrant de précieux conseils de stratégie –, tout en flattant les ambitions impériales de son successeur. Les deux premiers volumes furent rédigés

Si le contexte de création des trois manuscrits des *Vies des douze Césars* d'après Suétone qui nous sont parvenus n'est pas connu, tous sont manifestement liés au tropisme de François Ier pour les premiers empereurs romains. Ces volumes contiennent des portraits idéalisés venant à l'appui de courtes biographies dans lesquelles figurent notamment des éléments de jugement moral.

Vie des douze Césars, Tours, vers 1515-1520, enluminé par Jean Bourdichon. BnF, Manuscrits, NAF 28800, f. 1 v°.

en 1519, avant l'élection de Charles Quint. François de Moulins modifia le projet pour le troisième volume, écrit en 1520, prenant ainsi en compte l'échec du roi tout en nuançant sa portée[16].

Ce goût pour l'Antiquité et ses hommes illustres était répandu durant la Renaissance mais il prit un tour tout particulier chez François Ier comme pour Charles Quint. Le roi de France fut souvent comparé à César, ce qui était d'autant plus approprié aux yeux des contemporains qu'il avait, comme le général romain, vaincu les Suisses (Helvètes). Quant à Charles Quint, il était notamment décrit comme un nouveau Scipion l'Africain, le vainqueur de Carthage, ou représenté en nouvel Auguste, dont le règne verrait le retour de l'âge d'or. En bref, il y avait un César de trop.

L'entrevue du camp du Drap d'or

L'échec de François Ier à l'élection impériale le poussa à chercher des alliances en prévision de l'affrontement inévitable avec le nouvel empereur. Le souverain choisit logiquement de se tourner vers l'Angleterre. Le principal conseiller du roi Henry VIII, Thomas Wolsey, était méfiant et cherchait à maintenir l'équilibre entre les puissances. La place de Calais, dernière enclave encore aux mains des Anglais en France, restait par ailleurs un sujet de controverse entre les deux pays. On se souvient en outre que Louis XII avait été brièvement marié à Marie Tudor, sœur de Henry, qui était repartie en Angleterre à la mort de son royal mari, mais Henry avait pour épouse Catherine d'Aragon, la tante de Charles Quint. Le roi d'Angleterre entretenait donc de lointains liens de parenté avec chacun des deux rivaux, ce qui le plaçait *de facto* en position de force, les deux souverains ayant désespérément besoin du soutien du troisième homme fort de la chrétienté.

Organisée du 7 au 24 juin 1520, la fameuse entrevue diplomatique du camp du Drap d'or eut lieu entre Ardres et Guînes. Ces mémorables journées donnèrent lieu à des pas d'armes, des tournois, des joutes, des mascarades, des danses, des spectacles musicaux et des tirs d'artifice. On installa des camps provisoires au centre desquels furent créés de véritables palais éphémères, d'un luxe inouï, tant du côté anglais que français. Au-delà du seul aspect diplomatique, cette entrevue passe à bon droit pour un étalage de faste et de puissance, cette confrontation artistique ayant ainsi auguré trois siècles de rivalité franco-anglaise[17]. Henry VIII fit ainsi construire un palais de bois, de toile et de verre, à l'intérieur tendu de précieuses tapisseries. Côté français, on édifia entre trois et quatre cents tentes et pavillons sous la houlette de Guillaume de Seigne, trésorier et

Henry VIII commanda vers 1540 une grande représentation rétrospective du camp du Drap d'or, aujourd'hui conservée au château de Hampton Court. Elle a été gravée durant le troisième quart du XVIIIe siècle par le londonien James Basire, sur un dessin d'Édouard Edwards. Au premier plan, sur la droite, figure le palais éphémère du roi d'Angleterre, tandis que les tentes du roi de France se distinguent nettement à l'arrière par la toile d'or qui les compose.

Le Champ de Drap d'or. The interview of Henry VIII, king of England, and the French king, Francis I, between Guines and Ardres in the month of June 1520 […] (détail), estampe coloriée, Londres, Société des Antiquaires de Londres, 3e quart du XVIIIe siècle. BnF, Estampes, Ag-201-Grand Roul.

receveur général ordinaire de l'artillerie, sur des dessins du peintre Jean Bourdichon. L'ensemble fut exécuté à Tours et nécessita un mois de transport et de montage sous la surveillance du tapissier du roi, Bricet Dupré. On abattit les arbres nécessaires aux structures en Auvergne et dans le Forez. Des marchands de Tours, mais aussi, dans une moindre mesure, de Boulogne, Saint-Omer et Ardres, furent mis à contribution pour fournir le tissu : toile, ruban, bougran, futaine, laine, filet, satin, taffetas de toutes couleurs, et surtout drap et toile d'or et d'argent. Certaines broderies et autres tissus précieux furent confectionnés à Milan et Florence. L'ensemble représentait près de 7,4 kilomètres de pans de tissus. La dépense s'éleva à plus de deux cent mille livres tournois[18]. On emprunta la somme nécessaire mais l'essentiel n'était toujours pas remboursé en 1543 !

Au centre du fameux camp se trouvait la luxueuse tente du roi, pavillon central surmonté d'une statue de saint Michel, autour duquel s'articulaient des pavillons annexes reliés entre eux par des galeries, brodés aux armes de François et de sa mère. Tous les grands nobles du royaume, dont beaucoup n'hésitèrent pas à se ruiner pour être présents, disposaient de leur propre tente, souvent brodée à leurs armes. Les descriptions de Robert de La Marck, seigneur de Fleuranges, nous donnent une idée de la débauche de luxe qui a valu son nom à cette entrevue :

> Or, pensoit le roy de France [...] et avoit faict faire le roy les plus belles tenttes que furent jamais veues et le plus grant nombre ; et les principales estoient de drap d'or frizee dehors et drap d'or frizee dedans, tant chambres, salles que galleries ; et avoit tout [plain] d'aultre drap d'or ras, et toilles d'argent et toilles d'or ; et avoit dessus les dictes tenttes forces devises et pommes d'or, et, quant elles estoient tendues au solleil, il les faisoit merveilleussement beaulx à veoir ; et avoit sur celle du roy ung sainct Michiel tout d'or, affin qu'elle fut congnues et entre les autres ; mais il estoit tou creux[19].

Par certains aspects, cette entrevue a pu dérouter les observateurs comme les historiens, en raison notamment de la spontanéité des deux jeunes souverains qui n'hésitèrent pas à briser les codes diplomatiques en se rendant des visites impromptues et informelles, mais surtout en allant jusqu'à lutter à mains nues, le roi d'Angleterre se retrouvant à terre et inutilement humilié. Le camp du Drap d'or peut ainsi passer pour un événement inutilement onéreux, surtout au regard des piètres décisions qui en résultèrent. Si les deux souverains se jurèrent pour la façade une amitié éternelle, leurs beaux discours ne trompèrent pas grand monde, même si aucun document ne permet de préciser la nature de leurs sentiments

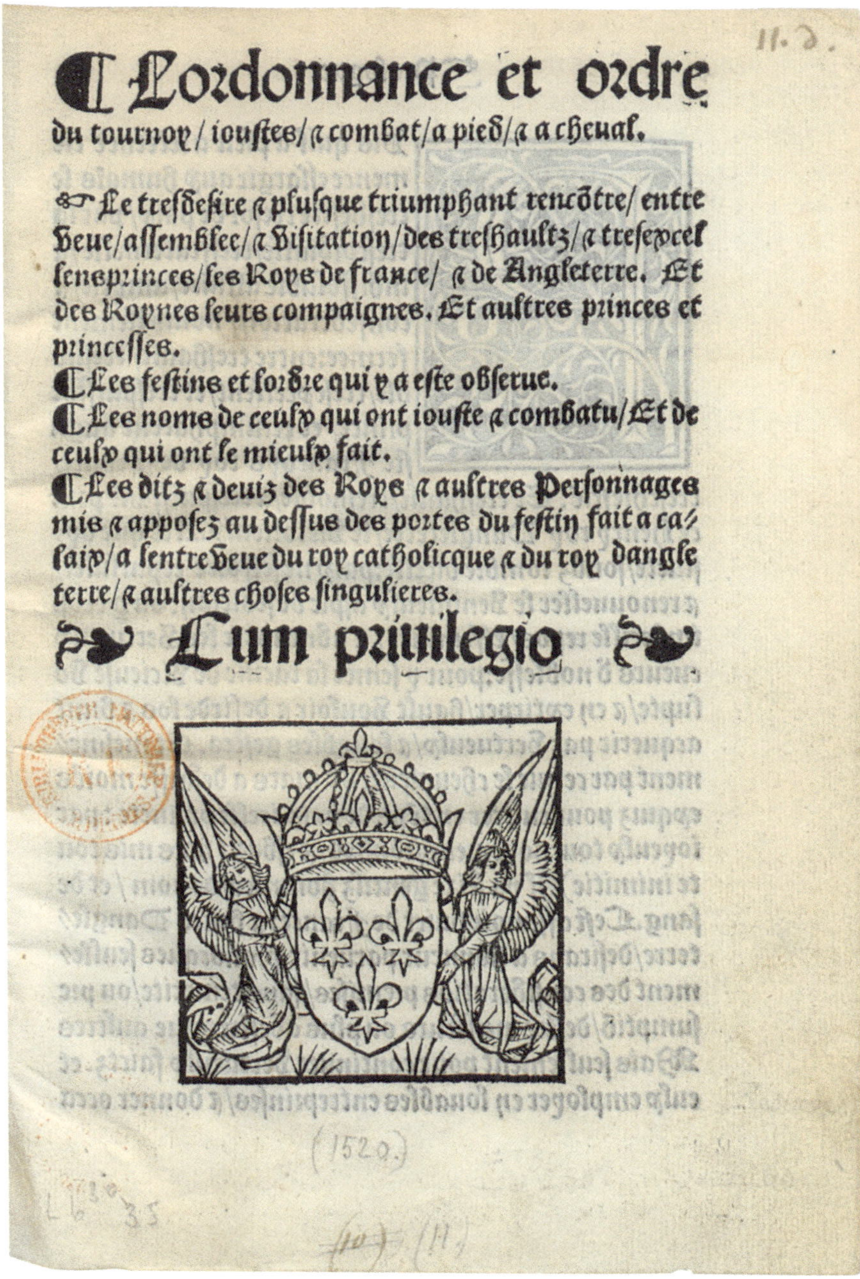

Lordonnance et ordre
du tournoy/ ioustes/ & combat/a pied/ & a cheual.

Le tresdesire & plusque triumphant rencõtre/ entre
veue/assemblee/ & visitation/des treshaultz/ & tresexcel
lensprinces/les Roys de france/ & de Angleterre. Et
des Roynes leurs compaignes. Et aultres princes et
princesses.
Les festins et lordre qui y a este obserue.
Les noms de ceulx qui ont iouste & combatu/Et de
ceulx qui ont le mieulx fait.
Les ditz & deuiz des Roys & aultres Personnages
mis & apposez au dessus des portes du festin fait a ca-
laix/a lentreveue du roy catholicque & du roy dangle
terre/ & aultres choses singulieres.

Cum priuilegio

Le camp du Drap d'or connut une grande publicité auprès d'un large public grâce à diverses plaquettes imprimées à Paris, en français et en latin. Véritables outils de propagande pour magnifier le roi de France, elles décrivent les fastes et les différents épisodes de cette entrevue somptuaire.

Lordonnance et ordre du tournoy, joustes et combat a pied et a cheval, Paris, Jean Lescaillé, 1520. BnF, Réserve des livres rares, Rés. 4-Lb30-35, [f. 1].

respectifs. Seul résultat concret de ces négociations, François Ier obtint la confirmation d'une des clauses du traité de Londres de 1518, à savoir l'union de Marie, fille de Henry VIII, avec le dauphin de France, François, né le 28 février 1518. Ce mariage ne fut cependant jamais célébré. Henry VIII, au tempérament changeant, allait sans cesse souffler le chaud et le froid, oscillant habilement entre les deux souverains rivaux, plus puissants que lui mais désireux de s'assurer son alliance. Dès 1521, un traité secret fut d'ailleurs signé à Bruges entre Henry VIII et Charles Quint. Une nouvelle période plus sombre du règne s'ouvrait, celle des défaites, des ambitions contrariées et des alliances éphémères.

---

1. P. Demouy, *Le Sacre du roi...*, p. 261-263.
2. BnF, Manuscrits, Français 11576, f. 65 ; M. Hermant, *Arts et artistes en Champagne du Nord...*, p. 348.
3. L. Roy et W. Kemp, « "France qui son cueur luy présente"... », p. 487-489.
4. T. Godefroy, *Le Cérémonial*, vol. 1, p. 271. La langue a été modernisée.
5. D. Le Fur (dir.), *Les Guerres...*, p. 9-14.
6. C. Michon, *Henri VIII...*, p. 9-16.
7. T. Lévy, *Les Peintres...*, p. 157-176.
8. A.-M. Lecoq, *François Ier...*, p. 144-148.
9. BnF, Arsenal, Ms-3435, f. 21 r° et v°.
10. N. Le Roux, *1515...*, p. 135.
11. T. Crépin-Leblond et M. Barbier (dir.), *Une reine...*, p. 13.
12. J. Barrillon, *Journal...*, vol. 1, p. 16.
13. A. de Beatis, *Voyage...*, p. 136-137.
14. BnF, Arsenal, Ms-3435, f. 11 v°-12 et 28 v°-29.
15. G. Frantzwa, *Le Rêve brisé...*, p. 15-29 ; G. Frantzwa, *1520...*, p. 23.
16. Londres, British Library, Harley MS 6205 (vol. 1) ; BnF, Manuscrits, Français 13429 (vol. 2) ; Chantilly, bibliothèque du musée Condé, ms. 388 (vol. 3).
17. J. Russell, *The Field...*, p. 1-21 ; C. Giry-Deloison (dir.), *François Ier...*, p. 11-23.
18. BnF, Manuscrits, Français 10383.
19. R. de La Marck, *Mémoires...*, vol. 1, p. 263-264.

▸ Vers 1530-1531, François Ier commanda un livre d'heures dans lequel se trouvent de nombreuses prières liées à la maladie. Elles sont clairement à mettre en lien avec la santé chancelante de la mère du roi dont le portrait, peint par Jean Clouet, figure anormalement en tête du volume. La mort de celle-ci le 22 septembre 1531 stoppa manifestement l'entreprise qui ne fut achevée que bien plus tard, quand le manuscrit fut offert à Catherine de Médicis, épouse du futur Henri II.

Portrait de Louise de Savoie, dans *Horæ ad usum Romanum*, dites *Heures de Catherine de Médicis*, France, 1530-1531, enluminé par Jean Clouet. BnF, Manuscrits, NAL 82, f. 2 v° (détail).

CHAPITRE 3

De Pavie à la paix des Dames

« Madame, pour vous advertir comme se porte le ressort de mon infortune, de toutes choses ne m'est demeuré que l'honneur et la vie qui est saulve ; et pour ce que, en vostre adversité, ceste nouvelle vous fera ung peu de réconfort, j'ay prié qu'on me laissast vous escripre ceste lettre. »

Lettre de François Ier à Louise de Savoie après la bataille de Pavie, février 1525, dans A. Champollion-Figeac, *Captivité*..., p. 129.

Au début des années 1520, tous les éléments déclencheurs d'un conflit entre la France, l'Empire et l'Angleterre, autrement dit entre François Ier, Charles Quint et Henry VIII, étaient réunis. Duc de Bourgogne en titre depuis 1506, roi d'Espagne, auréolé de son nouveau titre impérial, Charles Quint nourrissait depuis toujours une grande ambition : reconquérir le duché de Bourgogne, passé entre les mains du roi de France en vertu du traité de Senlis de 1493[1]. Une nouvelle guerre ne tarda pas donc à éclater, opposant le roi de France et ses alliés, Henri II de Navarre et la république de Venise, à une coalition réunissant l'empereur, le roi d'Angleterre et le pape Léon X, qui s'était associé à Charles Quint, considéré par Rome comme un rempart face à la montée du luthéranisme dans les terres germaniques.

Le conflit s'ouvrit au printemps 1521. Les Français firent d'abord une percée au Luxembourg, sous la conduite de Robert de La Marck, et en Navarre, sous celle de Henri II de Navarre, qui souhaitait récupérer ses terres occupées par Ferdinand le Catholique. La contre-attaque fut cependant rapide. En juin, les troupes impériales envahirent le nord-est du royaume de France, sous les ordres de Henri de Nassau, assiégeant Ardres, Mouzon et Tournai. Bayard s'illustra durant le siège de Mézières, qui résista aux Impériaux durant six semaines. De fait, ce semblant de victoire ne fut qu'un répit. Une fois de plus, le théâtre des hostilités se déplaça en Italie du Nord. Le 27 avril 1522, les troupes du maréchal Odet de Foix furent largement défaites à la bataille de La Bicoque, dans la périphérie de Milan, par celles de François II Sforza et Prospero Colonna. Les Suisses s'y heurtèrent à un

Louise de Savoie exerça par deux fois la régence, en 1515 et 1525. Au nom du roi, absent ou empêché, elle légiféra en faisant apposer aux actes qu'elle émettait un sceau à ses armes, *parti d'Angoulême/Visconti-Milan et de Savoie*, assurant ainsi la continuité du pouvoir royal.

Sceau de la régente Louise de Savoie, sur *Pouvoirs donnés à François de Tournon, Jean de Selve et Philippe Chabot pour négocier une trêve entre François Ier, Henry VIII et Charles Quint*, Tournon, 7 septembre 1525. BnF, Manuscrits, Mélanges de Colbert 364, n° 305 (détail).

barrage de l'artillerie impériale. Gênes tomba le 30 mai après un siège d'une dizaine de jours, ce qui mit un terme à la tutelle française sur la ville.

François Ier dut en outre faire face à une défection de taille, celle du connétable Charles III de Bourbon, un des plus puissants seigneurs du royaume, avec qui il s'était brouillé. Son épouse Suzanne, fille de Pierre II de Bourbon et d'Anne de Beaujeu, était morte en avril 1521. Cette disparition ouvrit la question de la succession des duchés de Bourbon et d'Auvergne, car aucun enfant du couple n'avait vécu. Anne de Beaujeu elle-même mourut en novembre 1522. Cet immense héritage se retrouva alors disputé entre le connétable, veuf de Suzanne, et Louise de Savoie, en tant qu'aînée des descendants de Charles Ier de Bourbon par sa mère. Un long procès s'ouvrit devant le parlement de Paris, qui tourna en faveur de Louise. Las des manœuvres de celle-ci, le connétable commit l'impensable : en prenant la fuite puis en passant à l'ennemi en 1523, il se rendit coupable de haute trahison et ses biens furent mis sous séquestre. Cette défection contraria quelque peu la contre-offensive française en Lombardie, d'autant que le renégat devint lieutenant général de l'armée de l'empereur. Afin de lui faire face, François Ier décida dès le 12 août 1523 qu'il confierait la régence du royaume à sa mère en cas de nouveau conflit, notant qu'elle avait déjà exercée « si vertueusement et prudemment qu'elle en est digne de louenge et singulière recommandacion[2] ». Avec cette trahison et cette nouvelle régence s'ouvrait une nouvelle période du règne, mais surtout une crise qui devait menacer l'existence même du royaume[3].

Le désastre de Pavie

Début 1524, Guillaume Gouffier de Bonnivet prit la tête de l'armée mais se heurta au connétable de Bourbon et au vice-roi de Naples, Charles de Lannoy, successeur de Colonna à la tête des Impériaux en Italie du Nord. À la déroute militaire s'ajouta bientôt la peste, ainsi qu'une série de déconvenues : Bonnivet fut blessé au bras et dut laisser sa place, tandis que Bayard était quant à lui mortellement touché au cours d'un affrontement le 30 avril 1524 à Romagnano Sesia, en Piémont. Charles de Bourbon en profita alors pour mener une campagne en Provence, prenant Aix et mettant le siège devant Marseille.

À ce moment, François Ier décida de tout faire pour reconquérir le Milanais. Il rêvait d'un nouveau Marignan, suivant l'avis de l'amiral Guillaume Gouffier de Bonnivet, alors que d'autres lui conseillaient d'attendre avant de lancer une nouvelle offensive en Italie, la France étant désormais isolée diplomatiquement. Cette nouvelle expédition entraîna d'immenses dépenses, sur fond de crise financière. Pour y faire face, le roi créa le 18 mars 1523 la charge de trésorier de l'Épargne, afin d'accroître l'efficience de l'administration fiscale royale léguée par Charles VII. Le premier titulaire fut Philibert Babou, époux d'une maîtresse du roi, Marie Gaudin de La Bourdaisière. Il s'agissait d'établir un système plus centralisé, permettant de contrôler la collecte, les comptes et l'utilisation des revenus du royaume, tout en créant une réserve d'espèces pour pourvoir aux dépenses imprévues, aussi bien en temps de paix qu'en temps de guerre. L'office de trésorier de l'Épargne, pour les parties ordinaires (revenus en provenance du domaine et des impositions) fut rapidement doublé de celui de receveur des parties casuelles (finances extraordinaires).

Le 17 octobre 1524, quelques semaines après le décès de la reine Claude de France et en prévision d'une absence qui pouvait se prolonger, François Ier renouvela les pouvoirs de régente donnés à sa mère[4]. Le sort semblait alors sourire aux Français, car les Impériaux venaient d'évacuer Milan. Le roi-chevalier reprit l'initiative et conduisit son armée jusque sous les murs de Pavie. Commença alors un siège de plusieurs mois. Dans la nuit du 23 au 24 février 1525, les Impériaux parvinrent à percer par surprise l'enceinte du

Confectionnée avant l'accession de François d'Angoulême au trône (comme le suggèrent les salamandres non couronnées figurées sur la garde), cette épée était exclusivement conçue pour l'apparat, et non pour le combat. En acier forgé, gravé et doré, bronze, or ciselé et émaillé, elle impressionne par sa qualité d'exécution, destinée à marquer les esprits. Avec un collier de l'ordre de Saint-Michel et un livre d'heures, elle aurait fait partie du butin espagnol capté par le colonel général des troupes italiennes au service de Charles Quint, Juan de Aldana, dans la tente de François Ier sur le champ de bataille de Pavie. Elle fut rapportée en France sous le Premier Empire.

Piero Antonio Castaldo (lame), *Épée de François d'Angoulême*, dite *Épée de Pavie* (détail), Italie, vers 1505-1510. Paris, musée de l'Armée, inv. 993/J 376.

camp français. La suite est confuse. François Ier mena la charge à la tête de sa cavalerie mais, passant devant ses propres canons, il empêcha ceux-ci d'ouvrir le feu, ce qui laissa le champ libre aux arquebusiers impériaux. Les Français furent durement touchés. Guillaume Gouffier de Bonnivet, Jacques de Chabannes de La Palice et Louis de La Trémoille trouvèrent la mort. Nombreux furent les cavaliers que la lourdeur de leur armure empêcha de se relever une fois à terre. Son cheval tué, le roi continua le combat à pied, blessé à la jambe et à la main, mais il fut fait prisonnier, tout comme le grand maître de l'artillerie Galiot de Genouillac et le maréchal Anne de Montmorency. L'affaire connut un grand retentissement en France et dans toute l'Europe, rappelant les heures sombres de la monarchie, avec la capture de Saint Louis par les mamelouks en Égypte en 1250 et celle de Jean II le Bon par les Anglais en 1356 à la bataille de Poitiers.

La longue captivité de Madrid

Le roi prisonnier fut d'abord conduit à la chartreuse de Pavie. Ironie de l'histoire ! En 1499-1500, Louis XII y avait saisi une grande partie des livres des ducs de Milan et les avait transférés en France. En 1525, ces derniers se trouvaient toujours au château royal de Blois dont François Ier avait hérité en montant sur le trône. Conscient de la gravité de la situation, il fit parvenir des missives à sa mère et à l'empereur. À celle-ci, il écrivit la lettre dont le célèbre extrait, déformé par les historiens *via* la forme « Tout est perdu, fors l'honneur ! », figure en tête de ce chapitre. À l'empereur, il tenta vainement d'en appeler à la grandeur d'âme de son rival et à la magnanimité du vainqueur sur l'adversaire malheureux « n'ayant autre reconfort en mon infortune que l'estime de vostre bonté, laquelle, s'il lui plaist, usera par honnesteté à moy de l'effect de la victoire ; ayant ferme esperance que vostre vertu ne voudra me contraindre de choses qui ne fust honneste ; vous suppliant juger en votre propre cueur ce qu'il vous plaira à faire de moy, estant seur que la volonté d'un tel prince que vous estes ne peut estre accompagnée que d'honneur et magnanimité[5] ».

François Ier fut ensuite transféré dans la forteresse de Pizzighettone, non loin de Crémone, puis à Gênes et, de là, par bateau, à Barcelone, au château de Tarragone, ensuite à Valence, dans celui de Benissanó. Il fut enfin détenu à partir de juillet 1525 dans l'Alcazar de Madrid (qui se situait à l'emplacement de l'actuel palais royal). Il ne s'agissait pas bien sûr d'un cachot humide où aurait été enfermé un détenu plus commun, mais son « mauvais logis de Madrid[6] » était malgré tout étroit et bien gardé. On sait que l'empereur vint le voir[7] et qu'il pouvait recevoir des visiteurs, mais François Ier ne pouvait se fier à son entourage, certains de ses serviteurs rendant compte de ses faits et gestes à son vainqueur. Le roi de France, qui supportait mal le climat madrilène, qui se sentait humilié et isolé, ne tarda pas à souffrir d'une dépression aiguë, d'anorexie, d'apathie et enfin d'un abcès nasal. En septembre 1525, une forte fièvre laissa présager le pire. Sa sœur Marguerite décida alors de faire le voyage et de venir à son chevet. Le 22 septembre, il sombra dans un demi-coma avant de reprendre conscience à la suite de l'heureuse et inespérée rupture de son abcès.

Prêt à tout pour retrouver sa liberté, le captif proposa immédiatement de verser une rançon, mais Charles Quint voyait plus grand. L'empereur souhaitait non seulement récupérer la Bourgogne, Thérouanne, Hesdin, les possessions françaises en Artois, Tournai et la pleine suzeraineté sur la Flandre, mais aussi voir le roi de France renoncer à ses droits et prétentions sur l'Italie du Nord. Certains de ces points pouvaient être négociables pour les Français, à l'exception de la cession de la Bourgogne, qui aurait brisé l'intégrité même du territoire du royaume.

Pendant ce temps, la mère du monarque prisonnier faisait face, en exerçant en son nom le pouvoir royal, secondée par le chancelier Antoine Duprat, le trésorier de France Florimont Robertet, son demi-frère René de Savoie ou encore le maréchal Odet de Foix. Le nombre de textes promulgués par Louise témoigne de l'activité soutenue de la chancellerie royale, la régente cherchant à faire oublier la vacance du trône. Cette activité intérieure se doubla d'intenses tractations diplomatiques, destinées à sortir la France de l'isolement. À son instigation, le traité de Moore fut ainsi signé le 30 août 1525 avec Henry VIII : le roi d'Angleterre accepta de renoncer à certaines revendications territoriales en France et s'engagea à œuvrer pour la libération de François Ier ; en retour, la veuve de Louis XII, Marie Tudor, reçut enfin les arrérages de son douaire.

Bien que prisonnier, François Ier continua de fait à entretenir une correspondance diplomatique propre. C'est notamment à cette époque que commencèrent ses relations épistolaires avec l'Empire ottoman. La puissance des sultans s'était considérablement accrue depuis le milieu du XVe siècle. Mehmed II, dit le Conquérant, avait ainsi fait tomber l'Empire byzantin et conquis sa capitale, Constantinople, désormais appelée Istanbul. Il n'eut de cesse d'étendre son empire, notamment sur les frontières orientales de l'Europe, avec la Serbie en 1458 et l'Herzégovine en 1483. La Sublime Porte, nom qu'allaient lui donner les Français, en référence à la porte monumentale du palais du sultan, recouvrait une immense entité territoriale multinationale et multi-ethnique, englobant la Turquie, les

Quelques années après les événements, le peintre bruxellois Van Orley a réalisé sept dessins aujourd'hui conservés au Louvre, qui servirent à tisser des tapisseries offertes à Charles Quint par les états généraux de Bruxelles. Sur celle-ci, on reconnaît le roi de France, tombé à terre et relevé par des soldats ennemis : il s'apprête à faire sa reddition au vice-roi de Naples, Charles de Lannoy, sujet de la tapisserie suivante.

Lissier bruxellois anonyme, sur des modèles de Barent Van Orley, *La Reddition de François Ier à Pavie* (détail), tapisserie, vers 1528-1531. Naples, musée de Capodimonte, inv. IGMN 144489.

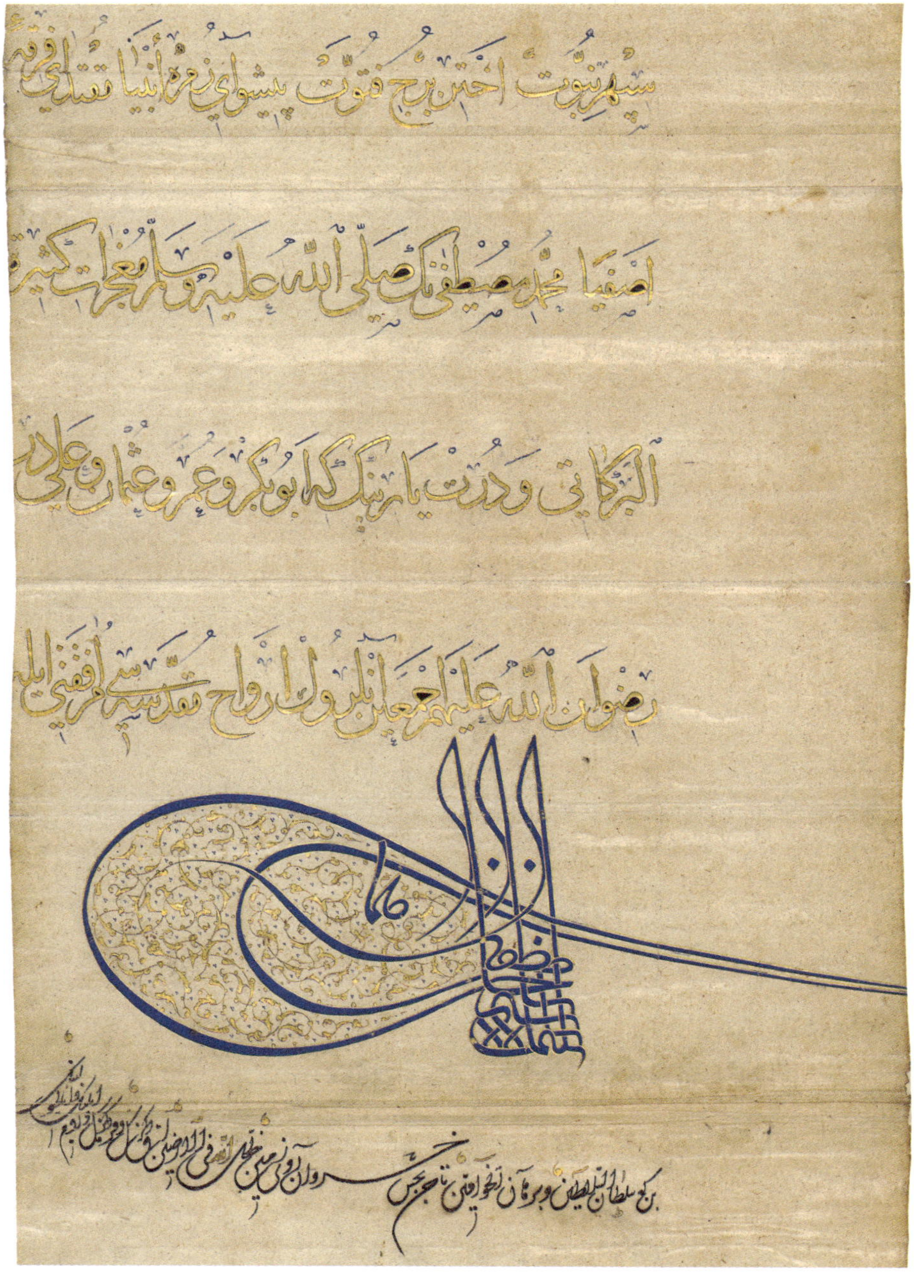
سپهر نبوت اختر برج فتوت پیشوای زمرهٔ انبیا مقتدای فرقهٔ
اصفیا محمد مصطفی که صلی الله علیه وسلم معجزات کثیرة
البرکاتی و دردت یارانیکه ابوبکر و عمر و عثمان و علی در
رضوان الله علیهم اجمعین انلرک ارواح مقدسه سی ارمغانی ایله
بن که سلطان السلاطین و برهان الخواقین تاج بخش خسروان روی زمین ظل الله فی الارضین

Première des lettres adressées par Soliman le Magnifique à François Ier entre 1526 et 1543, cette missive est une réponse de soutien du sultan turc au roi de France, alors prisonnier à Madrid et cherchant une alliance contre Charles Quint. Elle est ornée du traditionnel *tugra*, monogramme du sultan ottoman.

Lettre de Soliman à François Ier (détail), Istanbul, janvier-février 1526. BnF, Manuscrits, Supplément turc 1638.

Balkans, la Hongrie, la Grèce, l'Arménie, la Syrie, l'Irak, l'Égypte et toute la cote d'Afrique du Nord jusqu'à Oran. Pour Charles Quint, Soliman le Magnifique, son sultan depuis 1520, représentait une véritable menace, puisque ses possessions s'étendaient jusqu'aux confins de la Hongrie. En 1521, la chute de Belgrade, un des bastions de la chrétienté face aux musulmans, avait jeté l'effroi en Europe. La route de l'Autriche était désormais ouverte. L'ordre de Saint-Jean de Jérusalem fut chassé de l'île de Rhodes vers celle de Malte en 1522. Le roi Louis II de Hongrie fut lourdement défait en 1526 à la bataille de Mohács. En 1529, Soliman franchit le Danube et mit le siège devant Vienne, sans parvenir à faire tomber la ville. La chrétienté même semblait menacée et l'on mesure à la fois le désespoir et l'audace du roi de France, prisonnier à Madrid, qui envoya une lettre au « chef des Infidèles » afin de requérir son aide – sans obtenir le résultat espéré. Ce choix délibéré peut paraître étrange pour un roi « très chrétien », mais il était dicté par la raison d'État, Soliman apparaissant en 1525-1526 comme le seul capable de contrer les ambitions territoriales de Charles Quint, désormais à la tête d'un empire « sur lequel le soleil ne se couchait jamais ». La mission diplomatique chargée d'apporter cette lettre fut confiée à Jean Frangipani, noble d'origine croate. François Ier contacta de nouveau Soliman en 1528, et il obtint cette fois-ci la promesse d'une protection des lieux de culte chrétiens dans ses États[8]. Ces premiers échanges posèrent les jalons d'une alliance à venir, longtemps tacite mais « solide, utile au sultan comme au Très Chrétien[9] », qui allait régir les relations de la France et de l'Empire ottoman pendant près de deux siècles et demi.

Premières tensions religieuses

Au moment même où le roi se morfondait dans sa cellule de Madrid, le royaume était sur le point d'essuyer une autre crise, bien plus profonde et dont les conséquences s'avérèrent autrement plus durables, car elle ne touchait plus seulement aux enjeux diplomatiques ou territoriaux, mais concernait les cœurs et les âmes. Scandalisé par le commerce des indulgences – la rémission totale ou partielle d'une peine devant Dieu, moyennant finances – et préoccupé par les questions de la mort et du salut, le prêtre et docteur en théologie Martin Luther avait publié le 31 octobre 1517 à Wittemberg sa *Dispute sur la puissance des indulgences* (*Disputatio pro declaratione virtutis indulgentiarum*), plus connue sous le nom de *95 thèses*. Cette liste de propositions radicales pour réformer l'Église et le catholicisme devait ébranler la chrétienté. Si les États allemands furent les premiers touchés,

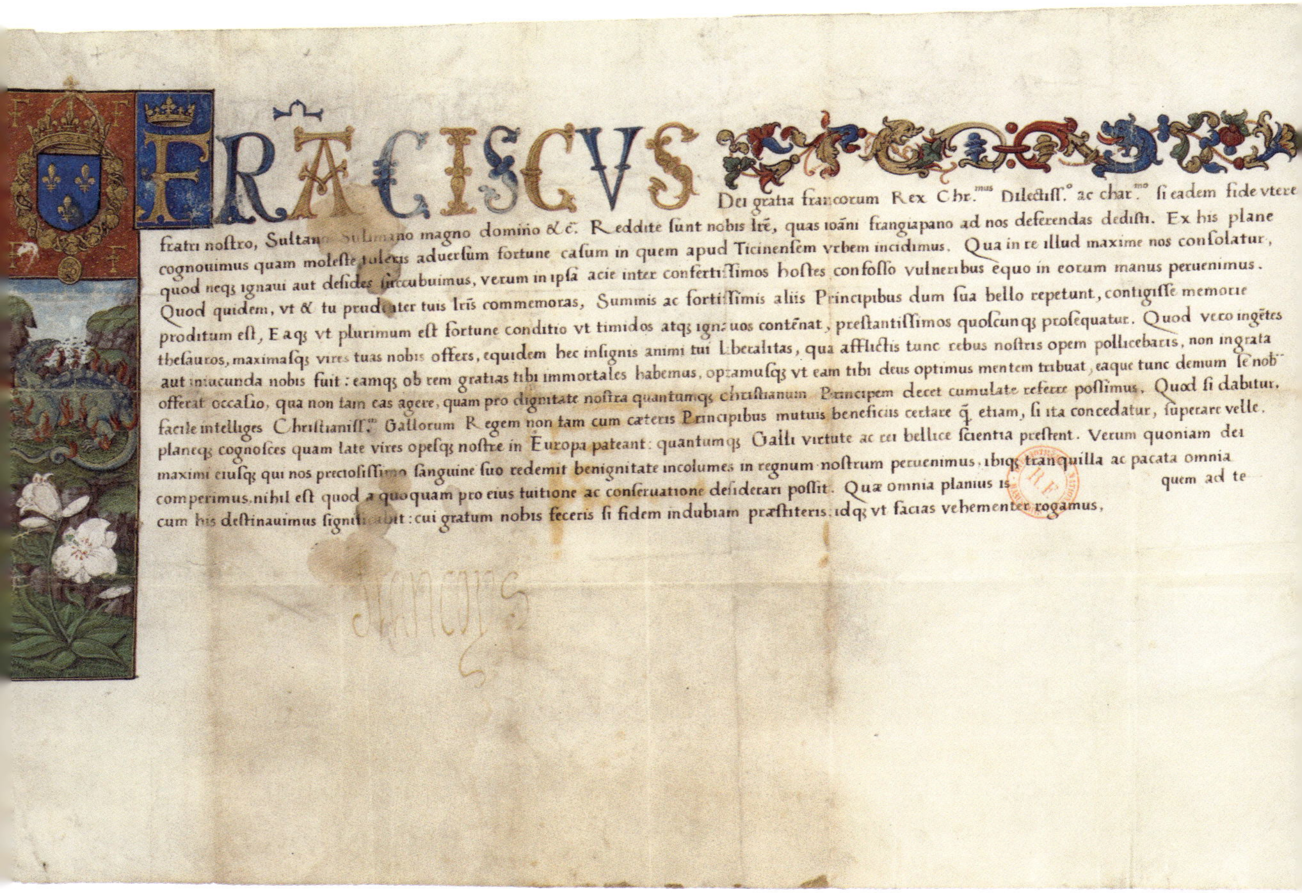
FRĀCISCVS Dei gratia francorum Rex Chr.^mus Dilectiss.^o ac char.^mo si eadem fide vtere
fratri nostro, Sultano Sulimano magno domino &c. Reddite sunt nobis lrē, quas ioāni frangiapano ad nos deferendas dedisti. Ex his plane
cognouimus quam moleste tuleris aduersum fortune casum in quem apud Ticinensem vrbem incidimus. Qua in re illud maxime nos consolatur,
quod neqꝫ ignaui aut desides succubuimus, verum in ipsa acie inter confertissimos hostes confosso vulneribus equo in eorum manus peruenimus.
Quod quidem, vt & tu prudenter tuis lrīs commemoras, Summis ac fortissimis aliis Principibus dum sua bello repetunt, contigisse memorie
proditum est, Eaqꝫ vt plurimum est fortune conditio vt timidos atqꝫ ignauos contēnat, prestantissimos quoscunqꝫ prosequatur. Quod vero ingētes
thesauros, maximasqꝫ vires tuas nobis offers, equidem hec insignis animi tui Liberalitas, qua afflictis tunc rebus nostris opem pollicebaris, non ingrata
aut iniucunda nobis fuit: eamqꝫ ob rem gratias tibi immortales habemus, optamusqꝫ vt eam tibi deus optimus mentem tribuat, eaque tunc demum se nob.
offerat occasio, qua non tam eas agere, quam pro dignitate nostra quantumqꝫ christianum Principem decet cumulate referre possimus. Quod si dabitur,
facile intelliges Christianiss.^m Gallorum Regem non tam cum ceteris Principibus mutuis beneficiis certare q̄ etiam, si ita concedatur, superare velle.
planeqꝫ cognosces quam late vires opesqꝫ nostre in Europa pateant: quantumqꝫ Galli virtute ac rei bellice scientia prestent. Verum quoniam dei
maximi eiusqꝫ qui nos preciosissimo sanguine suo redemit benignitate incolumes in regnum nostrum peruenimus, ibiqꝫ tranquilla ac pacata omnia
comperimus, nihil est quod a quoquam pro eius tuitione ac conseruatione desiderari possit. Que omnia planius is quem ad te
cum his destinauimus significabit: cui gratum nobis feceris si fidem indubiam prestiteris: idqꝫ vt facias vehementer rogamus,

Francoys

En réponse à la missive de Soliman le Magnifique reçue début 1526, le roi signa une lettre de créance pour accréditer un ambassadeur auprès du sultan. L'espace prévu pour le nom du plénipotentiaire étant resté vierge, il apparaît que ce document n'a jamais servi. Sa grande originalité consiste dans son riche décor enluminé, attestant de l'importance accordée par le souverain à ces liens diplomatiques naissants avec la Sublime Porte.

Lettre de François Ier au sultan Soliman le Magnifique accréditant un ambassadeur, Paris, 1526, enluminé par Noël Bellemare. BnF, Manuscrits, NAF 7669, f. 308.

ce mouvement de fond se répandit peu à peu dans de nombreux autres pays, dont le royaume de France. Qualifié de « Réforme », il donna par la suite naissance au protestantisme, sous différentes formes (luthériens, presbytériens, anglicans). Toutes ces branches du protestantisme partagent plusieurs points fondamentaux, au centre desquels se situe un dialogue personnel entre l'homme et Dieu, le seul intermédiaire étant le Christ, ce qui les place *de facto* en rupture avec Rome et avec la hiérarchie de l'Église catholique. Le terme même de « protestant » apparut en 1529 en Allemagne pour désigner, comme quolibet, les princes et les villes libres gagnées par ces idées nouvelles.

En France, ce mouvement prit à ses débuts la forme d'un cercle de réflexion évangélique, le « cénacle de Meaux ». Fondé en 1521 à la demande de l'évêque de cette ville, Guillaume Briçonnet, par son vicaire et ami Jacques Lefèvre d'Étaples, il regroupait de nombreux érudits humanistes, dont François Rabelais, admirateur d'Érasme, était proche. Le cénacle développa une doctrine de meilleure compréhension des textes sacrés passant par leur traduction en langue vulgaire (autrement dit en français). Il s'agissait de revenir aux sources du christianisme par l'enseignement originel du Christ au travers de la lecture directe des textes, sans l'exégèse ou les explications des prêtres et des théologiens, rédigés qui plus est en latin. La propre sœur du roi, Marguerite, une familière de Guillaume Briçonnet, en fit son directeur spirituel et entretint avec lui une abondante correspondance. Dans un premier temps, le roi lui-même ne s'était pas montré tout à fait insensible à ces idées humanistes.

L'université de Paris, dont Noël Bédier, doyen de la faculté de théologie, y était en revanche fermement opposée. La captivité du roi, puis l'installation de la régente à Lyon, permit précisément au Parlement et à l'Université de reprendre la main sur les affaires religieuses. Plus largement, le Parlement était décidé à saisir cette occasion pour contester et critiquer la politique du roi et de sa mère. Les tensions se cristallisèrent notamment autour de la nomination par Louise de Savoie du chancelier Duprat comme archevêque de Sens et abbé de Saint-Benoît-sur-Loire. Au même moment, de nombreuses rumeurs alarmantes se mirent à circuler dans la capitale : l'une annonçait par exemple que quatre-vingt mille luthériens marchaient sur Rome après avoir pris Trente ; l'autre que la Hongrie, la Pologne et la Bohême avaient rompu leurs liens avec Rome. L'Empire était de son côté secoué par la guerre des Paysans, mouvement de révolte populaire dont les revendications avaient été relancées avec l'essor de la Réforme.

Au-delà du cénacle de Meaux, la France connut rapidement ses premières manifestations liées au mouvement protestant. Une mascarade, organisée dans le cloître Notre-Dame, au sein même de l'enclos cathédral parisien, montra par exemple une cavalière tirée par des diables portant au dos des pancartes marquées du nom de Luther. On pensa alors que derrière cette cavalière se trouvait une caricature de la sœur du roi. Le 20 mars 1525, le Parlement demanda à l'évêque de Paris de former une commission constituée de deux parlementaires et de deux théologiens afin de juger les affaires d'hérésie. Sa compétence fut rapidement élargie à l'ensemble du ressort du parlement de Paris. Une lettre pontificale délégua ces pouvoirs, normalement dévolus aux évêques, à ces « juges délégués ». Les prélats eux-mêmes pouvaient de la sorte être poursuivis. Le Parlement put dès lors soutenir plus fermement et plus efficacement la faculté de théologie de Paris dans sa lutte contre le cénacle de Meaux. Des désordres eurent lieu dans cette dernière ville, si bien que Briçonnet se retrouva à son tour déclaré suspect d'hérésie. Le procureur général au Parlement condamna dans la foulée toute traduction des Écritures, en proposant d'interdire l'accès aux textes religieux en langue vernaculaire.

Le 27 août 1525, on ordonna enfin aux détenteurs de livres religieux en français de les remettre aux autorités dans la semaine. Libraires et imprimeurs eurent bientôt interdiction de publier ou détenir toute traduction en français d'ouvrages de ce type. Le dernier opus de Lefèvre d'Étaples, *Épîtres et Évangiles pour les 52 dimanches de l'an*, était particulièrement visé. Les autorités commencèrent à arrêter tous ceux qui étaient suspects de collusion avec la Réforme – dont les membres du cénacle de Meaux. François Ier décida d'intervenir depuis sa prison madrilène, en ordonnant de surseoir au procès intenté contre les théologiens Lefèvre d'Étaples, Pierre Carol et Gérard Roussel. Irrité par cette intrusion, le Parlement demanda aux juges spéciaux de continuer leurs travaux sans se soucier des injonctions du roi. Le cénacle de Meaux fut dissous, ses chefs durent abjurer et furent pour beaucoup contraints à l'exil. Guillaume Briçonnet rentra dans le rang. Cette crise devait continuer à s'envenimer dans les années qui suivirent, malgré le retour de François Ier en France.

Le traité de Madrid

Avec le rétablissement de la bonne santé du roi, les négociations en vue de sa libération avaient pu reprendre, cette fois-ci à l'instigation de Marguerite d'Angoulême. En novembre 1525, les négociateurs français offrirent à l'empereur une rançon de trois millions d'écus et proposèrent d'organiser le mariage de François Ier avec sa sœur Éléonore de Habsbourg,

Léonard Limosin, *Portrait d'Éléonore de Habsbourg*, émail peint sur cuivre, Limoges, 1536. Écouen, musée national de la Renaissance, inv. ECL2520.v

veuve du roi Manuel Ier de Portugal depuis 1521. Faute de conclusion, Marguerite décida de rentrer en France.

En désespoir de cause, le captif promulgua en novembre 1525 depuis Madrid des lettres patentes d'une importance politique considérable. Dans le préambule, il constatait qu'« aprés avoir esté mené et conduit en divers lieux par mer et par terre, esté mis et reduict ez mains de l'esleu [élu] empereur, roy de Castille », avoir vainement « espéré humanité, clemence et honnesteté » de la part de son geôlier, puis enfin enduré la maladie et en être « comme resuscité de mort a vie » grâce à la miséricorde divine, il ne lui était pas permis de retourner en France « par honnestes compositions ». En conséquence, il prenait la décision, de fait inédite, de demander à Louise de Savoie de faire en sorte que le dauphin François, alors âgé de 7 ans, fût « comme roy couronné, oint et sacré et en gardant toutes les solemnitez requises et accoustumees ». Sa mère, durant sa minorité, devenait « seule gouvernante et regente », Marguerite étant désignée pour la remplacer en cas de décès. Les actes devaient désormais être rendus au nom de son fils et revêtus du sceau royal de celui-ci qu'il convenait de faire faire[10]. Ces lettres, par lesquelles il abdiquait en réalité la couronne de France, ne furent jamais appliquées et, de fait, jamais enregistrées par le Parlement. Le geste était inédit et impensable selon la tradition française : la couronne, réputée « indisponible », le roi ne pouvait en disposer librement, que ce soit pour y renoncer avant sa mort ou pour la transmettre à un autre que son héritier légitime.

En se livrant à ce geste dramatique, le but de François Ier n'était sans doute pas de renoncer réellement à son trône, mais plutôt d'obtenir une réaction de Charles Quint, qui dut voir clair dans son jeu et se garda bien de diminuer ses exigences. Louise de Savoie finit pourtant par se résoudre à céder. Lasse de supporter le fardeau de la régence, consciente aussi que la jeunesse du dauphin rendait ce projet d'abdication hasardeux, elle se résigna au pire. Le traité de Madrid fut finalement signé le 14 janvier 1526. En contrepartie de sa libération, le roi s'engageait à restituer le duché de Bourgogne et ses seigneuries annexes, dont le comté de Charolais, à renoncer à ses prétentions sur le duché de Milan, le royaume de Naples, Gênes, Asti, le comté de Flandre et le comté d'Artois, à épouser Éléonore de Habsbourg, à réhabiliter dans ses biens et offices le connétable de Bourbon et ses partisans, à contraindre Henri II de Navarre à abandonner ses droits sur son royaume et enfin à livrer, comme gage de l'exécution du traité, ses deux fils, le dauphin François (né en 1518) et son cadet Henri, futur Henri II (né en 1519). Le roi fut libéré le 17 mars 1526. L'échange entre le revenant et les deux princes se fit sur la Bidassoa, le fleuve marquant la frontière entre les royaumes de France et d'Espagne.

Vers 1524-1529, le contrôleur général de l'Épargne du roi et secrétaire de Louise de Savoie, Étienne Le Blanc, destina à François Ier un exemplaire enluminé de sa traduction en français des *Orationes* de Cicéron. Il choisit de faire figurer en tête du volume, non la traditionnelle représentation de la donation du livre par l'auteur à son destinataire, mais une image rétrospective et victorieuse de la chevauchée du souverain à Marignan, afin de plaire à ce dernier, affaibli par la défaite de Pavie.

François Ier chevauchant à la bataille de Marignan, dans Cicéron, *Oraisons*, trad. par Étienne Le Blanc, Paris, vers 1524-1529, enluminé par Noël Bellemare. BnF, Manuscrits, Français 1738, f. 1 v°.

La reprise en main du royaume

Le retour de François Ier a souvent été décrit comme un second avènement. La disgrâce du connétable mais aussi la disparition de nombreux officiers à la bataille de Pavie imposaient effectivement la nomination de nouveaux dignitaires capables de servir dignement la monarchie humiliée. Deux hommes bénéficièrent tout particulièrement de la grâce du roi, en remerciement de leur soutien. Philippe Chabot remplaça Guillaume Gouffier de Bonnivet comme amiral de France. Il épousa par ailleurs en 1526 Françoise de Longwy, fille de Jeanne d'Angoulême, la sœur bâtarde du souverain. Anne de Montmorency poursuivit quant à lui son ascension. Vaincu à la bataille de La Bicoque en 1522, il avait malgré tout été nommé maréchal en reconnaissance de son courage. En 1526, il succéda à René de Savoie, également tué à Pavie, comme grand maître de France, avant d'être désigné gouverneur du Languedoc en remplacement du connétable de Bourbon. L'année suivante, il épousa Madeleine de Savoie, fille de René, faisant ainsi son entrée dans la famille élargie du souverain.

François Ier fut immédiatement mis au courant des affaires du royaume durant son absence, notamment des attaques du parlement de Paris contre la régente et le chancelier. Il décida dans un premier temps d'affirmer son pouvoir par une série d'entrées solennelles dans les villes du sud-ouest et du centre du pays. Il laissa également libre cours à son passe-temps favori, la chasse, manière de montrer sa vigueur et sa pleine santé retrouvée.

Comme on l'a dit, la reine Claude de France était décédée à Blois en 1524. Son corps, ainsi que celui de leur fille Louise, morte en 1518, fut transporté à Paris en octobre 1526 pour des obsèques qui n'avaient pu avoir lieu en raison du contexte. La reine défunte fut inhumée à Saint-Denis. Une fois ces derniers devoirs accomplis, au début de l'année 1527, Marguerite d'Angoulême, veuve de Charles d'Alençon depuis 1525, épousa Henri II de Navarre, devenant ainsi reine de Navarre. Il s'agissait, par ce mariage, d'assurer la protection du royaume de France sur sa frontière pyrénéenne, face à l'Espagne unifiée de Charles Quint. Dès son retour, le souverain avait également repris très rapidement les rênes du pouvoir en annulant la procédure engagée par le parlement de Paris contre le chancelier Duprat et en le soutenant dans sa nomination à l'abbatiat de Saint-Benoît-sur-Loire et à l'archevêché de Sens. Il s'attaqua ensuite au surintendant Jacques de Beaune, baron de Semblançay. Accusé d'avoir détourné des fonds, maquillé la comptabilité et même d'avoir forcé le roi à lui emprunter de l'argent, tout en entretenant des relations hostiles avec Louise de Savoie, il fut disgracié et exécuté par pendaison au gibet de Montfaucon en 1527.

Le chancelier Antoine Duprat commanda pour son propre usage un exemplaire du *Registre du procès du connétable de Bourbon*. Le volume, de grand format, s'ouvre sur une peinture pleine page où est représentée la tenue du lit de justice le 24 juillet 1527 dans la Grand-Chambre du parlement de Paris.

Procès du connétable de Bourbon, dans *Registre du procès criminel du connétable de Bourbon*, Paris, entre 1528 et 1535, enluminé par un artiste anonyme du groupe Colaud. BnF, Manuscrits, Français 5109, f. A v°.

La saisie des biens du connétable concerna aussi la riche bibliothèque des ducs de Bourbon. Un choix fut opéré, privilégiant les livres de luxe, enluminés ou portant des armes. Parmi ceux-ci figuraient notamment les *Heures de Louis de Laval*, un des manuscrits les plus ambitieux jamais commandés au Moyen Âge (1234 miniatures !), que le gouverneur de Champagne avait légué à Anne de Beaujeu. Avec lui, près de cent cinquante volumes, manuscrits et imprimés, furent captés par la couronne, probablement au profit de Louise de Savoie, avant d'être intégrés à la bibliothèque personnelle de François Ier et, par là même, à la Bibliothèque royale.

Création du ciel et de la terre, dans *Horæ ad usum Romanum*, dites *Heures de Louis de Laval*, Bourges, vers 1480, enluminé par Jean Colombe. BnF, Manuscrits, Latin 920, f. 2 v°.

Le 24 juillet 1527, François Ier réaffirma enfin son autorité, de la manière la plus solennelle qui soit, en présidant un lit de justice organisé en la Grand-Chambre du parlement de Paris. Assis sur un trône surélevé surmonté d'un dais de velours bleu fleurdelysé, entouré de pairs, de grands officiers, de prélats et de parlementaires, le souverain délimita soigneusement le rôle de ces derniers, entérina toutes les décisions prises par la régente durant son absence, révoquant par là même celles jugées contradictoires prises par le Parlement. Il confirma ensuite l'indépendance du chancelier, avant de condamner enfin Charles III de Bourbon pour crime de rébellion et lèse-majesté, à titre posthume cependant, ce dernier étant mort deux mois plus tôt.

En matière religieuse, François Ier tenta de tempérer la situation en accordant sa protection aux membres du cénacle de Meaux. Jacques Lefèvre d'Étaples put rentrer en France et fut même nommé précepteur du plus jeune fils du roi, Charles, né en 1522. Gérard Roussel devint quant à lui aumônier de Marguerite. Quand la faculté de théologie condamna les *Colloques* du théologien Érasme de Rotterdam, œuvre pédagogique visant à enseigner le latin et les valeurs chrétiennes aux enfants, le roi prit la défense de ce dernier. Il affirmait ainsi son autorité face aux théologiens, tout en s'opposant à toute dissension religieuse susceptible de nuire à l'orthodoxie ou à l'ordre public. Cependant, un acte iconoclaste perpétré contre une statue de la Vierge, qui fut mutilée à Paris en 1528, provoqua un grand émoi dans l'opinion. À la suite de cet événement, l'avocat et réformateur Louis de Berquin, déjà inquiété à plusieurs reprises, fut accusé d'hérésie par les docteurs de la Sorbonne. Pour avoir déclaré sa volonté de libérer la France du pouvoir du souverain pontife, il se retrouva mis au pilori, la langue percée et le front marqué au fer rouge d'une fleur de lys. Jeté en prison, il refusa encore et toujours de se rétracter. Espérant une grâce du roi qui ne vint jamais, il fut condamné en 1529 à être brûlé en place de Grève, au milieu de ses livres.

De la ligue de Cognac à la paix des Dames

À peine rentré en France, François Ier avait dénoncé les clauses du traité de Madrid qu'il jugeait inacceptables et arrachées sous la contrainte. Face à l'insistance de Charles Quint, qui gardait ses deux fils prisonniers, le monarque cherchait surtout à gagner du temps. Le Conseil du roi, suivi par les états de Bourgogne, déclara que le royaume de France ne pouvait céder la Bourgogne, car les lois fondamentales du royaume l'interdisaient. L'assemblée des notables réunie en décembre 1527 déclara le traité de Madrid

En 1528, une statue de la Vierge installée rue des Rosiers, à Paris, fut mutilée par une main inconnue. Cet acte sacrilège, un des premiers de la Réforme en France, entraîna l'organisation d'une procession solennelle, menée par le roi. En signe de réparation, ce dernier mit en place une nouvelle statue de bois, recouverte de lames d'argent.

René Bombelles, *Panegyricus christianissimo Francisco Francorum regi dictus*, Paris, 1531, enluminé par Étienne Colaud. Chantilly, bibliothèque du musée Condé, ms. 892, f. 20.

nul et non avenu, tout en acceptant de contribuer à la rançon des deux petits princes. Les prélèvements ne suscitèrent néanmoins pas l'enthousiasme des « bons et loyaux sujets » du roi.

Nombreux étaient cependant les États européens à s'inquiéter du pouvoir grandissant de Charles Quint. Ce dernier avait en effet envoyé une nouvelle armée en Italie, sous le commandement du connétable de Bourbon. Assiégée, Milan capitula le 10 juillet 1526. Henry VIII d'Angleterre, le pape Clément VII, la république de Florence, la république de Venise et François II Sforza, duc de Milan, conclurent le 22 mai 1526 avec François Ier une nouvelle alliance, la ligue de Cognac. Comme le relate Martin Du Bellay, Charles Quint aurait dépêché à la cour, qui se trouvait alors dans le sud-ouest du royaume, « le vice-roy de Naples, Charles de Lannoy, seigneur de Mingoval, le duc de Trajette, le seigneur Alarçon, pour venir devers le roy [...] à Cognac, auquel lieu ils furent receus et festoyez magnifiquement. Mais, peu de jours après, ils virent chose qui ne leur pleut gueres, car ils virent et ouirent publier en leurs presences une ligue faicte entre le pape Clement, le roy de France, le roy d'Angleterre, les Venitiens, les Suisses et les Florentins, qui s'appella la saincte ligue, pour mettre l'Italie en liberté[11] ». Florence et Bologne ayant détourné les troupes impériales moyennant finances, l'armée du connétable se dirigea ensuite vers Rome. La cité pontificale fut prise le 6 mai 1527. Son pillage eut un retentissement immense dans toute la chrétienté. Le connétable mourut cependant durant la bataille.

Le saccage de Rome eut aussi pour conséquence un rapprochement immédiat de François Ier et de Henry VIII, qui conclurent le traité d'Arras le 18 août 1527. Le roi d'Angleterre craignait notamment que le pape, vaincu par l'empereur, ne lui refusât l'annulation de son mariage avec Catherine d'Aragon. Pour sceller cette nouvelle alliance, Marie Tudor, précédemment promise à Charles Quint, fut désormais fiancée au duc Henri d'Orléans, futur Henri II, tandis qu'Henry VIII ne s'opposait plus au mariage de François Ier avec Éléonore de Habsbourg, qui avait été maintenu malgré le non-respect des autres clauses du traité de Madrid.

Début 1528, l'armée française, sous le commandement de Lautrec, tenta une nouvelle percée en Italie du Nord. Le Milanais fut vite conquis et le siège mis devant Naples. Le typhus et la dysenterie en décidèrent autrement. Les Français capitulèrent à Caserte et perdirent rapidement leurs conquêtes. À la suite de cet échec, les pourparlers de paix ne tardèrent pas à reprendre. Il y avait urgence, car la santé des fils du roi, toujours en captivité, se dégradait. La tante de Charles Quint, Marguerite d'Autriche, gouvernante des Pays-Bas, accepta de présider aux négociations avec la mère de François Ier[12]. Toutes deux se connaissaient bien, Marguerite étant veuve

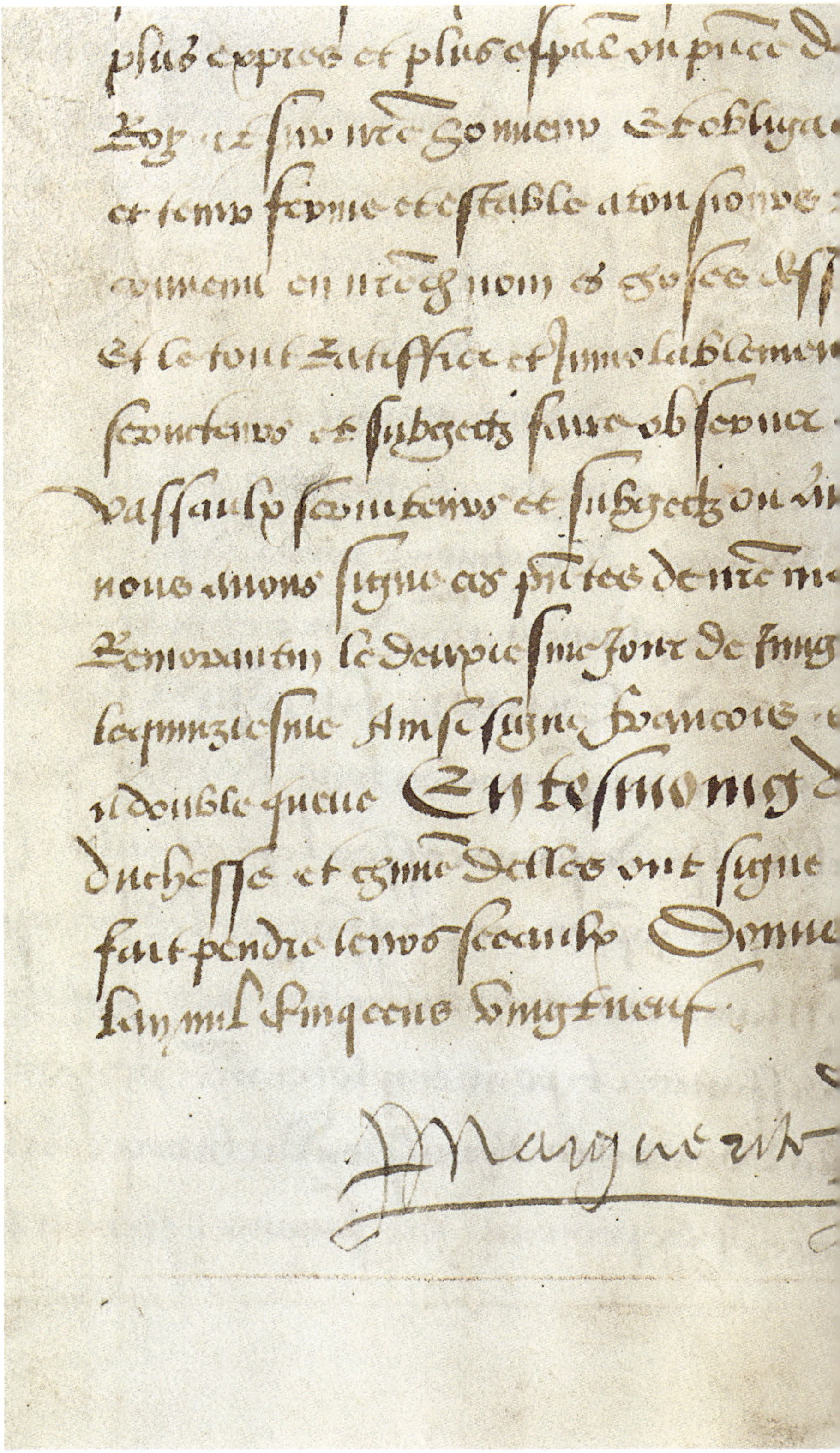

Pourvues des procurations de François Ier et de Charles Quint, Louise de Savoie et Marguerite d'Autriche menèrent les négociations qui aboutirent à la paix des Dames, signée le 5 août 1529. Ce rôle féminin inédit dans la ratification d'un traité trouve son accomplissement par la signature des deux princesses à la fin de l'acte original.

Original du traité de Cambrai, dit paix des Dames, Cambrai, 5 août 1529. BnF, Manuscrits, NAF 17369, f. 13 v° (détail).

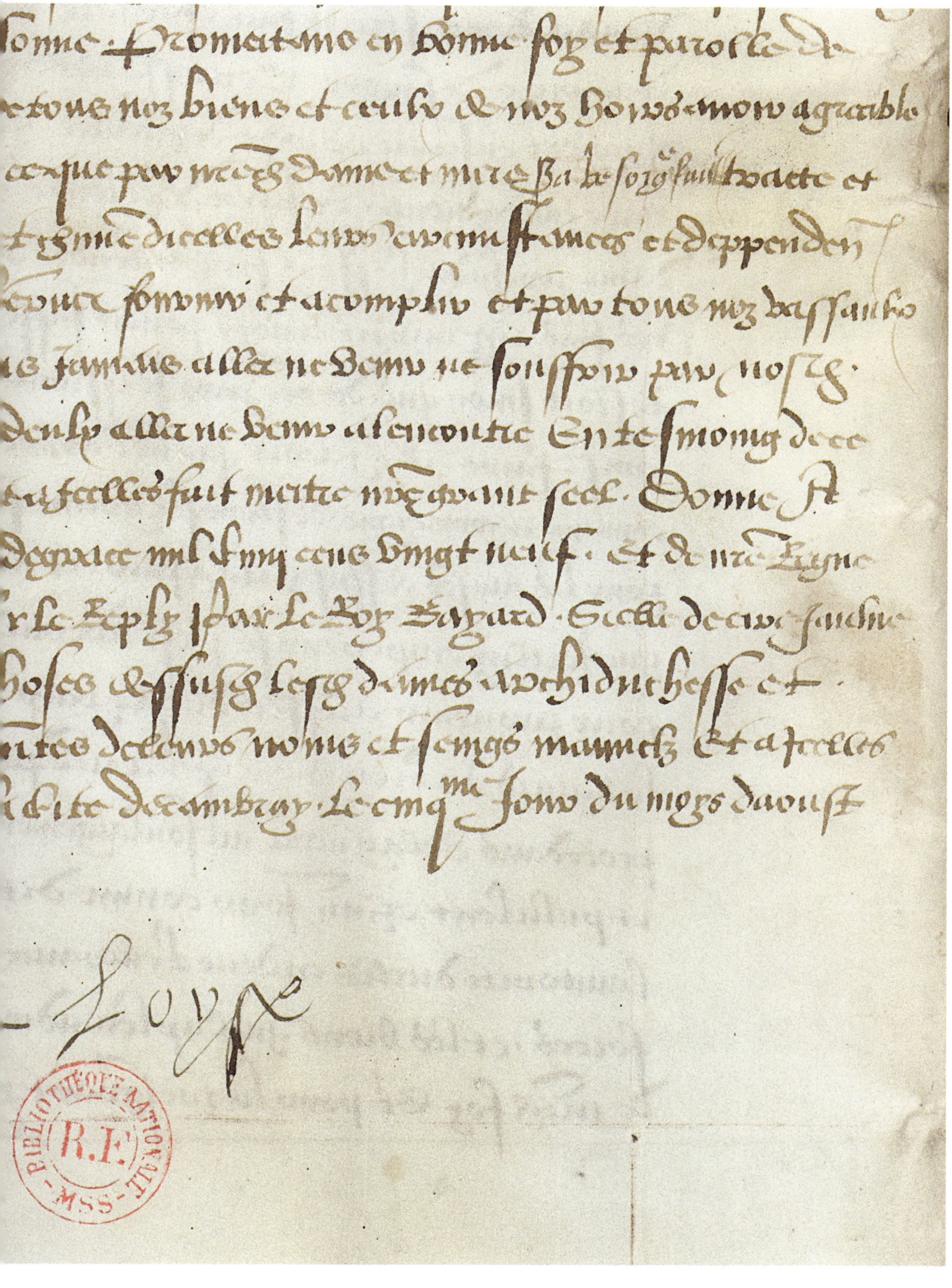
sonne et promectons en bonne foy et parolle de
et tous noz biens et ceulx de noz hoirs avoir agreable
ce que par nosd. dames et mesd. sa... fait traicte et
... dicelles leurs circonstances et deppendences
... fournir et acomplir et par tous noz vassaulx
... jamais aller ne venir ne souffrir par nosd.
... aller ne venir a lencontre En tesmoing de ce
... fut mis nostre grant seel. Donne a
... mil cinq cens vingt neuf. Et de nre regne
... par le Roy ... Scelle de cire jaulne
choses dessusd. les dames archiduchesse et
... de noms et seings manuelz et a icelles
... cite de Cambray le cinq[me] jour du moys daoust

Loyse

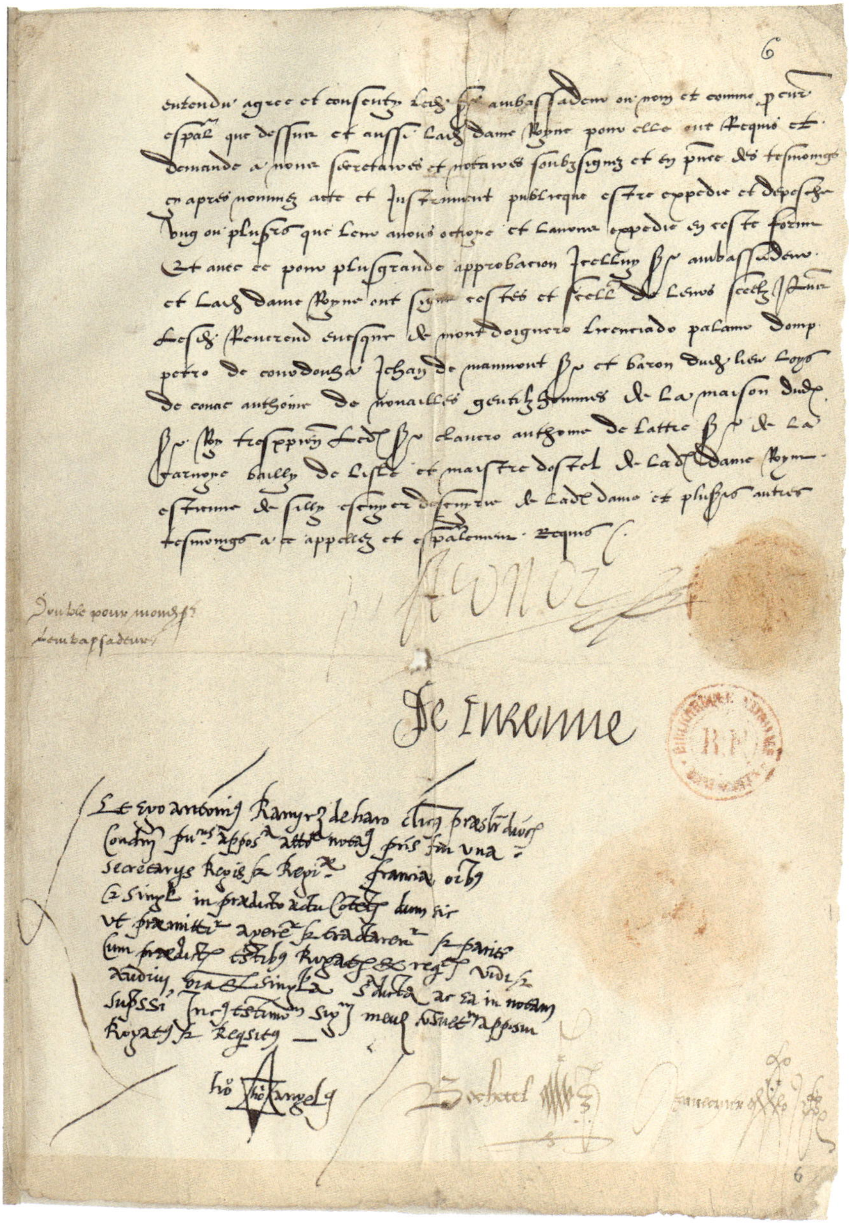

François Ier et Éléonore de Habsbourg se marièrent le 7 juillet 1530 dans une chapelle attenante au couvent des clarisses de Mont-de-Marsan. L'union avait cependant été précédemment célébrée par procuration, à Torrelaguna, en Castille, le 20 mars 1530. Si Éléonore était bien là, François Ier fut pour l'occasion représenté par le vicomte François de Turenne. La nouvelle reine apporta une dot composée de 200 000 écus d'or et de nombreux bijoux.

Acte de mariage de François Ier et Éléonore de Habsbourg, Torrelaguna, 20 mars 1530. BnF, Manuscrits, NAF 6791, f. 6.

de Philibert de Savoie, le frère de Louise. On choisit la ville de Cambrai, cité francophone mais située dans le Saint Empire. La paix de Cambrai – dite paix des Dames, pour valoriser le rôle endossé par les deux femmes – fut conclue le 3 août 1529. Elle mettait un terme à l'impasse du traité de Madrid de 1526. L'honneur fut sauf pour François Ier. Il conservait la Bourgogne, mais renonçait à ses prétentions sur le duché de Milan et le royaume de Naples, cédait à l'empereur l'Artois et Hesdin, abandonnait sa suzeraineté sur la Flandre qui devenait ainsi une terre d'Empire. Afin de sceller cette entente, le traité confirma le mariage avec Éléonore de Habsbourg. Les droits des héritiers du connétable de Bourbon furent également garantis. Enfin, une rançon de 2 millions d'écus d'or devait être versée pour libérer les deux fils du roi de France. Il fallut du temps pour réunir cette somme colossale, levée dans l'ensemble du royaume. Les jeunes princes furent libérés le 1er juillet 1530 sous la houlette du grand maître de France, Anne de Montmorency, qui, une fois de plus, s'attira la sympathie du roi. L'union tant attendue eut finalement lieu le 7 juillet 1530 à Mont-de-Marsan.

La mort de Louise

Depuis plusieurs mois, la santé de Louise, épuisée par ses années de régence, était cependant chancelante. Âgée de cinquante-cinq ans, la mère du roi s'éteignit le 22 septembre 1531 à Grez-sur-Loing, près de Fontainebleau, alors qu'elle se rendait avec Marguerite dans son château de Romorantin. Sa maladie fut apparemment brève et la cause exacte de sa mort inconnue. Son corps, rapidement embaumé et mis en bière, fut transféré à l'abbaye de Saint-Maur-des-Fossés. Très affecté, François Ier ordonna des obsèques dignes d'une reine, selon la forme adoptée pour sa défunte épouse[13]. Il s'agissait en l'espèce d'une entorse au cérémonial, qui faisait réellement de Louise une « reine sans couronne ». Son cercueil fut ainsi surmonté d'une effigie de cire – privilège des obsèques royales depuis Charles VI – portant le manteau et la couronne ducaux. Elle tenait un sceptre, remplacé pour la suite des célébrations par une palme et une branche d'olivier, probablement afin de ne pas choquer les esprits confrontés à cet honneur sans précédent. Son corps fut porté à Notre-Dame de Paris, pour un office, puis à Saint-Denis où il fut mis en terre le 19 octobre.

Malgré cette disparition cruelle pour lui, François Ier réussit donc à sortir par le haut de cette décennie de crise. Il avait réussi à forger dans l'adversité de nouvelles alliances, sa défaite à Pavie étant largement effacée par la crainte que suscitait désormais l'hyperpuissance de Charles Quint dans tout le reste de l'Europe. Malgré ses revers, la position centrale du royaume de France au sein de la géopolitique européenne se retrouvait en définitive confortée, en dépit d'une fragilisation du pouvoir du Valois à l'intérieur de son propre royaume du fait de la contestation religieuse et de la montée de l'opposition parlementaire. Ces menaces étaient toutefois compensées par l'arrivée aux affaires d'une nouvelle génération de grands serviteurs et par des réformes ou décisions renforçant le caractère absolu de la monarchie. Pour rétablir son prestige et ses finances, laisser ses troupes se reposer et réaffirmer sa puissance, le roi s'apprêta à entamer une nouvelle séquence de son règne, en abandonnant l'infortune des armes pour la puissance de l'esprit, s'affirmant comme un grand mécène et un roi bâtisseur, protégeant les artistes capables de chanter ses louanges ou d'élever des monuments à sa gloire. Après avoir échoué à conquérir l'Italie, François Ier allait tenter d'en créer une nouvelle, en rêvant de fonder près de Paris une nouvelle Rome.

---

1. G. Frantzwa, *Le Rêve brisé*..., p. 52-83.
2. *Ordonnances*..., vol. 3, n° 355.
3. A. David-Chapy, *Louise de Savoie*..., p. 117-118.
4. *Ordonnances*..., vol. 4, n° 380.
5. A. Champollion-Figeac, *Captivité*..., p. 130-131.
6. J. Jacquart, *François Ier*..., p. 175.
7. A. Champollion-Figeac, *Captivité*..., p. XLVIII.
8. AN, J 937, n° 10 (AE III 205).
9. L. Bély, *L'Art de la paix*..., p. 526.
10. A. Champollion-Figeac, *Captivité*..., p. 416-425.
11. M. et G. Du Bellay, *Mémoires*..., vol. 3, p. 18.
12. G. Frantzwa et S. Le Clech (dir.), *La Paix des Dames, 1529*..., p. 97-99.
13. M. Chatenet, « Les funérailles de Louise de Savoie », dans P. Brioist, L. Fagnart et C. Michon (dir.), *Louise de Savoie*..., p. 155-163.

▸ Peut-être légèrement postérieure à la mort du roi, cette représentation de François Ier n'est probablement pas issue d'un manuscrit mais vraisemblablement conçue dès l'origine comme une peinture sur parchemin autonome. Le roi y est peint avec les attributs de Mars, de Minerve, de Diane, de Mercure et d'Amour, des symboliques rappelant l'univers des entrées royales. Le fond était initialement bleu.

Maître de Henri II ou entourage, *Allégorie de François Ier en déité composite* (détail), gouache sur parchemin contrecollé sur bois, Paris, vers 1545-1550. BnF, Estampes, MUSÉE Obj-203-Pt Ft.

CHAPITRE 4

Le prince des arts

« Cette gallerie [du palais de Fontainebleau] porte le nom de François I. ou parce qu'il l'a fait édifier & orner, ou bien d'autant que là en plusieurs endroits paroit son portrait en relief à demy-corps, sur la porte du petit cabinet & ailleurs ; et que là encore par tout se voyent sa devise & son chiffre. »

P. Dan, *Fontainebleau…*, p. 87.

Roi bâtisseur et roi mécène, François Ier avait depuis son enfance développé un intérêt prononcé pour les arts sous toutes leurs formes[1]. S'il avait mis en place dès le début de son règne une politique artistique destinée à affirmer sa grandeur et celle de la monarchie par la pompe et la munificence, il ne faut pas non plus mésestimer le goût réel du roi pour les œuvres somptuaires. Un prince de la Renaissance, au même titre qu'un pape ou que les grands seigneurs italiens, tels les Médicis, devait briller par ce que l'on nommerait aujourd'hui une politique culturelle. Encensé par les auteurs pour son éloquence et son savoir, considéré comme un individu de nature quasi divine grâce à la sainte onction du sacre, il fut naturellement considéré, dès son avènement, comme protecteur des arts et des lettres, mais aussi comme un bâtisseur d'envergure.

Souverain largement itinérant[2], dans une tradition encore médiévale, François Ier fit en effet mener de nombreux chantiers architecturaux tout au long de son règne. On compte pas moins d'une vingtaine d'édifices construits ou réaménagés à sa demande. Il avait hérité de deux châteaux, Amboise et Blois, que ses prédécesseurs avaient déjà modernisés et transformés. Tous deux avaient eu les faveurs du souverain au début de son règne. À Amboise, il fit rehausser l'aile Louis XII d'un étage doté de lucarnes dans le goût italien. Le premier chantier d'envergure toucha cependant le château de Blois, très peu de temps après son avènement[3]. Un trésorier chargé des comptes des travaux à y mener avait ainsi été nommé dès juin 1515.

L'architecte Félix Duban fut chargé en 1846 de la restauration des appartements royaux du château de Blois. La photographie des frères Bisson, publiée en 1854 dans une des livraisons des *Reproductions photographiques des plus beaux types d'architecture et de sculpture d'après les monuments les plus remarquables de l'Antiquité, du Moyen Âge et de la Renaissance*, nous livre l'état de l'escalier de la façade François Ier juste après son intervention.

Escalier de l'aile François Ier du château de Blois, photographie par Bisson frères, Paris, 1854. BnF, Photographie, Ed-14 (4)-Boîte Ft 4.

Ceux-ci concernèrent l'aile nord-ouest, à savoir le corps de bâtiment reliant l'ancienne salle des États à la tour de Château-Renault, qui ouvrait sur les jardins. Dans cette aile d'allure médiévale et adossée au rempart se trouvaient les appartements de Louis XII, mais celui-ci ne l'avait pas rénovée. L'essentiel des travaux se déroula jusqu'en 1519. Le lancement du chantier de Chambord, à partir de cette dernière année, puis la mort en 1524 de Claude de France, dont Blois était la résidence, allaient peu à peu éloigner le roi de ces lieux. On sait tout le soin qu'il prenait à visiter et suivre les chantiers en cours, en donnant des instructions précises. Ceux de Blois furent confiés au maçon Jacques Sourdeau, mais il n'est pas impossible que l'on ait consulté l'architecte italien Dominique de Cortone, qui résidait à cette époque dans la ville. Nommé « architecteur du roi », ce dernier réalisa en 1519 un projet en maquette pour Chambord et fut appelé en 1533 pour édifier le nouvel hôtel de ville de Paris. À Blois, l'aile commencée en 1515 ne fit que plaquer des éléments italiens et à l'antique sur une structure plutôt traditionnelle, avec une grande vis de façade sans véritable symétrie. L'originalité de cette dernière réside dans son ouverture à claire-voie adaptée aux fastueux déploiements des cérémonies royales. Côté ville, l'aile fut doublée d'une façade à deux galeries, la façade des Loges, inspirée de celle du Vatican conçue par Bramante.

Le roi bâtisseur

C'est non loin de Blois que François Ier avait d'abord décidé de faire construire *ex nihilo* le palais de Chambord, au cœur d'un vaste domaine forestier[4]. Le plan de cet édifice, dont la possible attribution à Léonard de Vinci divise les historiens, est largement nourri des théories de l'humaniste Leon Battista Alberti, qui avait défini les grands principes de l'architecture Renaissance dans son traité *De re ædificatoria*, directement inspiré de Vitruve et publié pour la première fois en 1585. Ce plan repose sur la géométrie, les rapports mathématiques et la régularité, autour d'un donjon central au cœur d'une croix délimitant quatre quartiers cantonnés de quatre tours. Le tour de force du chantier réside dans le célèbre escalier central à double révolution qui peut être emprunté par deux personnes, l'une montant, l'autre descendant, sans que celles-ci ne se croisent. Lancés en 1519, un temps stoppés par la captivité du roi, les travaux se prolongèrent jusqu'à la fin du règne. Le roi n'y séjourna que quarante-deux jours en trente-deux ans de règne, mais il eut le plaisir d'y accueillir Charles Quint en grande pompe en 1539. Le grand escalier était alors terminé et l'empereur

L'originalité du château de Chambord tient à son plan compact organisé autour de son escalier et de son donjon central, mais aussi à la forêt de lucarnes et de cheminées qui, bien que présentant un décor Renaissance, rappelle le goût flamboyant pour le foisonnement.

Adam Frans Van der Meulen, *Vue du château de Chambord*, dessin à la mine de plomb, rehauts d'aquarelle, Paris, 2de moitié du XVIIe siècle. BnF, Estampes, Réserve Ve-26 (K)-Fol.

se serait exclamé, en contemplant l'immense bâtisse pourtant inachevée, que son rival avait réussi à édifier un « abrégé de ce que peut effectuer l'industrie humaine ».

Après son retour de captivité, les travaux continuèrent dans les châteaux de la vallée de la Loire et notamment à Chambord, mais le roi recentra cependant son attention sur l'Île-de-France. Il informa les échevins de Paris de son désir de passer plus de temps dans la capitale, conscient d'une certaine érosion du prestige de la couronne en raison des absences prolongées du souverain et de sa cour. Ce vœu pieux, on le sait, ne fut pas véritablement suivi d'effet, même si de lents travaux furent lancés. En 1528, le donjon central du vieux Louvre fut ainsi abattu. Après avoir constaté en 1539 que Charles Quint ne pouvait décemment y résider, François Ier relança le chantier. Appelé à la cour en 1541, l'architecte italien Sebastiano Serlio lui présenta un projet grandiose, mais le roi préféra en 1546 la proposition de Pierre Lescot, moins ambitieuse, mais plus concrète, consistant en une cour quadrangulaire épousant les contours de l'enceinte médiévale, avec

Jacques Androuet Du Cerceau, *Élévation perspective de la façade du château de Madrid*, dessin, vers 1559. BnF, Estampes, Réserve Ed-2(P)-Fol.

des corps de bâtiments en U s'ouvrant à l'est sur la ville. La mort du roi interrompit les travaux qui en réalité venaient tout juste de commencer. Cet espace devint par la suite l'actuelle Cour carrée.

D'abord appelé château de Boulogne, car situé en lisière du bois éponyme, à l'ouest de la capitale, le château de Madrid, dont l'origine du nom est sujet à controverse, fut un des chantiers les plus originaux voulus par François Ier. Les travaux débutèrent en 1528 sous la direction du sculpteur et architecte florentin Girolamo Della Robbia et des Tourangeaux Pierre Gadier et Gatien François. Ils ne furent achevés que vers 1570. Le plan dérivait de celui de la villa de Boffalora, édifiée près de Busseto, en Italie, tout en incorporant des éléments français. Les bâtiments étaient disposés en H, autour d'un corps de logis central allongé, flanqué de deux gros pavillons cubiques. Ils étaient entourés de loggias sur deux étages. Une des particularités du palais

Les façades du château de Madrid étaient recouvertes de terre cuite émaillée, ce qui dut étonner plus d'un Français, peu habitués à ce type de décor. Ce travail fut réalisé par le sculpteur et architecte Girolamo Della Robbia, artiste appartenant à une famille spécialisée dans cette technique, qui eut un grand succès en France dans le domaine de la sculpture en relief, en particulier dans les cercles de la cour.

Girolamo Della Robbia, *Croisillon en terre cuite émaillée provenant du château de Madrid*, entre 1527 et 1540. Paris, musée Carnavalet – Histoire de Paris, inv. AC3492.

tenait à son décor de plaques de terre cuite émaillée qui ne tardèrent pas à se détériorer en raison du climat.

Plus au nord, dans l'actuel département de l'Aisne, la forêt de Retz, une des plus grandes de France, était renommée pour ses gibiers. Le roi décida d'y implanter un nouveau château, celui de Villers-Cotterêts, en lieu et place de l'ancien bâtiment médiéval. Les travaux furent également lancés en 1528 sous la conduite des maçons parisiens Jacques et Guillaume Le Breton. Enfin, François Ier appréciait tout particulièrement le château de Saint-Germain-en-Laye, dans la chapelle duquel il épousa Claude de France en 1514 et où naquit, en 1519, le futur Henri II. Le souverain en fit un temps son lieu de résidence favori. Il en confia la métamorphose au Parisien Pierre Chambiges en 1539.

D'autres chantiers pourraient être cités mais c'est avant tout le château de Fontainebleau qui retint l'attention du souverain[5]. Il décida en effet de transformer la résidence féodale, un relais de chasse particulièrement prisé par les rois que l'on documente depuis le XIe siècle, en un grand palais de la Renaissance, tourné vers l'Italie et l'Antiquité, véritable manifeste de la richesse et de la puissance, tant culturelle que politique, de la monarchie et du souverain. En 1528, il confia à son valet de chambre, Florimond de Champeverne, la charge de superviser les travaux, précisant qu'il avait choisi ce lieu, ainsi que celui de Boulogne, pour son « plaisir et desduict a la chasse des grosses bestes[6] ». Le chantier démarra sous la conduite du maître maçon Guillaume Le Breton.

Fontainebleau éclipsa vite les autres résidences royales, devenant le haut lieu du mécénat royal à partir des années 1530, à tel point que les historiens baptisèrent « École de Fontainebleau » le foyer artistique qui y prospéra. Les nombreux artistes et artisans français, venus de diverses régions du royaume, y côtoyèrent les maîtres italiens attirés par les grands chantiers du souverain, les peintres Rosso Fiorentino et Francesco Primaticcio, dit Primatice, le sculpteur Girolamo Della Robbia ou l'orfèvre et sculpteur Benvenuto Cellini. Giorgio Vasari désigne ainsi le château comme « *quasi una nuova Roma* ». Les productions et créations bellifontaines furent en outre largement diffusées grâce aux gravures produites par des presses situées dans le château lui-même[7].

Face à cette frénésie de constructions, les autres souverains étrangers, Charles Quint et Henry VIII en tête, décidèrent à la même époque de se doter eux aussi de nouvelles résidences au goût du jour : un palais Renaissance fut ainsi construit dans l'enceinte de l'Alhambra de Grenade pour le premier, les palais de Whitehall à Londres et de Nonsuch dans le Surrey pour le second. Fontainebleau les surpasse cependant par l'ambition de son programme architectural, qui fut modifié tout au long du règne, mais aussi par l'originalité du décor conçu par les brillants Rosso et Primatice. Une des grandes nouveautés fut l'introduction de la technique de la peinture à la fresque, consistant à peindre un enduit frais (*a fresco*), permettant ainsi aux pigments de pénétrer dans la masse, contrairement à la classique peinture murale où ceux-ci restaient en surface. Cette technique complexe, qui nécessitait de peindre vite avant que ne sèche l'enduit, était maîtrisée à la perfection par les seuls artistes italiens.

Les travaux au château de Fontainebleau s'échelonnèrent tout au long du siècle et se prolongèrent durant les règnes qui suivirent. Le premier dessein du roi était modeste, concentré autour de la cour du Donjon, l'actuelle cour Ovale. Dès le début des années 1530, le monarque se fit plus ambitieux, cherchant à accentuer le caractère monumental de son logis et de la cour qui y donnait accès. Le but était clairement de transformer ce relais de chasse, sur lequel il avait jeté son dévolu, en une résidence principale à

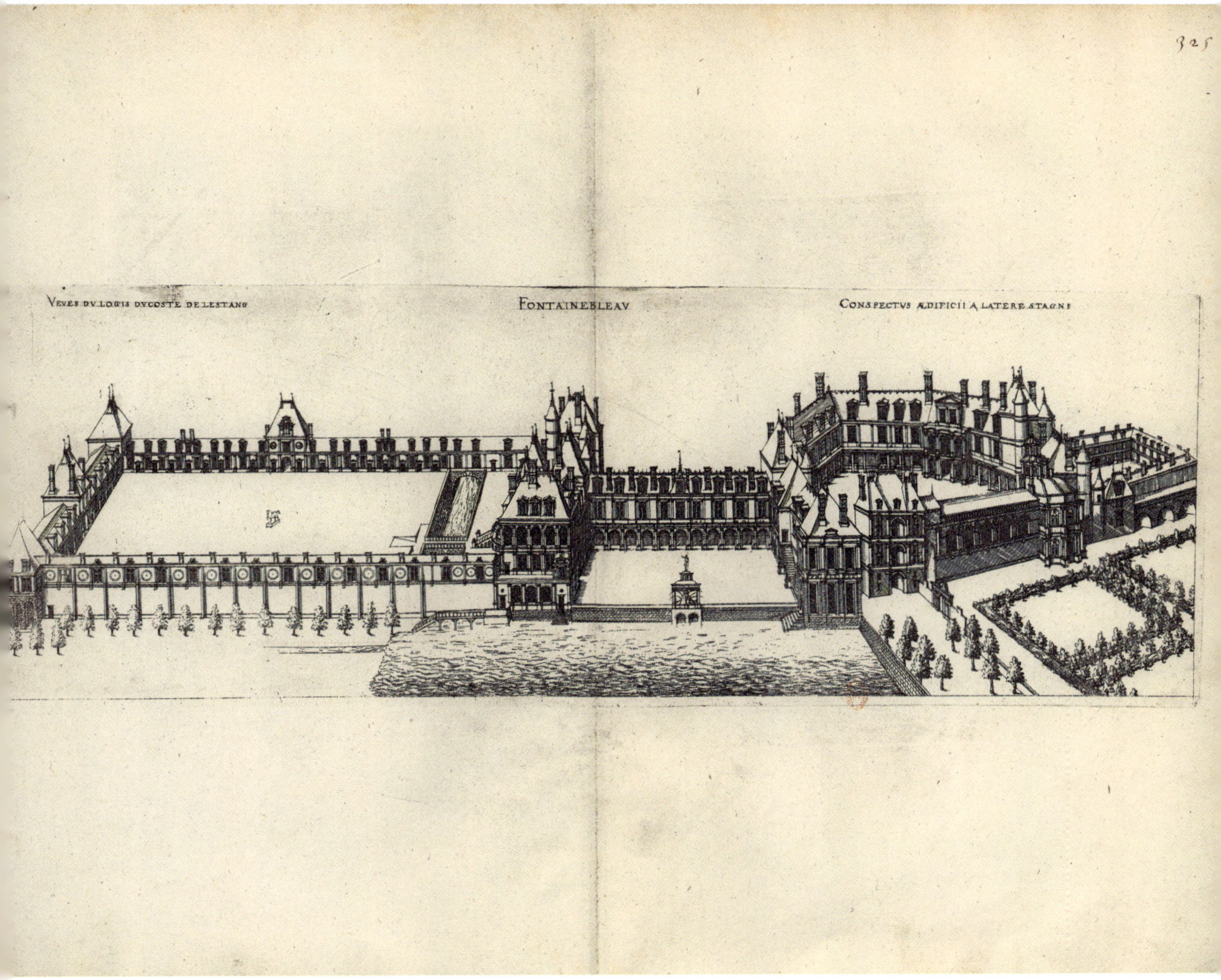

Lancés par François Ier, les travaux au château de Fontainebleau furent prolongés et amplifiés par les souverains qui lui ont succédé. Dans l'état gravé par Du Cerceau en 1579, la cour Ovale (à droite) a été modifiée sous Henri II par la transformation de la loggia en salle de bal. À gauche, au premier plan, se déploie la galerie d'Ulysse, détruite en 1738 pour laisser place à l'actuelle aile Louis XV.

Jacques Androuet Du Cerceau, *Le Second Volume des plus excellents bastiments de France*, Paris, 1579. BnF, Réserve des livres rares, Rés. V-390.

Dotée de fresques de Rosso et de panneaux de boiseries de Scibec da Carpi, la galerie François Ier fit l'admiration de ses contemporains. Les travaux étaient finis pour la réception de Charles Quint en décembre 1539. Ronsard se fit l'écho de cette fameuse visite dans quelques vers : « Quand verrons-nous par tout Fontainebleau / De chambre en chambre aller les mascarades [...] ? »

Galerie François Ier du palais de Fontainebleau, vue prise du côté de la chapelle, 1533-1539.

Alors que l'*Odyssée* d'Homère avait été choisie pour le thème des décors de la galerie d'Ulysse du palais de Fontainebleau, c'est l'*Iliade* qui a fourni à Primatice celui de la Porte dorée. Une des fresques du vestibule donnant accès à la cour Ovale du palais, exécutée vers 1540-1545, représente l'épisode d'Hector blessé par Ajax, porté par ses compagnons. Ces compositions, devenues immédiatement célèbres, ont été gravées et largement diffusées.

Maître FG, *Hector blessé ramené sous les murs de Troie*, d'après Primatice, burin, Italie (?), vers 1540-1545. BnF, Estampes, Réserve Ed-8(B, 2)-Fol.

la hauteur de sa puissance. Les travaux de la Porte dorée furent donc lancés en 1528[8] et ceux de la chapelle haute Saint-Saturnin, en 1531. Vers 1535, après l'achèvement du décor intérieur, François Ier s'installa dans la grosse tour, auparavant occupée par sa mère, et plus anciennement par Saint Louis. La transformation de la galerie, désormais réservée à l'usage exclusif du roi, qui en gardait la clef sur lui, prit près de sept ans, de 1533 à 1539, parallèlement au chantier de l'appartement des Bains, au rez-de-chaussée, qui s'étira de 1534 à 1538 environ. Quant à la bibliothèque, elle fut installée dans les combles, au-dessus de la galerie, au plus tard en 1544, quand la Librairie royale de Blois fut transférée à Fontainebleau pour y fusionner avec la collection familiale mais aussi personnelle du roi, probablement installée sur place depuis quelque temps déjà. Parmi les aménagements remarquables du château, on peut enfin citer la chambre de la duchesse d'Étampes[9] ou la galerie d'Ulysse qui fut détruite au XVIIIe siècle[10]. Décorée de fresques narrant l'histoire du héros antique, cette dernière fut commencée à la fin du règne. À son extrémité, on accédait par un petit escalier à un pavillon en forme de grotte rustique, la grotte des Pins. On conserve de nombreux dessins, tout particulièrement de Primatice, des décors de ces espaces.

Le roi séjourna à quarante-deux reprises à Fontainebleau, ce qui représente la moitié du temps passé dans ses différents châteaux de la vallée de la Loire ou d'Île-de-France. Ainsi, le graveur et architecte Androuet Du Cerceau écrivit-il :

> Le feu roy François, qui le fist bastir, s'y aimoit merveilleusement : de sorte que la plus grande partie du temps il s'y tenoit, & la enrichy de toutes sortes de commoditez, avec les galleries, salles, chambres, estuves, & autres membres, le tout embelly de toutes sortes d'histoires, tant peinctes que de relief, faites par les plus excellens maistres que le roy pouvoit recouvrer de France & d'Italie, d'où il a faict venir aussi plusieurs belles pieces antiques. En somme, tout ce que le roy pouvoit recouvrer d'excellent, c'estoit pour son Fontainebleau où il se plaisoit tant, que y voulant aller, il disoit qu'il alloit chez soy[11].

Le roi collectionneur

Roi bâtisseur, François Ier fut aussi un grand mécène. Dans la mémoire collective, son souvenir reste immanquablement lié à la personne du légendaire Léonard de Vinci. Génie polymorphe, ce dernier était à la fois peintre, sculpteur, ingénieur, architecte et urbaniste, organisateur de fêtes, véritable virtuose touchant à tous les arts et à toutes les techniques. Né en Toscane en 1452, formé dans l'atelier d'Andrea del Verrocchio, où il côtoya Botticelli, Le Pérugin ou Domenico Ghirlandaio, il servit ensuite notamment le duc de Milan, Ludovic Sforza, César Borgia (l'ambitieux fils du pape Alexandre VI), la ville de Florence, puis Julien de Médicis, frère du pape Léon X. À la suite de la reconquête du Milanais en 1515, Léonard avait assisté à Bologne à la rencontre entre le pape et le roi de France. Ce dernier lui demanda alors, comme l'avait déjà fait Louis XII, de venir s'installer en France. Il refusa, préférant rester fidèle à Julien de Médicis. La mort du seigneur de Florence en 1516 changea cependant la donne et l'immense artiste prit finalement le chemin de la cour de France. Il avait alors soixante-quatre ans, et était atteint d'une paralysie de la main droite. François Ier l'installa au manoir du Cloux, actuel château du Clos-Lucé, à Amboise, lui octroyant une importante

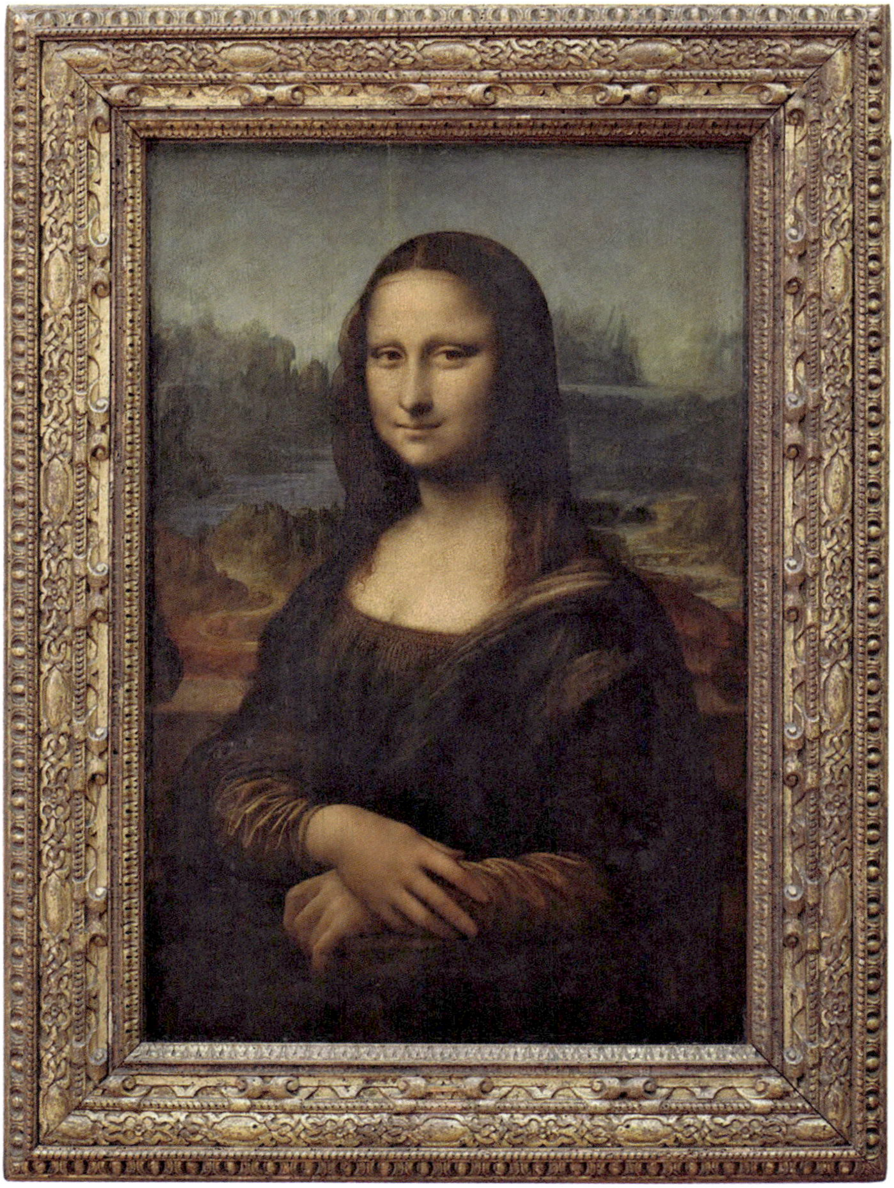

Commencé à Florence en 1503, le portrait de Lisa del Giocondo accompagna Léonard dans son voyage en France. Acquise en 1518 par François Ier, la *Joconde* fut installée dans les années 1540 dans l'appartement des Bains du château de Fontainebleau, avec les autres chefs-d'œuvre des collections royales. On la suit, au gré des règnes, dans d'autres espaces du château de Fontainebleau, au palais du Louvre, au palais des Tuileries puis au château de Versailles où elle fut saisie en 1797 pour être accrochée sur les cimaises du Muséum central des arts, l'actuel musée du Louvre.

Léonard de Vinci, *La Joconde*, huile sur toile, vers 1503. Paris, musée du Louvre, inv. 779.

pension pour lui et deux de ses compagnons. Il fut nommé « premier peintre, premier ingénieur et premier architecte du roi ». Les honneurs octroyés étaient à la hauteur de son génie.

Léonard n'était pas venu les mains vides. Il avait apporté avec lui plusieurs toiles, le *Saint Jean-Baptiste*, la *Sainte Anne* et la célébrissime *Joconde*. Les historiens peinent à s'accorder sur la place qu'il faut donner à l'Italien dans les travaux des débuts du règne, notamment à Chambord, mais il ne dut pas y être totalement étranger. Il aurait par exemple organisé des fêtes, comme celles données en avril-mai 1518 pour le baptême du dauphin. L'année précédente, il avait offert un lion automate au roi. Le vieil inventeur réfléchit enfin à certains travaux voulus par le souverain, qui souhaitait par exemple bâtir un nouveau château à Romorantin, ville située à l'exact centre du royaume. Malade, âgé de soixante-sept ans, Léonard s'éteignit le 2 mai 1519 après un accident vasculaire cérébral. Cependant, dès 1518, son compagnon Salaï avait cédé à François pour 2 604 livres, une somme considérable pour l'époque, « quelques tables de paintures ». Derrière ce terme sibyllin, on s'accorde à identifier les œuvres du maître, qui entrèrent alors dans les collections royales françaises.

Dès 1516, plusieurs tableaux d'Andrea del Sarto furent envoyés à la cour de France. Appréciant ses toiles et soucieux d'avoir auprès de lui les plus grands artistes de son temps, le monarque invita en 1518 le peintre florentin à venir à la cour de France. Celui-ci peignit sa *Charité* durant son séjour. Selon Vasari, son épouse, restée outre-monts, lui aurait demandé de rentrer et François Ier aurait accepté à la condition que son absence de France fût de courte durée, lui confiant une importante somme d'argent pour acquérir des œuvres d'art. Toujours selon Vasari, del Sarto aurait ensuite utilisé l'argent pour s'acheter une maison, ce qui aurait entraîné un fort courroux du roi de France. Certains historiens restent cependant circonspects face à cette histoire qu'ils jugent apocryphe.

François Ier fut plus chanceux avec d'autres artistes, en particulier florentins. Il fit venir en 1528 le sculpteur Giovanni Francesco Rustici, qui lui offrit sa *Madone de Fontainebleau* en bronze. Formé auprès d'Andrea del Sarto, Giovanni Battista di Jacopo, dit Rosso Fiorentino[12], fut appelé à la cour en 1530, sans doute recommandé par Pietro Aretino, un des pourvoyeurs du roi en œuvres d'art. Deux ans plus tard, en 1532, Francesco Primaticcio, dit Primatice, originaire de Bologne, vint à la cour présenter les modèles de son maître, le peintre Giulio Romano, pour la *Tenture de Scipion l'Africain*. François Ier le dépêcha à Bruxelles, centre majeur de production de tapisserie, afin de superviser le transfert des petits cartons en cartons à grandeur, étape nécessaire au tissage[13]. Le résultat fut un

Fleuron des collections de peintures de François Ier à Fontainebleau, le *Saint Michel terrassant le démon* de Raphaël fut abondamment copié et gravé. Sa célébrité lui valut d'être choisi par Charles Le Brun comme sujet de la première conférence de l'Académie royale de peinture et de sculpture en 1667 et d'être par la suite installé dans la chambre de Louis XIV au palais de Versailles.

Nicolas de Larmessin, *Saint Michel*, d'après le tableau de Raphaël, burin et eau-forte, Paris, 1729, dans *Recueil Crozat*. BnF, Estampes, Aa-57-Boîte Fol.

monument majeur de la tapisserie de luxe, à fils de soie, d'or et d'argent, en vingt-deux pièces. Le Bolonais ne quitta plus la cour de France.

Tandis que Rosso était chargé de la galerie François Ier, Primatice travaillait dans les appartements royaux. La mort soudaine du premier en 1540 lui laissa le champ libre pour près de trente ans. On lui doit notamment la chambre de la duchesse d'Étampes, la maîtresse du roi, ainsi que la galerie d'Ulysse. Dernier grand artiste à franchir les Alpes, en 1540, le sculpteur et orfèvre Benvenuto Cellini accompagna le cardinal Hippolyte d'Este dans son voyage à la cour de France et reçut de François Ier la commande d'une série de douze porte-flambeaux, grandeur nature, pour orner sa table. L'Italien n'en livra finalement qu'un seul, un *Jupiter* en argent. Volontiers colérique, se plaçant en rival de Primatice, il exécuta ensuite une statue, la *Nymphe de Fontainebleau*, destinée à orner (elle n'y fut jamais placée) l'entrée de la Porte dorée, mais aussi et surtout la célèbre salière que le cardinal Hippolyte d'Este offrit au roi. Ce dernier était fort prodigue envers ces artistes, leur versant de fortes pensions. Antonio Mini, élève de Michel-Ange, informa ainsi ses compatriotes florentins de la réussite sociale et financière de Rosso et de Rustici.

S'il s'attacha nombre d'artistes en gagnant dans toute l'Europe la réputation d'un mécène prodigue, François Ier eut aussi à cœur de constituer une large collection d'œuvres d'art autant pour s'affirmer comme l'emblème de la Renaissance que pour imposer la cour de France, et tout particulièrement Fontainebleau, comme une des capitales artistiques de l'Europe. La démarche n'était pas nouvelle. En leur temps, Charles VIII et Louis XII avaient également réuni des œuvres, notamment à la faveur des guerres d'Italie. Le *Portrait présumé de Lucrezia Crivelli*, dit *La Belle Ferronnière*, de Léonard de Vinci, était ainsi entré selon toute vraisemblance dans les collections royales dès les premières années du XVIe siècle.

Si le roi fut indubitablement un grand collectionneur, aucun inventaire de ses peintures n'a subsisté, même si celles-ci formèrent le noyau des collections des rois ultérieurs. Ces œuvres furent soigneusement mises en scène à Fontainebleau, en particulier dans l'appartement des Bains, il est vrai peu adapté à la conservation des peintures, qui plus est sur bois ! Elles y étaient accompagnées d'un décor peint à fresque et de stucs modelés. D'autres se trouvaient dans les appartements et galeries. Un cabinet de curiosités avait également été installé au dernier étage du pavillon Saint-Louis.

Le souverain esthète, on l'aura compris, appréciait tout particulièrement la peinture italienne. Il a déjà été question des tableaux de Léonard, mais François Ier reçut également des cadeaux diplomatiques importants. En 1518, le pape Léon X lui avait fait ainsi parvenir quatre toiles de Raphaël :

La salière que l'orfèvre et sculpteur Benvenuto Cellini a exécutée entre 1540 et 1543 fut à n'en pas douter une des pièces les plus précieuses des collections d'orfèvrerie de François Ier. Fondue en or, sur un pied d'ébène, et partiellement rehaussée d'émaux, cette œuvre insigne échappa aux fontes de l'époque moderne et de la Révolution puisqu'elle fut offerte par Charles IX à l'archiduc Ferdinand de Tyrol, en remerciement de son entremise pour son mariage avec Élisabeth d'Autriche en 1570.

Benvenuto Cellini, *Salière*, Paris, entre 1540 et 1543. Vienne, Kunsthistorisches Museum, Kunstkammer 881.

Décrit par Vasari comme un panneau envoyé à François Ier, ce chef-d'œuvre de Bronzino représente Vénus et Cupidon échangeant des baisers au milieu de personnages figurant les joies et les peines apportées par l'amour. La commande en revient probablement au duc de Florence, Cosme de Médicis, qui l'aurait envoyé en France. L'œuvre a cependant quitté les collections royales françaises à une date inconnue.

Agnolo di Cosimo, dit Bronzino, *Allégorie de Vénus et Cupidon*, huile sur bois, Florence, vers 1544-1545. Londres, National Gallery, inv. 651.

Le Grand Saint Michel, *La Grande Sainte Famille*, la *Sainte Marguerite* et le *Portrait de Jeanne d'Aragon* (musée du Louvre). Il n'est pas anodin de noter la concomitance de l'arrivée entre ses mains de tableaux de Léonard, Raphaël et Sarto, qui devinrent le cœur de ses collections de peintures.

Toujours avide de se procurer de nouvelles pièces majeures, le roi disposait d'un réseau de pourvoyeurs de tableaux et plus généralement d'œuvres d'art, pour la plupart florentins. Giovanni Battista Puccini envoya ainsi en 1516 le *Christ mort soutenu par les anges* (disparu) par Andrea del Sarto. On peut également citer le poète Pietro Aretino qui œuvra beaucoup pour fournir le roi de France en peintures. La prédilection du monarque pour les tableaux italiens se renforça tout au long de son règne, avec des achats d'œuvres du Titien ou de Bronzino.

Le goût du roi le porta également vers les arts décoratifs et précieux. On peine aujourd'hui à imaginer le luxe des résidences royales, tendues de tapisseries à fils d'or et d'argent, dont la plupart disparurent lors des

François Ier était amateur des pierres fines taillées (camées et intailles), comme tout prince de la Renaissance. Le graveur italien Matteo del Nassaro lui en fournit un certain nombre, comme ce spectaculaire portrait du roi en agate-onyx à deux couches.

Matteo del Nassaro (attribué à), *Camée au portrait de François Ier*, Paris, vers 1540-1545, monture en or du XVIIe siècle. BnF, Monnaies, Médailles et Antiques, Camée.780.

fontes révolutionnaires. Quelques-unes ont cependant survécu, telle la *Tenture de Vienne*, tissée d'après le décor de la galerie François Ier (Vienne, Kunsthistorisches Museum). Un inventaire dressé en 1542 contient ainsi quatre cent huit entrées, chacune pouvant représenter une tenture complète, soit un nombre bien supérieur de pièces au total. Les objets d'orfèvrerie du roi ont pour la plupart connu le même sort à la Révolution, en dehors de quelques pièces, la plus célèbre étant la *Salière* de Cellini. Certaines étaient particulièrement étonnantes et précieuses, à l'image de la « corne de licorne » montée en or, offerte en 1533 par le pape Clément VII à l'occasion du mariage du futur Henri II avec sa nièce, Catherine de Médicis. Soucieux d'assurer la pérennité de sa collection de pierres précieuses, François Ier créa en 1530 les joyaux de la couronne, inaliénables, à partir d'un noyau de huit pierres provenant pour la plupart d'Anne de Bretagne, dont le *Côte de Bretagne* (musée du Louvre), spinelle qui fut retaillé au XVIIIe siècle en forme de dragon.

Il reste enfin à évoquer sa collection de sculptures. Les statues italiennes lui parvenaient par les mêmes factotums que les peintures, à l'image de l'*Allégorie de la Nature levant les bras* sculptée par Niccolò Tribolo en 1528, envoyée par Battista della Palla pour orner une fontaine de Fontainebleau (toujours conservée *in situ*). François Ier aurait aussi voulu acquérir certaines des grandes statues que l'on trouvait depuis la fin du XVe siècle à la faveur des fouilles dans les ruines de la Rome antique, mais il ne put faire aboutir ce projet, ce qui explique qu'il dépêcha Primatice en Italie en 1540 et 1545 afin d'effectuer des moulages des grands antiques, notamment ceux appartenant au pape. L'artiste alla jusqu'à installer une fonderie à proximité du château de Fontainebleau pour pouvoir tirer de grands bronzes à partir des moules romains.

De fait, on avait découvert en 1506 dans les anciens thermes de Trajan, à Rome, le célèbre groupe du *Laocoon*, loué par Pline durant l'Antiquité. Achetée par Jules II et placée au palais du Belvédère, l'œuvre fut rapidement gravée. François Ier demanda le *Laocoon* en cadeau à Léon X, mais le pape lui en fit exécuter une copie par Baccio Bandinelli. Celle-ci fut finalement envoyée à Florence par Clément VII et le roi de France dut se contenter d'une fonte de Primatice.

François Ier aurait enfin souhaité faire entrer Michel-Ange à son service, mais ce dernier ne donna pas suite aux sollicitations du souverain. Le roi se procura cependant une statue d'Hercule de l'immense sculpteur florentin, pour laquelle Primatice conçut un dispositif en forme de fontaine tout autour, et qui donna son nom à la cour du château de Fontainebleau où on l'installa.

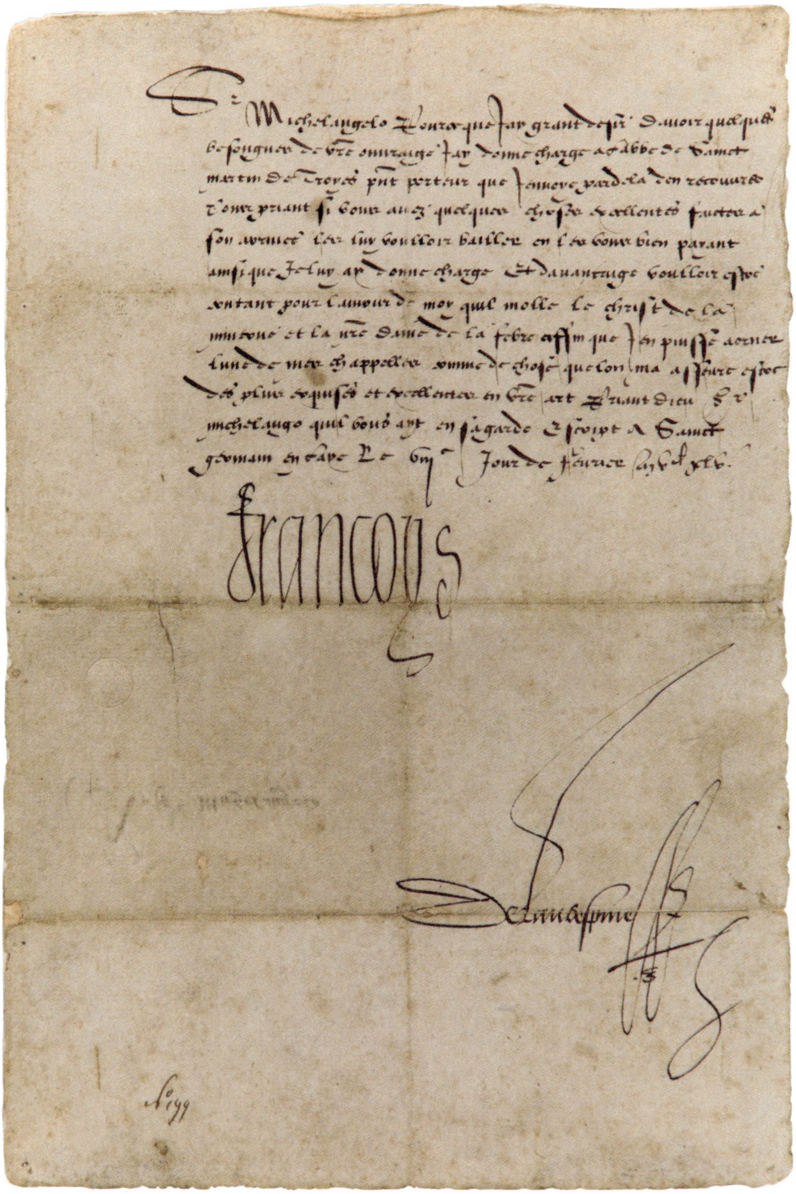

« Sieur Michelangelo, pour ce que j'ay grant desir d'avoir quelques besongnes de votre ouvraige, j'ay donné charge a l'abbé de Sainct Martin de Troyes [Primatice] [...], vous priant si vous avez quelques choses excellentes faictes a son arrivee les luy voulloir bailler en vous les bien payant. » Par cette lettre adressée à Michel-Ange début 1546, François Ier exprime son désir d'acquérir des œuvres du célèbre sculpteur florentin. Dans sa réponse, négative, ce dernier argue de son grand âge et de ses engagements envers le pape.

Lettre de François Ier à Michel-Ange, Saint-Germain-en-Laye, 8 février 1546 (n.st.). Lille, palais des Beaux-Arts, inv. Pl. 104 *bis*.

Il a surtout été question d'art et d'artistes italiens qui avaient, on l'a vu, la préférence du roi. Il ne faut cependant pas oublier la composante française mais aussi nordique de ses collections dont l'importance a été récemment réévaluée, notamment dans le domaine de l'orfèvrerie ou des tapisseries[14].

Fêtes et pompe royale

Même si les festivités royales atteignirent des degrés bien supérieurs de sophistication, d'exubérance et de somptuosité sous Henri II et surtout sous les derniers Valois, François Ier ne dédaigna pas en organiser[15]. Le règne fut ainsi parcouru de célébrations, fêtes et entrées, mascarades ou carnavals. Des costumes et des décors éphémères étaient à chaque fois confectionnés, tous chargés de significations subtiles, suivant des références iconographiques parfois souvent savantes, tirées des livres d'emblèmes, de la littérature ou de la mythologie. Les fêtes royales mettaient aussi à contribution les riches collections du souverain, bijoux, tapisseries, orfèvrerie, ainsi exposées et donc admirées de ses courtisans.

Plusieurs entrées du début du règne ont déjà été évoquées, tout comme le faste du camp du Drap d'or. La réception des ambassadeurs anglais à Paris en 1518 fut particulièrement brillante : François Ier donna d'abord audience dans le palais de la Cité. Des tournois furent dans la foulée organisés durant plusieurs jours rue Saint-Antoine. Non loin de là, la prison de la Bastille avait été provisoirement convertie, à grands frais, en un brillant espace de réception. L'austère porte d'entrée fut rhabillée de colonnes ou pilastres surmontés d'un fronton aux armes de France, d'Angleterre et du dauphin. On aménagea dans les couloirs une grande galerie de près de quatre-vingt-dix mètres, couverte de lierres formant comme une tonnelle, d'où pendaient les armes de France et d'Angleterre. Des portraits d'hommes illustres furent accrochés aux murs. La cour même de la prison fut aménagée en salle de réception, dotée d'un plancher et couverte, en cas de pluie, d'une grande toile de tente. Celle-ci, peu esthétique, fut masquée par des toiles peintes tendues, formant un plafond à caissons dorés feints orné en son centre d'une grande salamandre, elle aussi dorée, entourée des signes du zodiaque. Trente candélabres y pendaient, leur lumière étant par ailleurs renvoyée par des morceaux de verre eux-mêmes fixés sur ce faux plafond. L'espace de la salle était quant à lui divisé, de façon assez classique, entre un orchestre, un théâtre et une tribune.

La principale festivité du règne, aussi un événement diplomatique majeur, eut cependant lieu des années plus tard, en décembre 1539, lorsque Charles Quint fut somptueusement accueilli à Fontainebleau. François Ier souhaitait se rapprocher de l'empereur, tout en l'impressionnant en lui révélant la superbe du lieu, la richesse des décors et de ses collections, spectacle magnifié par la pompe des fêtes qui furent alors organisées. On éleva dans la cour Ovale une grande colonne surmontée des Trois Grâces. On tendit celle-ci de fausses tapisseries et on y installa des statues allégoriques de la Paix et de la Concorde. Durant plusieurs jours, le roi organisa des chasses, des tournois, des combats à cheval et il fit bien entendu lui-même visiter à l'empereur son palais tout juste achevé.

On retrouve un écho de cette visite d'apparat dans le *Trésor des merveilles de la maison royale de Fontainebleau*, écrite au siècle suivant :

> Entrant dans la forest, il fut accueilly par une troupe de personnes déguisées en forme de Dieux, & de deesses boccagères, qui au son des haut-bois s'éstant assemblez, & accourus, composèrent une danse rustique [...]. Son entrée fut par la grande allée de la chaussée. À la porte il y avoit un arc triomphal orné de trophées, & enrichy de peintures, qui representoient le roy et l'empereur revestus à l'antique, accompagnez de la Paix & de la Concorde, pour faire voir à l'empereur avec quelle bienveillance, & franchise le roy le recevait. Là estoit encore un concert de musique, & apres avoir entendu quelques airs, il fut conduit dans le chasteau au son des trompettes, & des tambours ; & entrant dans la petite galerie il y rencontra le roy, où se firent les compliments entre Leurs Maiestez ; & de là fut conduit au pavillon des Poesles, qui lui avoit été ordonné pour son logement. [...] Le roi lui donna tous les plaisirs qui se peuvent inventer, comme de chasses royales, de tournois, d'escarmouches, de combats à pied & à cheval, & en somme de toute sorte de divertissements[16].

Le nombre de festivités augmentant, le roi ressentit le besoin de disposer de lieux dignes de les accueillir. Le château de Madrid fut ainsi doté d'un grand espace central avec, au premier étage, une tribune propice pour les fêtes. Une salle de ce type exista aussi à Saint-Germain-en-Laye. À Fontainebleau, il fallut attendre la fin du règne pour voir la création d'une salle pérenne de taille suffisante, en l'occurrence une grande loggia installée sur le côté sud de la salle Ovale, ouverte sur le jardin et la forêt par dix arcades. Cet espace exposé aux vents fut fermé sous Henri II pour former l'actuelle salle de bal. Toutes ces manifestations de prestige donnèrent lieu à la création de costumes, dont on conserve de nombreux dessins

Lors de la mascarade organisée le dernier jour de carnaval 1542, le fils cadet de François Ier, Charles d'Angoulême, alors âgé de vingt ans, apparut vêtu d'habits féminins, juché sur une tortue mécanique qui rentrait et sortait la tête à mesure qu'elle avançait. Le modèle de ce déguisement fut exécuté par Primatice.

Francesco Primaticcio, dit Primatice, *Fileuse montée sur une tortue*, dessin, Fontainebleau, 1542. Stockholm, Nationalmuseum, NMH 862/1863.

préparatoires, en particulier par Primatice qui était souvent également commissionné pour créer les décors et installations éphémères. Lors du carnaval de 1541, François Ier et le cardinal de Lorraine apparurent par exemple déguisés en arbres, coiffés de lierre, le futur Henri II étant quant à lui costumé en Diane chasseresse et ses camarades en nymphes tenant des chiens, en compagnie de bohémiens et bohémiennes.

L'année suivante, le roi et le cardinal se montrèrent cette fois-ci déguisés en ours au pelage de soie, le costume du souverain étant orné de l'« œuf de Naples », énorme spinelle (une pierre fine rouge souvent assimilée au rubis) de 248 carats. Leurs têtes étaient insérées dans des muselières d'or enrichies de joyaux qui s'avérèrent peu pratiques et extrêmement lourdes. Les costumes les plus originaux et les plus inattendus, dont le souvenir nous est parvenu par une lettre de l'ambassadeur du duc de Mantoue, furent une nouvelle fois portés, cette même année 1542, par le roi et le cardinal : tous deux apparurent déguisés en… crevettes[17] ! Les deux costumes étaient confectionnés en velours rouge, avec des franges et des cordons de fil d'or. Nous n'en conservons hélas aucun dessin préparatoire. La situation dut être particulièrement cocasse si on garde à l'esprit que le souverain mesurait près de deux mètres et était doté d'une large et imposante carrure.

Pouvoir et image

Plus que tous les monarques avant lui, François Ier avait compris l'importance politique des images, et plus précisément de « son » image, terme qui peut passer pour anachronique mais qui souligne bien ici le soin que le roi, soucieux de son prestige, apportait à sa réputation et à son apparence. De nombreux historiens ont souligné que son règne ouvre de la sorte la voie à la communication politique, une forme de représentation calculée amplement développée par les souverains qui lui ont succédé[18].

Ce souci pionnier passa précisément et principalement par la diffusion de portraits. On en connaît plusieurs, dont on conserve aussi parfois les modèles dessinés, qui furent eux-mêmes copiés en dehors du simple cercle royal, parfois en de multiples répliques. Ces portraits sont de nos jours conservés au château de Chantilly (Jean Clouet et atelier, vers 1515-1520), au musée du Louvre (Jean Clouet, vers 1519-1520 et deuxième quart du XVIe siècle[19] ; Titien, 1538, d'après la médaille de Benvenuto Cellini) ou au Museum of Art de Philadelphie (Joos Van Cleve, vers 1532). On sait en outre, grâce à un paiement des comptes royaux, que François Clouet exécuta vers 1530 des bustes sculptés du roi et de ses fils, en cire, argile et

Rare pièce d'orfèvrerie des collections royales à nous être parvenue, cette enseigne de chapeau en émail translucide sur or servait à orner l'avant du couvre-chef du roi. Elle témoigne du luxe apporté au vêtement du souverain. Exécutée vers 1538 par l'orfèvre Simon Gaudin, elle représente une scène de bataille de nuit, au clair de lune, en bord de mer. François Ier possédait de nombreuses enseignes de ce type, décrites dans les inventaires royaux.

Simon Gaudin, *Enseigne de chapeau*, or et émail, Paris, vers 1538. BnF, Médailles, Monnaies et Antiques, inv. 56.331.

mâché, pour servir de modèles préparatoires à des tableaux perdus. Notons cependant que nous ne connaissons pas pour François Ier l'équivalent du spectaculaire *Portrait équestre de Charles Quint à Mühlberg* peint en 1548 par Titien (Madrid, musée du Prado).

Les représentations du souverain occupaient aussi une place majeure dans le décor du palais de Fontainebleau : son portrait en stuc, créé par Rosso, trônait au centre de la galerie François Ier, au-dessus de l'entrée du cabinet nord, lui-même orné d'une fresque représentant Jupiter et Sémélé,

Dans la grande galerie du château de Fontainebleau se trouve la célèbre fresque de l'*Éléphant* peinte par le Florentin Rosso Fiorentino. Le pachyderme, au caparaçon fleurdelysé frappé du F, arborant la salamandre sur le front, célèbre la monarchie française. Il exprime force et sagesse. À ses pieds figurent trois dieux de l'Olympe : Jupiter, avec son foudre ; Pluton, avec Cerbère ; Neptune, avec son trident. Ils se partagent l'univers sur lequel régnait le roi de France. La cigogne, au premier plan, figure le symbole de la *pietas*, vertu majeure du prince de la Renaissance qui se traduit par le respect pour la famille et la patrie.

Anonyme, d'après Rosso Fiorentino, *L'Éléphant fleurdelysé* (détail), plume, encre et lavis sur crayon noir, France, vers 1540. BnF, Estampes, Réserve B-5-Fol.

Manifestement inspiré par la monumentalité du portrait de Charles VII exécuté par Jean Fouquet vers 1445-1450, mais éminemment moderne, le *François Ier* peint par Jean Clouet revêt toutes les caractéristiques du portrait d'apparat : stature du modèle à l'imposante carrure, préciosité des habits (pourpoint de soie aux couleurs du roi, rehaussé de broderies de fil d'or), solennité (collier de l'ordre de Saint-Michel), richesse de l'arrière-plan (un velours rouge orné d'un motif de couronne surmontée d'une fleur de lys, dont l'éclat est augmenté par la présence d'une feuille d'argent en sous-couche).

Jean Clouet, *Portrait de François Ier*, huile sur bois, France, 2e quart du XVIe siècle. Paris, musée du Louvre, inv. 3256.

invitant à l'identification du souverain au roi des dieux. Celle-ci figurait déjà dans le décor de l'appartement des Bains au rez-de-chaussée. Le triomphe du roi était lui-même développé dans les fresques de la galerie, autour de l'idée de splendeur impériale, l'*imperium* antique. Les fresques de l'*Éléphant fleurdelysé*, symbole de force, de sagacité et de pérennité de la monarchie et, en face, celle de l'*Unité de l'État*, clef de voûte de l'iconographie royale, renvoient l'image d'un roi sage et vertueux, empereur en son royaume. Un buste en grès du monarque, connu par une fonte exécutée en 1756 par Louis-Claude Vassé (musée du Louvre), avait quant à lui été placé à l'entrée de l'escalier menant de la cour Ovale à l'actuelle salle de bal, entre les statues de Minerve et de Junon, dominant une imposante allégorie du pouvoir. Emblèmes et symboles édifiants peuplaient ainsi les résidences royales, en peinture comme en sculpture.

Plus généralement se répandirent, en France et au-delà, des images de véritable propagande, présentant François Ier en éternel vainqueur, pourvoyeur de bienfaits et promoteur de la paix universelle. Dans les entrées royales, on note la comparaison récurrente avec les dieux, héros et saints de l'Ancien Testament, de l'Antiquité et du Moyen Âge. À Lyon, en 1515, le roi fut par exemple représenté sous les traits de Jupiter. Il fut aussi considéré comme l'« Hercule des Gaules », un héros spécifiquement français. D'après une légende antique redécouverte et réinterprétée à la Renaissance, celui-ci serait en effet passé par la Gaule et par l'Espagne et figurerait même parmi les ancêtres de la maison royale d'Espagne, François Ier et Charles Quint ayant ainsi tous deux tenté de s'accaparer le prestige du demi-dieu par le biais de l'iconographie.

Ces images édifiantes ne se limitèrent pas aux résidences et palais royaux. Page du connétable Anne de Montmorency, ayant participé à l'expédition d'Italie sous les ordres de l'amiral Guillaume Gouffier de Bonnivet, fait prisonnier à Pavie, choisi par le roi pour enseigner l'art équestre à ses enfants, Louis Prévost de Sansac commanda ainsi un portrait du monarque en terre vernissée par Girolamo Della Robbia (New York, The Metropolitan Museum of Art) pour orner le dessus de l'entrée de son château de Sansac, ce qui montre l'attachement des courtisans à la figure du roi et leur volonté de se placer sous son patronage, y compris dans leurs résidences provinciales.

François Ier s'imposa comme un actif bâtisseur et un grand mécène, dès son avènement. On note cependant une recrudescence d'activité dans ce domaine à partir de la fin des années 1520, avec les travaux au Louvre et à Fontainebleau, une façon d'affirmer son prestige et de s'imposer par les arts, à défaut des champs de bataille. Il s'agissait en réalité d'une forme de la rivalité qui l'opposait aux souverains européens, afin d'attirer les meilleurs artistes, créer les plus fastueux palais et amonceler les plus luxueuses œuvres d'art. L'impasse de la conquête conduisait à mener ce que l'on peut qualifier de politique culturelle – ou une politique de l'esprit. Le bilan artistique des années 1530-1540 est considérable, et accompagne une évolution marquante du pouvoir royal, désormais soucieux de tenir un discours de puissance en s'appuyant sur un vocabulaire mythologique dans l'air du temps. La multiplication des chantiers en Île-de-France annonce l'abandon progressif du Val de Loire et le recentrage de la monarchie autour de Paris. François Ier parvint de la sorte à s'imposer de nouveau sur la scène européenne et à éclipser un temps la puissance temporelle de Charles Quint.

---

1. C. Scailliérez (dir.), *François Ier et ses artistes...*, p. 13-30 ; J. Cox-Rearick, *Chefs-d'œuvre...*, p. 65-74.
2. M. Chatenet, *La Cour...*, p. 15-21.
3. É. La Trémolière, « 1515 : Blois, le premier chantier d'un jeune souverain », dans M. Hermant (dir.), *Trésors...*, p. 112-119.
4. M. Chatenet, *Chambord...*, p. 24-35.
5. F. Boudon et J. Blécon, *Le Château...*, p. 16-55.
6. *Les Comptes...*, vol. 1, p. 7.
7. C. Jenkins, *Prints...*, vol. 1, p. 24-53.
8. V. Droguet, « La Porte dorée du château de Fontainebleau », dans O. Beaufils (dir.), *La Porte dorée...*, p. 12-21.
9. O. Beaufils, « "Francesco Bolognese scultore" », p. 9.
10. D. Cordellier (dir.), *Primatice...*, p. 290-357.
11. J. Androuet Du Cerceau, *Le Premier [Second] Volume...*, vol. 2, f. AIII v°.
12. T. Crépin-Leblond et V. Droguet (dir.), *Le Roi et l'Artiste...*, p. 14-23.
13. D. Cordellier (dir.), *Primatice...*, p. 76-81.
14. C. Scailliérez (dir.), *François Ier et l'art...*, p. 10-11 ; G. Delmarcel, « François Ier et ses tapisseries "flamandes" », dans L. Fagnart et I. Lecocq, *Arts et artistes du Nord...*, p. 133-146.
15. O. Beaufils et V. Droguet (dir.), *L'Art de la fête...*, p. 88-89.
16. P. Dan, *Le Trésor des merveilles...*, p. 219.
17. C. Occhipinti, *Carteggio...*, p. 74.
18. Henri Zerner, « Le grand roi François. Élaboration d'une physionomie mémorable », dans B. Petey-Girard et M. Vène (dir.), *François Ier...*, p. 46-62.
19. C. Scailliérez (dir.), *François Ier et l'art...*, n° 78 (notice C. Scailliérez).

▸ François Ier commanda dès son avènement une histoire de France au chroniqueur et poète Guillaume Cretin. Le premier des quatre volumes livrés s'ouvre sur la traditionnelle miniature où l'auteur remet symboliquement son livre au souverain, représenté imberbe et habillé comme un jeune prince de la Renaissance.

Guillaume Cretin, *Recueil sommaire des cronicques françoyses*, vol. 2, Paris, entre 1515 et 1525, enluminé par Jean Pichore et son atelier, reprises par Jean Perréal. BnF, Manuscrits, Français 2817, f. J v° (détail).

CHAPITRE 5

Le père des lettres

« François, par la grâce de Dieu roy de France,
à tous ceux qui ces présentes lettres verront, salut.
Comme depuis notre avènement à la couronne nous
ayons singulièrement sur toutes autres choses désiré
la restauration des bonnes lettres qui par longue
intervalle de tems ont été absentes ou bien
la connaissance d'icelles si empeschée et couverte
de ténèbres qu'elle ne se pouvoit avoir ne recouvrer
pour l'édification, nouriture et contentement des bons
et sains esprits qui par ce moyen sont durant ce temps
demeurés inutiles, abâtardis et éloignés de leur bonne
et naturelle inclination, prenant vice pour vertu ;
mais grâce à Notre Seigneur, nous avons tant fait
et si bien et soigneusement travaillé que la pristine force,
lumière et clarté des bonnes lettres a été en son entier
restituée et réduite en nostre dit royaume [...]. »

Ordonnance de Montpellier, 28 décembre 1537, introduction.

Il est toujours intéressant de connaître le contenu de la bibliothèque d'un homme d'État, d'un roi ou d'un prince. Si se pose immanquablement la question de savoir si ces volumes étaient réellement lus par leur propriétaire, ils témoignent *a minima* de la place que celui-ci réservait au savoir et à ses diverses manifestations. Une collection encyclopédique comme celle de François Ier, assurément une des plus importantes d'Europe à la fin de son règne, témoigne de la haute ambition du souverain en matière culturelle. Elle a de surcroît le privilège d'avoir été préservée, ce qui n'est pas le cas de nombreux souverains de la période. C'est par la volonté expresse du souverain que les ouvrages conservés à Blois et à Fontainebleau ont été unis pour former le cœur de la Bibliothèque royale française de l'Ancien Régime, toujours conservée de nos jours à la Bibliothèque nationale de France[1].

Au-delà même de cette immense collection de livres, François Ier fut un soutien aux auteurs et au monde du livre en général : outre la seule protection des écrivains, des savants et des poètes, fonction traditionnellement assurée par le monarque, il sut aussi faire de la langue un instrument de pouvoir, capable de conforter son autorité sur toute la surface du royaume.

Une passion héréditaire ?

Son cas est d'autant plus intéressant que nous conservons non seulement les livres qu'il a acquis ou qui lui ont été offerts, mais aussi ceux dont il a hérité et auxquels il a pu avoir accès lors de sa formation. On peut légitimement penser que les bibliothèques de son père, Charles d'Angoulême, et de sa mère, Louise de Savoie, ont dans une certaine mesure forgé la conviction, chez le jeune comte d'Angoulême devenu duc de Valois, de l'importance politique du livre. Encore faut-il nuancer ce propos puisqu'on sait par divers témoignages que le prince était dans sa prime jeunesse plus intéressé par les jeux avec ses camarades que par l'étude.

Ce goût pour les livres ne venait pourtant pas de nulle part. L'aïeul de François, le roi Charles V, avait réuni dans son château du Louvre, mais aussi dans d'autres résidences, en particulier Vincennes, une extraordinaire bibliothèque à contenu encyclopédique. Outil culturel autant que politique, elle rassemblait plus de mille manuscrits, un chiffre exceptionnel pour l'époque. Son fils Charles VI en hérita mais à sa mort, en 1422, elle ne fut pas transmise à son propre fils, Charles VII, dont l'autorité était alors contestée : en pleine guerre de Cent Ans, l'ensemble fut acheté en 1425 par Jean de Lancastre, duc de Bedford, régent du royaume pour le compte du roi d'Angleterre. Cette grande collection fut dispersée après la mort du régent en 1435. Dans l'absolu, François d'Angoulême n'aurait pas dû en hériter, car il descendait de Charles V par son cadet, le duc Louis d'Orléans. Il aurait néanmoins pu en recueillir quelques bribes, mais la captation par le duc de Bedford ne le permit pas, les enfants de Louis d'Orléans, assassiné en 1407, Charles d'Orléans (père du futur Louis XII) et Jean d'Angoulême (grand-père de François Ier) ayant été livrés comme otages à l'Angleterre en 1412.

La passion de Jean d'Angoulême pour les livres, qu'il tenait de ses parents et aïeux et qu'il partageait avec son frère Charles, est en revanche bien connue. On conserve en effet deux exemplaires d'un inventaire dressé à sa mort en 1467, qui permet de constater l'ampleur de sa bibliothèque. Il décrit un peu plus de cent cinquante ouvrages, un chiffre appréciable pour l'époque. Cet ensemble était constitué d'un nombre égal de manuscrits

François Ier entretint sa vie durant un goût tout particulier pour la chevalerie. Il dut certainement avoir accès dans sa jeunesse aux romans de la Table ronde (*Lancelot*, *Tristan*) dont son père, Charles d'Angoulême, avait reçu de luxueux exemplaires de présentation préparés par l'imprimeur-libraire parisien Antoine Vérard.

Lancelot du Lac, Paris, Antoine Vérard, 1494, enluminé par le Maître de Robert Gaguin. BnF, Réserve des livres rares, Vélins 617, f. 1.

en français et en latin, plus quelques-uns en anglais. Beaucoup étaient extrêmement sobres, sans ornementation et modestement reliés, souvent écrits sur papier plutôt que sur parchemin. Il s'agissait pour une part substantielle de textes à contenu liturgique, religieux ou moral. Contrairement à son frère Charles qui avait hérité du goût pour le luxe de ses parents, Jean semble avoir eu un rapport au texte bien moins ostentatoire. Certains volumes richement enluminés passèrent néanmoins de la bibliothèque de Charles à celle de Jean. La sobriété générale des manuscrits possédés par ce dernier laisse entrevoir une bibliothèque d'étude et non d'apparat. Certains d'ailleurs étaient rédigés de la main même du prince, ou annotés par lui, et témoignent de son goût pour les lettres. Encore faut-il signaler que Jean profita de sa longue captivité anglaise (trente-trois ans !) pour acquérir quelques précieux manuscrits de la bibliothèque de Charles V.

La situation et le rapport au livre changèrent considérablement à la génération suivante. Peu connu et peu valorisé par l'historiographie, notamment en raison de sa mort précoce, Charles d'Angoulême fut pourtant un prince actif, particulièrement soucieux de sa bibliothèque dont il développa le caractère aristocratique. Nombre de ses livres étaient couverts de textiles de luxe rehaussés de fils d'or ou d'argent. L'inventaire qui nous est parvenu décrit soixante-quinze *items*, représentant environ cent quatre-vingts volumes. Dès 1484 au moins, Charles fit entrer à son service Robinet Testard, fameux enlumineur originaire de Poitiers. La grande modernité du comte d'Angoulême tient à la place qu'occupaient les imprimés, dont il fut un des premiers amateurs en France, au sein de sa bibliothèque. Leur diffusion était en effet encore récente.

Le jeune François eut donc très tôt accès à ce nouveau support révolutionnaire permettant de diffuser un texte en plusieurs exemplaires semblables. Encore faut-il préciser ici que les volumes imprimés fournis à la famille d'Angoulême étaient pour la plupart sur parchemin (et non sur papier) avec des gravures rehaussées de peintures, voire avec des pages enluminées insérées dans les volumes par les artistes parisiens les plus en vue à l'époque, comme François Le Barbier fils ou encore un enlumineur dont le nom demeure inconnu, aujourd'hui désigné par les historiens de l'art comme le Maître de la Chronique scandaleuse. L'imprimeur-libraire parisien Antoine Vérard s'était fait une spécialité de ces imprimés de luxe. Une grande importance était donnée à leur frontispice où le commanditaire, en l'occurrence le comte d'Angoulême, était régulièrement représenté. Le livre d'heures de ce dernier était lui-même un objet hybride, combinant enluminures et planches gravées rehaussées de peinture (et parfois largement modifiées), dont une suite de la *Passion* d'Israhel Van Meckenem[2].

les anciens dessusd entre lesqlz
ceste maniere de parler des dieux
estoit ainsi comme assignoyent
aux dieux descriptions et figures
diverses selon les proprietez de les

Parmi les plus gros volumes de la bibliothèque de Louise de Savoie (près de 40 cm de haut pour quasiment 240 feuillets !) figure cet imposant manuscrit. Un des deux textes qu'il contient, le *Livre des échecs amoureux*, parle d'un héros qui cherche sa voie, la nature lui donnant le choix entre les sentiments et la raison, mais lui conseillant naturellement cette dernière. Le protagoniste rencontre divers dieux antiques. Dans les miniatures ornant le volume, on croise notamment, ici dans la même image, d'une part Jupiter castrant son père, Saturne, et d'autre part Chronos dévorant ses enfants pour échapper, en vain, à la prédiction de son meurtre par l'un d'entre eux.

Évrart de Conty, *Livre des échecs amoureux moralisés*, Cognac, vers 1495-1498, enluminé par Robinet Testard. BnF, Manuscrits, Français 143, f. 28 (détail).

La mère de François Ier fut elle aussi une véritable bibliophile. Si elle commanda ou fut destinataire de livres du vivant de son mari, leur nombre s'amplifia considérablement après la disparition de son époux, pour atteindre une centaine de volumes. Elle hérita de quelques ouvrages de la famille ducale de Savoie mais l'essentiel de sa collection se constitua en France. Elle pérennisa les liens entre la famille d'Angoulême et Antoine Vérard, ainsi que Robinet Testard, qui ne travailla manifestement plus que pour elle.

Louise étant tout entière dévouée à l'éducation de ses deux enfants, le choix des textes et le type de livres figurant dans sa bibliothèque nous en disent beaucoup sur le modèle culturel et moral que la princesse souhaitait inculquer à Marguerite et surtout à François. Son environnement devait le préparer à son « métier de roi » et la bibliothèque familiale répondre à cette exigence. Louise privilégia dans cette optique les textes moraux, les réécritures ou traductions d'auteurs antiques, dans de grands volumes de luxe aristocratique, ou dans des plaquettes au format plus maniable. L'ensemble était exclusivement en français, alors que l'on se serait attendu à croiser également des textes en latin.

Quant au jeune François lui-même, nous avons la chance de connaître plusieurs ouvrages, surtout des manuscrits mais aussi quelques imprimés, qui lui étaient destinés et esquissent, dès sa prime jeunesse, le portrait d'un prince lettré. Certains lui ont été offerts par divers auteurs ou par des personnes soucieuses de s'attirer les bonnes grâces du possible puis probable futur roi, mais aussi de sa mère. Plus intéressant encore, nous conservons des livres qui ont servi à son éducation. On y trouve un spectaculaire recueil de cartes de l'Atlantique et de la Méditerranée, mais aussi des petites plaquettes à contenu moral. Il s'agissait d'élever, dans tous les sens du terme, un prince cultivé et vertueux, comme si Louise de Savoie avait anticipé son futur rôle de « père des lettres ».

La Librairie royale de Blois

À la mort de Louis XII, le nouveau souverain hérita de la riche bibliothèque de son prédécesseur, que celui-ci avait installée vers 1501 dans son château de Blois. Les deux inventaires qui nous sont parvenus, dressés en 1518 et 1544[3], nous donnent une idée assez précise de cet ensemble de premier plan, composé d'un peu moins de deux mille volumes, en majorité des manuscrits, mais aussi des imprimés en moindre nombre. On y trouvait les collections personnelles des rois de France depuis Louis XI,

Parmi les volumes prélevés par François Ier dans la Librairie royale de Blois pour son usage personnel figure cette plaquette de présentation provenant de Galeazzo Maria Sforza, comte de Pavie puis duc de Milan. Elle avait fait partie du butin italien de Louis XII. Outre le chiffre de Sforza (GZ – MA surmontés d'une couronne), le frontispice est frappé aux armes écartelées Visconti-Sforza, famille que les rois de France successifs considéraient comme illégitime sur le trône du duché.

Bartolomeo Melzi, *Carmen de triumpho ducis Mediolanensis*, Milan ou Pavie (?), vers 1466, enluminé par le Maître d'Ippolita Sforza. BnF, Manuscrits, Latin 8386, f. 4.

Ce manuscrit a été offert par l'amiral Louis Malet de Graville au roi Louis XII. C'est probablement en raison de sa provenance, de cette taille (près de 45 cm de hauteur !) et de son riche décor enluminé que le volume a été prélevé dans la Librairie royale de Blois pour faire partie de la bibliothèque personnelle de François Ier. Avec ses trois cent soixante-dix-huit miniatures couvrant largement les feuillets, il s'agissait de fait du manuscrit le plus enluminé des collections royales de Blois.

Benvenuto da Imola, *Romuleon*, trad. par Sébastien Mamerot, Bourges, vers 1485-1490, enluminé par Jean Colombe et son atelier. BnF, Manuscrits, Français 364, f. 24.

dont l'héritage de la famille d'Orléans, mais aussi les prises de Charles VIII à Naples en 1495 (1140 volumes) et de Louis XII à Pavie en 1499-1500 (entre 300 et 400 volumes).

La Librairie royale de Blois fit office, de 1515 à 1544, de bibliothèque officielle de la monarchie[4]. C'est dans celle-ci, comme le martèle de façon erronée l'historiographie véhiculée depuis plus d'un siècle, qu'aurait été déposé par les imprimeurs et éditeurs du royaume tout livre de leur production. Par l'ordonnance de Montpellier du 28 décembre 1537, François Ier aurait ainsi créé le dépôt légal. En réalité, il n'était pas question de déposer, mais bien de présenter aux bibliothécaires de Blois tout ouvrage avant sa mise en vente, pour le contrôle des idées, en particulier religieuses. Ce n'est qu'après examen, et dans la mesure où les livres étaient jugés dignes d'entrer dans les collections du roi, qu'on prévoyait, non leur dépôt, mais leur achat. En réalité, l'ordonnance de Montpellier ne fut suivie d'aucun effet et nul imprimé n'entra à la bibliothèque de son fait sous François Ier !

Bibliothèque de prestige, visitée et décrite par Antonio de Beatis, secrétaire du cardinal d'Aragon, lors du passage à Blois de ce dernier en 1517 (« la plus belle bibliothèque que l'on puisse voir[5] »), la librairie royale ne fut jamais considérée comme l'écrin d'une collection assoupie. Au début de son règne, François Ier y déposa quelques livres et imprimés, essentiellement de dédicace. Ces dépôts s'expliquent probablement par le fait que la bibliothèque personnelle du souverain n'était pas encore constituée et que celui-ci puisait principalement dans la librairie de Blois, comme l'indique la mention des livres qu'il « porte communement » (c'est-à-dire qu'il emportait régulièrement avec lui) dans l'inventaire de 1518, en particulier des traductions présentées par l'historien Claude de Seyssel à Louis XII. Les transferts de Blois vers la bibliothèque personnelle du roi furent de fait bien plus nombreux. Près de soixante-dix ont été identifiés. Il s'agissait avant tout d'exemplaires de présentation, souvent luxueusement enluminés, aux armes ou comportant une dédicace, permettant à François Ier de s'affirmer non seulement comme successeur légitime des rois de France, mais aussi des ducs de Milan, et des rois de Naples, puisqu'il possédait leurs ouvrages. Ceux-ci lui permettaient aussi de s'afficher comme un lettré, en phase avec son temps, ayant ainsi auprès de lui des œuvres de Pétrarque, écrivain pour lequel il avait, comme tout homme cultivé de la Renaissance, un attrait particulier. Il se rendit ainsi en 1533 en pèlerinage à Avignon à la suite de la découverte du tombeau de Laure, la célèbre muse du poète italien, pour laquelle il composa même une épitaphe.

Étienne Roffet fut le premier à exécuter des reliures aux armes du roi. Bien que le décor général variât d'un volume à l'autre, le bloc armorial central (les armes de France couronnées surmontant une salamandre) était toujours identique car exécuté avec la même matrice, qui restait entre les mains du relieur du roi. Le but était de magnifier le souverain en faisant des reliures elles-mêmes un marqueur de son pouvoir.

Plutarque, *La Prima Parte delle Vite*, Venise, Nicolò Zoppino, 1525; reliure par Étienne Roffet, Paris, vers 1539-1540. BnF, Réserve des livres rares, Rés. J-1208, plat supérieur.

La bibliothèque personnelle du roi et Fontainebleau

Tout en puisant d'abondance dans la Librairie royale de Blois, François Ier constitua assez rapidement une collection que les historiens qualifient de « bibliothèque personnelle » afin de la différencier de la bibliothèque officielle[6]. Sa reconstitution est assez récente et, faute d'inventaire, repose avant tout sur la présence de numéros portés sur les volumes. Ont ainsi été identifiés environ cinq cents manuscrits et trois cents imprimés.

Son socle consistait, comme on peut s'en douter, de l'héritage de la famille Angoulême. Se sont ajoutés à ce noyau familial près de deux cents volumes venant de la riche librairie des ducs de Bourbon, saisie après la trahison du connétable en 1523[7] : des imprimés à contenu dévotionnel et

Les reliures à la grecque produites par l'atelier de Fontainebleau s'inspirent des reliures byzantines, avec un dos long sans nerfs apparents et des coiffes débordantes. Les plats sont ornés de compositions originales, ici un encadrement d'arabesques dorées accompagné du chiffre du roi et du nom de l'auteur en grec, autour du bloc armorial central argenté. Le cuir lui-même, un maroquin (cuir de chèvre), était encore extrêmement rare en Europe du Nord, et importé, probablement du Proche-Orient. Les traces rondes marquent l'emplacement de boulons métalliques disparus.

Constantin Harmenopulos, *Manuel de droit civil* [en grec], Italie ou Grèce, Xe siècle ; reliure par l'atelier de Fontainebleau, 1545. BnF, Manuscrits, Grec 1361, plat supérieur.

moral, ayant pour beaucoup appartenu à Anne de Beaujeu, et surtout des manuscrits luxueux de grand format. Un tri fut effectué. On délaissa les manuscrits sur papier, jugés de peu de valeur, pour privilégier ceux portant des signes d'appartenance aux ducs et duchesses depuis le XIIIe siècle ainsi que les manuscrits enluminés typiques de la grande bibliophilie de la fin du Moyen Âge. François Ier posséda enfin des livres en biens propres : des manuscrits et imprimés somptueux, souvent de présentation, mais aussi des volumes plus sobres, notamment ceux qui avaient servi à son éducation. Cette base de départ augmenta considérablement dans les années 1530, avec l'achat d'une centaine de petits volumes imprimés, pour la plupart en italien, sortis des presses vénitiennes et de quelques autres villes du nord de la péninsule. Cette « bibliothèque italienne », facilement transportable, fut reliée aux armes du roi par Étienne Roffet. Il s'agit là d'une première tentative du souverain pour moderniser sa bibliothèque en la rendant plus maniable et surtout plus conforme à ses goûts. On y trouve ainsi des textes d'humanistes, comme Pétrarque, Pic de La Mirandole ou Érasme, d'auteurs italiens, comme Baldassare Castiglione ou Pietro Aretino, ou d'auteurs antiques, tels Aristote, Xénophon, Ésope, Ovide, Virgile, Suétone, Cicéron ou Plaute.

En 1544, cette bibliothèque personnelle, déjà présente au palais de Fontainebleau, fut rejointe en ce même lieu par la Librairie royale de Blois pour former une grande bibliothèque royale unifiée, installée dans un espace spécialement aménagé au-dessus de la galerie François Ier, et de mêmes dimensions que cette dernière, même si l'on ignore tout de son éventuel décor. Un dernier ensemble, et non des moindres, rejoignit par la suite cette bibliothèque royale. François, poussé en ce sens par les humanistes, dont Guillaume Budé (lui-même maître de la Librairie du roi), avait compris tout l'intérêt, politique et culturel, d'acquérir des livres en langues rares, essentiellement en grec, mais aussi en arabe, en hébreu, en syriaque, en éthiopien ou en arménien. Pour se fournir en livres grecs, acquérir des manuscrits originaux anciens ou des copies exécutées dans de célèbres collections, le roi s'appuya notamment sur les ambassadeurs à Venise, dont Guillaume Pellicier qui organisa tout un réseau de pourvoyeurs, en Italie et dans les anciens territoires byzantins désormais sous contrôle ottoman.

Cette importante bibliothèque érudite et encyclopédique a parfois été mise en relation avec le projet de Collège des lecteurs royaux, auquel elle ne fut pourtant jamais confiée. Il avait en effet été prévu, dans les années 1530, de créer un établissement constitué de professeurs, les lecteurs royaux, chargés d'enseigner les matières ignorées par la Sorbonne : le grec, l'hébreu et les mathématiques. Ceux-ci furent bien nommés mais ne furent pas immédiatement dotés d'un lieu *ad hoc* pour exercer, ce qui n'empêche pas la date de 1530 d'être encore aujourd'hui retenue comme celle de la fondation du Collège de France. Le travail systématique de collecte des textes anciens et en langues rares permit cependant de constituer la plus belle collection de livres en grec en Europe en dehors d'Italie. Pour marquer l'importance de celle-ci, Pierre Du Chastel, qui succéda à Budé comme maître de la Librairie du roi en 1540, mit en place un ambitieux programme de reliures « à la grecque ». Budé définit cette bibliothèque idéale comme un « temple des muses » où tout le savoir gréco-romain serait rassemblé et accessible aux savants. Le but était clairement de supplanter Venise et par le phénomène de la *translatio studii et imperii*

Notaire, secrétaire et valet de chambre ordinaire du roi, Antoine Macault a offert au souverain une traduction en français de l'*Histoire universelle* de l'auteur grec Diodore de Sicile. En regard de la préface du manuscrit de dédicace se trouve une peinture représentant François Ier qui écoute, assis et entouré de sa cour, la lecture d'un livre par un humaniste, probablement Antoine Macault lisant lui-même son œuvre. Cette image, fortement mise en scène et codifiée, fut gravée dans la version imprimée du texte.

Diodore de Sicile, *Les Troys Premiers Livres de Diodore Sicilien*, trad. par Antoine Macault, enluminé par Noël Bellemare, Paris, vers 1534. Chantilly, bibliothèque du musée Condé, ms. 721, f. J v°.

Le peintre italien Primatice exécuta les modèles des peintures destinées à orner les portes des armoires à livres du cabinet privé de François Ier au château de Fontainebleau, situé dans une petite pièce accessible depuis la chambre du roi. Chaque double porte présentait une vertu et un héros antique. Un des derniers, César, avait les traits de son lointain successeur : François Ier.

Francesco Primaticcio, dit Primatice, *César sous les traits de François Ier*, dessin à la plume, encre brune, gouache et lavis brun, Fontainebleau, vers 1541-1546. Chantilly, musée Condé, inv. DE153.

(« transfert du savoir et du pouvoir »), de faire de Fontainebleau la nouvelle Athènes et la nouvelle Rome. Humanistes et historiens n'affirmaient-ils pas l'origine troyenne et donc grecque des Francs ? Dans sa préface de l'*Histoire ecclésiastique* d'Eusèbe parue en 1544, Robert Estienne compare la bibliothèque de Fontainebleau à celle de Ptolémée à Alexandrie, qu'elle surpasse naturellement : le conquérant antique retenait les livres par des chaînes comme des prisonniers de guerre, alors que le héros de Marignan, après les avoir réunis à grands frais, les mettait à disposition du plus grand nombre, par l'accès aux originaux et aussi par leur multiplication au moyen de l'imprimé. Le roi de France accomplissait ainsi, par sa politique du livre, l'idéal du roi philosophe, tel qu'exposé par Platon dans son Livre V de *La République*.

Tous ces renseignements sur la bibliothèque du roi sont inespérés pour le biographe, et ouvrent de nouvelles perspectives pour l'étude de sa personnalité. Aimait-il pour autant lire ? Que lisait-il ? Il est difficile de parfaitement répondre à ces questions. Différents auteurs relatent que François ne goûtait que peu le latin, qu'il appréciait les auteurs antiques, mais dans leur traduction française, qu'il lisait avec plaisir en italien, notamment la poésie. Sa bibliothèque était avant tout un instrument de prestige et de pouvoir, par ailleurs plus destinée aux savants qu'à lui-même. Au fil des années, des acquisitions et des fusions de textes de différentes provenances, cet ensemble devint plus difficile à transporter et à utiliser. C'est probablement pour répondre à cet impératif de maniabilité et d'adéquation avec les goûts du roi que fut créée la « bibliothèque italienne » dont il a été question plus haut. Celle-ci fut néanmoins elle-même intégrée et dispersée au sein de l'immense bibliothèque « centrale » installée à Fontainebleau.

Couronnant et parachevant son ambition de bibliophile, François Ier se constitua au début des années 1540 un cabinet privé de livres, distinct de la Bibliothèque royale, qui n'a été que récemment identifié[8]. Composé de textes plus personnels, il fut largement dispersé à la mort du souverain. Près d'une quarantaine d'entre eux, presque exclusivement des manuscrits, ont été à ce jour retrouvés. Une majorité porte encore ses luxueuses reliures de dédicace. Il s'agit pour une bonne moitié de traductions en français d'auteurs antiques, notamment Plutarque, remises au souverain sous la forme de livraisons, de plaquettes ou de petits volumes. On compte aussi des manuscrits de plus grande taille, parfois fort luxueux, comme la *Chirurgia* offerte au roi par Guido Guidi, rehaussée de nombreux dessins de Francesco Salviati, ou le premier livre de la traduction en français de Vitruve par Jean Martin, avec des dessins de Jean Goujon.

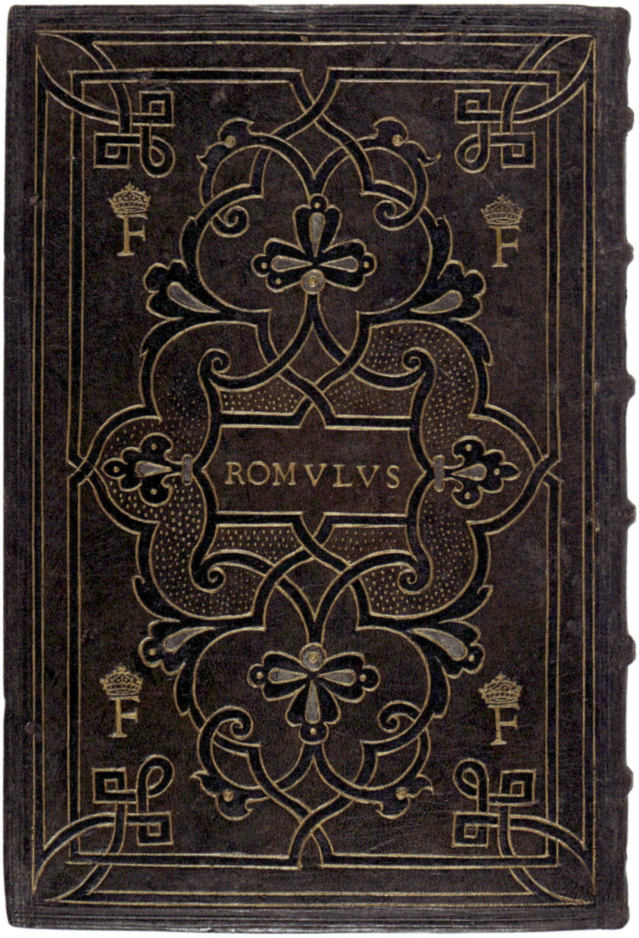

Ce volume contenant deux vies de Plutarque est typique des manuscrits du cabinet privé de François Ier : des traductions en français, reliées avec luxe, mais pas par le relieur officiel du roi qui officiait pour la bibliothèque royale. L'appartenance au souverain est soulignée par les F couronnés situés dans les angles de la composition ornant les plats.

Plutarque, *Vies de Thésée et de Romulus*, trad. en français par Jacques Amyot, reliure par le Relieur de Salel, France, vers 1540-1545. BnF, Manuscrits, Français 1396, plat inférieur.

Le protecteur de l'esprit

En 1515, alors que François de Valois montait sur le trône, Guillaume Budé achevait son *De asse et partibus ejus* (*De l'as et de ses parties*), ouvrage consacré à l'économie dans l'Antiquité. Selon lui s'ouvrait une nouvelle ère durant laquelle allaient renaître les « bonnes lettres », promesse d'harmonie et de concorde, rêve d'un roi humaniste. Dans son *Institution du prince* (1519), le souverain est considéré comme le restaurateur des textes grecs et, par la protection accordée aux érudits, contribue à créer une nouvelle aristocratie du savoir. Par ailleurs, le roi lui-même s'adonnait à l'écriture, et il fut célébré comme il se doit par ses « confrères » auteurs, qui mirent en valeur son éloquence naturelle et ses multiples connaissances.

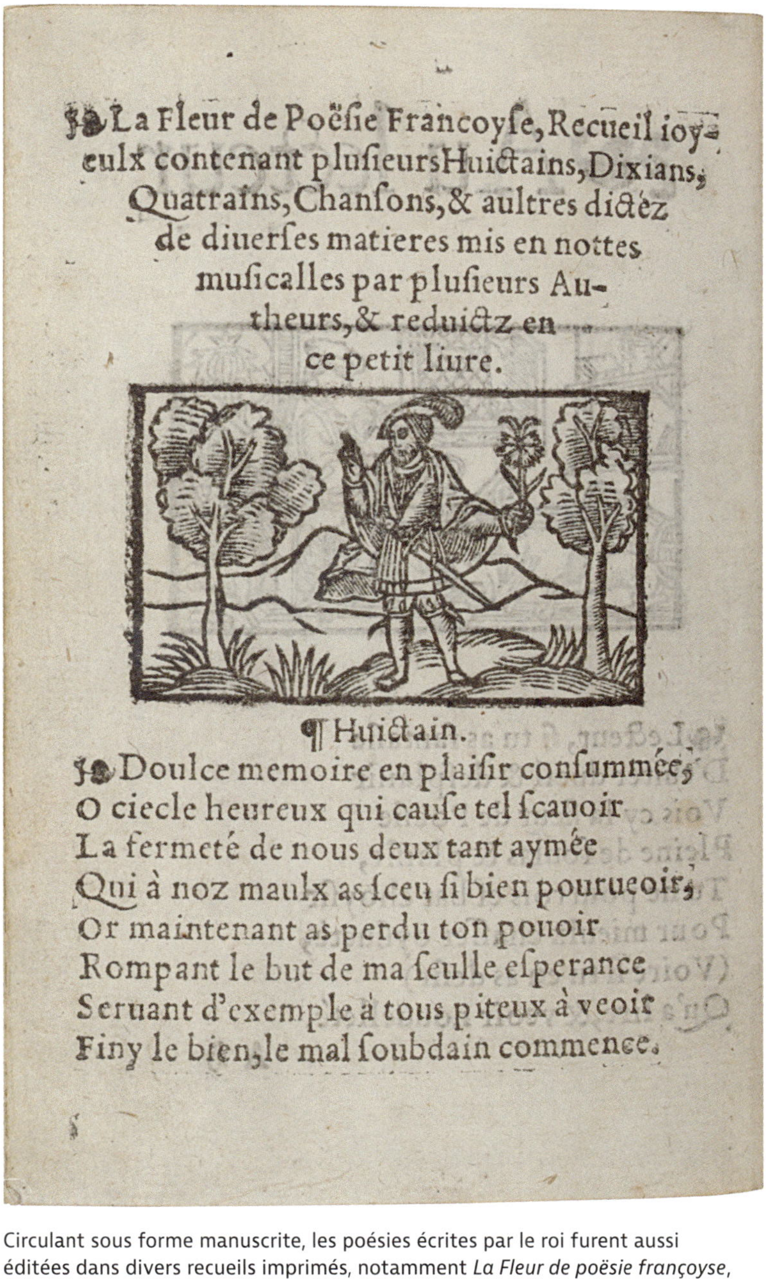

La Fleur de Poëſie Francoyſe, Recueil ioyeulx contenant pluſieurs Huictains, Dixians, Quatrains, Chanſons, & aultres dictez de diuerſes matieres mis en nottes muſicalles par pluſieurs Autheurs, & reduictz en ce petit liure.

¶ Huictain.

Doulce memoire en plaiſir conſummée,
O ciecle heureux qui cauſe tel ſcauoir
La fermeté de nous deux tant aymée
Qui à noz maulx as ſceu ſi bien pourueoir,
Or maintenant as perdu ton pouoir
Rompant le but de ma ſeulle eſperance
Seruant d'exemple à tous piteux à veoir
Finy le bien, le mal ſoubdain commence.

Circulant sous forme manuscrite, les poésies écrites par le roi furent aussi éditées dans divers recueils imprimés, notamment *La Fleur de poësie françoyse*, rassemblant soixante-sept poèmes, où les textes du roi figurent au milieu de ceux d'autres poètes de sa cour, dont Clément Marot, Mellin de Saint-Gelais, Claude Chappuys, Marguerite de Navarre, André de La Vigne ou Victor Brodeau.

La Fleur de poësie françoyse, recueil joyeulx contenant plusieurs huictains, dixians, quatrains, chansons, & aultres dictez de diverses matieres mis en nottes musicalles par plusieurs autheurs, & reduictz en ce petit livre, Paris, Alain Lotrian, 1543. BnF, Réserve des livres rares, Rés. Ye-2718, f. Aii v°.

Le théologien et poète Paul Belmesseri avait accompagné le pape Clément VII à Marseille pour le mariage de Henri, duc d'Orléans, avec Catherine de Médicis en 1533. L'année suivante, il fit orner le volume de ses poésies publiées à Paris d'une étonnante gravure où François Ier le couronne de lauriers en présence du pape.

Pauli Belmisseri Pontremulani artium et medicinae doctoris, equitis et poetae laureati, opera poetica, Paris, Simon de Colines, 1534. BnF, Arsenal, 8-BI-5796, f. 108 v°.

Le poète Clément Marot célèbre ainsi un François Ier poète :

> Puis décriras le bruit resplendissant
> De quelque roi ou prince dont le nom
> Rendra ton œuvre immortelle de renom
> Qui te fera peut-être, si bon heur,
> Que le profit sera joint à l'honneur.
> Donc, pour ce faire, il faudrait que tu prinses
> Le droit chemin du service des princes,
> Même du roi qui chérit et pratique
> Par son haut sens ce noble art poétique.

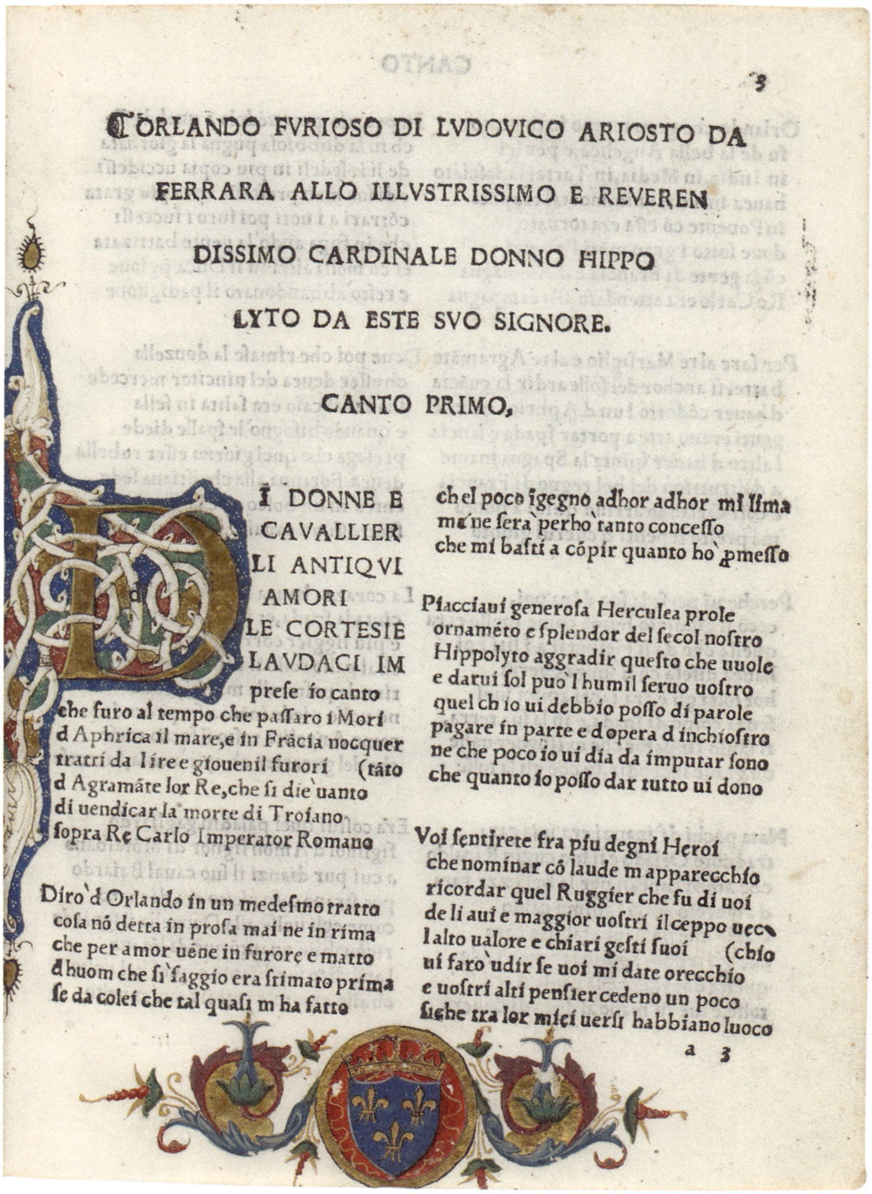
3

ORLANDO FVRIOSO DI LVDOVICO ARIOSTO DA FERRARA ALLO ILLVSTRISSIMO E REVEREN DISSIMO CARDINALE DONNO HIPPO LYTO DA ESTE SVO SIGNORE.

CANTO PRIMO.

LE DONNE E CAVALLIER LI ANTIQVI AMORI LE CORTESIE LAVDACI IM prese io canto
che furo al tempo che passaro i Mori
d Aphrica il mare,e in Fràcia nocquer
tratti da l ire e giouenil furori (tàto
d Agramâte lor Re,che si die uanto
di uendicar la morte di Troiano
sopra Re Carlo Imperator Romano

Diro d Orlando in un medesmo tratto
cosa nó detta in prosa mai ne in rima
che per amor uéne in furore e matto
d huom che si saggio era stimato prima
se da colei che tal quasi m ha fatto
che el poco igegno adhor adhor mi lima
me ne sera perho tanto concesso
che mi basti a cópir quanto ho pmesso

Piacciaui generosa Herculea prole
ornaméto e splendor del secol nostro
Hippolyto aggradir questo che uuole
e darui sol puo l humil seruo uostro
quel ch io ui debbio posso di parole
pagare in parte e d opera d inchiostro
ne che poco io ui dia da imputar sono
che quanto io posso dar tutto ui dono

Voi sentirete fra piu degni Heroi
che nominar có laude m apparecchio
ricordar quel Ruggier che fu di uoi
de li aui e maggior uostri il ceppo uec
l alto ualore e chiari gesti suoi (chio
ui faro udir se uoi mi date orecchio
e uostri alti pensier cedeno un poco
siche tra lor miei uersi habbiano luoco

a 3

C'est probablement son auteur lui-même, le poète Ludovico Ariosto, dit L'Arioste, qui destina à François Ier cet exemplaire de présentation de la première édition imprimée de son grand œuvre, le *Roland furieux*. Ce texte en quarante mille vers, qui eut un grand succès, narre la guerre entre Charlemagne et les Sarrasins ainsi que les amours de Roland et d'Angélique, ainsi que de Roger et Bradamante, ancêtres imaginaires de la dynastie d'Este. L'Arioste espéra en vain être appelé en France par le roi, dans la lignée de Léonard de Vinci.

Ludovico Ariosto, *Orlando furioso*, Ferrare, Giovanni Mazocco da Ferrara, 1516, enluminé par un artiste anonyme. BnF, Réserve des livres rares, Rés. Yd-242, f. 3.

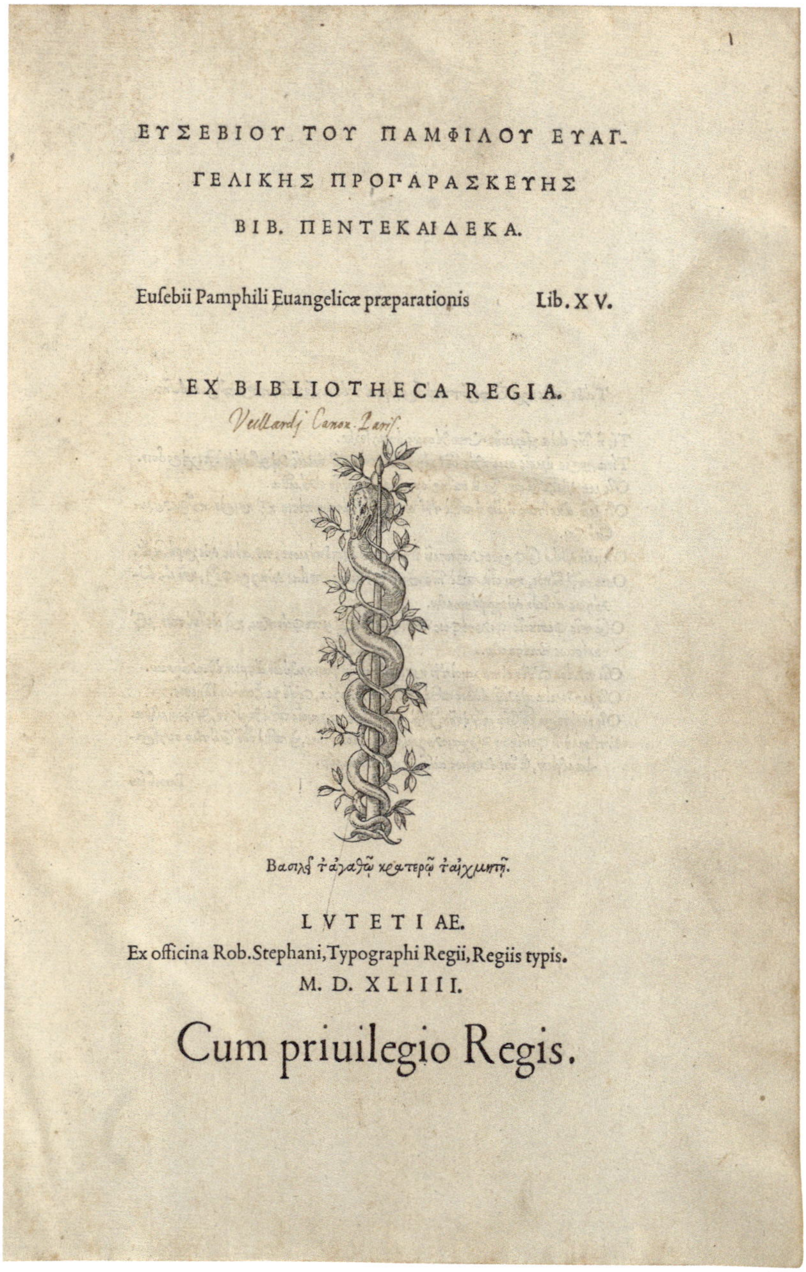

ΕΥΣΕΒΙΟΥ ΤΟΥ ΠΑΜΦΙΛΟΥ ΕΥΑΓ-
ΓΕΛΙΚΗΣ ΠΡΟΠΑΡΑΣΚΕΥΗΣ
ΒΙΒ. ΠΕΝΤΕΚΑΙΔΕΚΑ.

Euſebii Pamphili Euangelicæ præparationis Lib. X V.

EX BIBLIOTHECA REGIA.

Βασιλεῖ τ' ἀγαθῷ κρατερῷ τ' αἰχμητῇ.

LVTETIAE.
Ex officina Rob. Stephani, Typographi Regii, Regiis typis.
M. D. XLIIII.

Cum priuilegio Regis.

Le premier texte à être imprimé avec les « grecs du roi » fut l'*Histoire ecclésiastique* d'Eusèbe de Césarée, en 1544, à partir d'un exemplaire de la Bibliothèque royale. Cette origine est clairement indiquée à la page de titre, par la mention en majuscules : « *EX BIBLIOTHECA REGIA*. »

Eusèbe de Césarée, *Histoire ecclésiastique* [en grec], Paris, Robert Estienne, 1544. BnF, Manuscrits, Rothschild 37, f. 1.

Le souverain écrivit notamment des vers qui ont souvent été considérés comme médiocres par l'historiographie contemporaine, même s'ils furent largement diffusés en France du vivant même du souverain.

Comme on l'a dit, cette « politique littéraire » ne se développa véritablement qu'après son retour de captivité, le conquérant vaincu laissant place au grand prince humaniste. Soutenus et encouragés, les auteurs rivalisèrent de louanges envers lui. Dans la préface de sa traduction des *Oraisons* de Cicéron livrée vers 1527-1529, l'officier et homme de lettres Étienne Le Blanc déclare par exemple que le roi avait fait fleurir les lettres latines et grecques grâce à sa victoire à Marignan. Comme pour Budé, et beaucoup d'autres, il s'agissait bien naturellement de flatter le souverain, ici dans un contexte difficile, mais ces propos témoignent aussi d'une admiration sincère qui fit beaucoup pour sa postérité.

François Ier s'attacha aussi à permettre l'accès aux savants des textes rares conservés dans sa bibliothèque, et à en autoriser la publication. À partir de 1527, Jacques Colin fit imprimer plusieurs des traductions d'auteurs grecs livrées par Claude de Seyssel à Louis XII, insistant sur la volonté royale de diffusion des savoirs. Il s'agit de l'acte de naissance des impressions « *ex Bibliotheca regia* », c'est-à-dire exécutées à partir des exemplaires présents dans la Bibliothèque royale. Un mouvement était lancé, qui allait perdurer au-delà du règne.

La couronne s'essaya aussi à une forme d'institutionnalisation de la diffusion des textes. Créée en 1531 pour Geoffroy Tory, la charge d'imprimeur du roi fut déclinée dans plusieurs domaines : imprimeurs royaux pour le grec (Conrad Néobar) et l'hébreu (Robert Estienne) en 1539 ; pour la musique (Pierre Attaingnant) en 1540 et pour la langue française (Denis Janot) en 1543. La commande de caractères d'imprimerie en grec, les fameux « grecs du roi », passée par Du Chastel au fondeur Claude Garamont pour Robert Estienne en 1540, répondit à la volonté royale de diffuser en langue originale l'exceptionnelle collection qu'il avait réunie. Il ne s'agit pas pour autant de la création d'une réelle imprimerie royale – ce sera l'œuvre de Richelieu un siècle plus tard –, mais bien d'encourager la diffusion par un soutien, y compris financier, et une forme de protection. C'est également dans ce contexte que furent octroyés des privilèges d'impression, qui donnaient à un imprimeur-libraire l'exclusivité, garantie par le pouvoir royal, pour un temps donné, de l'exploitation d'un texte.

Héritier d'un goût familial pour le livre et pour la connaissance en général, protecteur des écrivains, tant par goût que par intérêt, François Ier ne fut pas seulement un roi bibliophile. Sa collection l'a placé, une fois de plus, au premier rang des souverains européens, sa quête des textes rares en latin, et surtout en grec, conservés au château de Fontainebleau confortant la place de la prestigieuse résidence royale comme « nouvelle Rome », centre artistique mais aussi savant, au cœur de la Renaissance humaniste. De cette volonté de diffusion des savoirs découlait presque naturellement une autre volonté, pourtant antinomique, du contrôle de la connaissance et de sa diffusion, qui rejoignait le souci du roi de maîtriser son image par le faste mais aussi par une forme embryonnaire de propagande. Plus encore, le système des privilèges d'impression, qui apportait certes aux éditeurs l'assurance de bénéficier durant un temps encadré du fruit financier de leurs publications, interdisait aussi la circulation de certains textes et partant freinait la diffusion d'idées contraires à la suprématie du trône, qu'elles soient hérétiques ou séditieuses. En quelques années, François Ier mit en place et développa deux institutions majeures, appelées à un riche développement ultérieur et qui occupèrent une place centrale au sein de l'appareil monarchique durant tout l'Ancien Régime : d'une part, la Bibliothèque royale, cœur battant de la vie savante du royaume ; d'autre part, les privilèges délivrés par la chancellerie, qui allaient donner naissance, au siècle suivant, au bureau de la Librairie et donc à la censure d'État.

---

1. U. Baurmeister et M.-P. Laffitte, *Des livres...*, p. 223-226 ; M.-P. Laffitte et F. Le Bars, *Reliures royales...*, p. 11-21 ; M. Hermant (dir.), *Trésors...*, p. 19-211 ; M. Hermant, « De François Ier à Henri IV. La bibliothèque des rois de France entre Blois, Fontainebleau et Paris », dans B. Blasselle et G. Toscano (dir.), *Histoire...*, p. 67-74.
2. M. Hermant et S. Lepape, *Les Heures...*, p. 91-93.
3. H. Omont, *Anciens Inventaires...*, vol. 1, p. I-II.
4. M. Hermant (dir.), *Trésors...*, p. 121-134.
5. A. de Beatis, *Voyage...*, p. 150-151.
6. M. Hermant (dir.), *Trésors...*, p. 153-165.
7. O. Mattéoni (dir.), *Les Bourbons...*, p. 8-9.
8. M. Hermant (dir.), *Trésors...*, p. 273-280.

▸ Par la lettre qu'il envoya à François Ier en 1536, Soliman informa celui-ci de sa guerre contre le chah d'Iran, Tahmasp Ier, et de son acceptation d'une ambassade permanente à Constantinople, dont le premier titulaire fut l'abbé Jean de La Forest, un des secrétaires du roi. Ainsi commencèrent les relations diplomatiques officielles entre la France et la Sublime Porte.

Lettre de Soliman le Magnifique à François Ier (détail), Constantinople, 6 avril 1536. BnF, Manuscrits, Supplément turc 822.

CHAPITRE 6

Le temps des incertitudes

« Toutes ces raisons, fondées sur les faits par moi recueillis à la cour de France [...] vous amènent d'abord à croire qu'une paix universelle n'est pas à espérer de sitôt [...]. Il est possible cependant que tout au moins un accord quelconque soit conclu : il faut espérer dans les nécessités du temps, dans l'humanité du roi, qui gémit sur les maux des peuples chrétiens, et dans les insinuations du connétable. Il fait tout en France, comme il lui plaît, et il voit bien que la paix seule peut lui conserver cette grande autorité [...]. »

Rapport de Francesco Giustiniano à la Sérénissime après son ambassade en France en 1537, dans *Relations...*, vol. 1, p. 181-184.

Au début des années 1530, rien ne semblait pouvoir s'opposer à Charles Quint, à la tête d'un empire « où le soleil ne se couchait jamais[1] ». L'empereur rêvait d'une monarchie universelle. De fait, son empire, devenu gigantesque, s'étendait sur le Saint Empire, les Pays-Bas, la Lombardie, le royaume de Naples, l'Espagne, auxquels s'ajoutaient en Amérique, la Nouvelle-Espagne (au nord) et la Nouvelle-Castille (au sud). De ces derniers territoires provenaient d'importantes quantités d'or. En Angleterre, l'impétueux Henry VIII avait lui aussi affermi son pouvoir. Il allait bientôt rompre avec Rome, prononcer la dissolution des monastères et fonder l'Église anglicane dont il serait le chef.

En France, la disparition de Louise de Savoie, l'ascension de nouveaux personnages, comme Anne de Montmorency, la montée des périls à l'intérieur du royaume, en particulier le développement de la Réforme, mais aussi et surtout la volonté de recouvrer le Milanais et de s'opposer à Charles Quint, allaient pousser François Ier à mettre en place d'importantes réformes et à envisager diverses options politiques et diplomatiques, parfois contradictoires, pour tenter de parvenir à ses fins.

Le péril protestant

La montée du protestantisme en France connut de nouveaux développements dans les années 1530, qui poussèrent François à réagir. La réflexion et le mouvement évangélique qu'incarnait le cénacle de Meaux allaient notamment provoquer des tensions que le roi ne pouvait tolérer car celles-ci juraient avec ses fonctions de garant de la concorde et de l'ordre social.

En 1530, la création par le souverain du Collège des lecteurs royaux avait d'abord enthousiasmé les humanistes, soucieux de proposer de nouveaux enseignements face à l'ancienne faculté de théologie. Bien que l'enseignement religieux, et tout particulièrement celui de la scolastique, n'entrât pas dans les prérogatives du collège, celui-ci se concentrant sur des matières non enseignées à l'université, la faculté de théologie se méfia et tenta de riposter. Par l'intermédiaire de son doyen, Noël Béda, elle intenta en 1534, devant le parlement de Paris, un procès ciblant Pierre Danes, François Vatable, Paul Paradis et Agacio Guidacerio, tous lecteurs en grec. Il leur était reproché une interprétation erronée des Écritures dans le cadre de leurs cours de langues, la faculté seule étant habilitée en la matière. Il s'agissait aussi d'indirectement inviter le roi, qui par ailleurs ne manifestait toujours aucune hostilité envers Lefèvre d'Étaples, à une plus grande orthodoxie.

En 1531, cette même faculté de théologie avait également accusé Gérard Roussel, l'un des membres du cénacle de Meaux, d'avoir prêché l'hérésie pour le carême au Louvre, en présence de Marguerite de Navarre, dont il était devenu l'aumônier. Le roi calma un temps le jeu en exigeant du prédicateur qu'il fournisse à l'avenir ses sermons en amont de tout prêche afin d'en vérifier le contenu. On opposa cependant les mêmes griefs à Roussel en 1533, toujours pour carême, et toujours au Louvre. Six licenciés en théologie furent alors envoyés à travers la capitale pour prêcher contre les erreurs des luthériens. L'un d'entre eux, François le Picard, accusa d'hérésie le roi de Navarre. Furieux que l'on s'en prenne ainsi à son beau-frère, François Ier décida de bannir le doyen Béda et ses licenciés, les considérant comme coupables d'excitation à la rébellion. Le monarque semblait ainsi prendre fait et cause pour les réformateurs, en s'opposant frontalement à l'autorité de la vieille Sorbonne.

La sœur du roi elle-même, proche comme on l'a dit des humanistes, devint bientôt une des cibles de la faculté de théologie. En 1533, des élèves du collège de Navarre montèrent une pièce satirique où Marguerite prêchait l'hérésie. En représailles, deux professeurs furent arrêtés tandis que le *Miroir de l'âme pécheresse*, poème qu'elle publia anonymement, était mis à l'index. Le nouveau recteur de l'université, Nicolas Cop, fut sommé de s'expliquer et de présenter ses excuses. Fils d'un médecin d'origine bâloise, proche d'Érasme, de Lefèvre d'Étaples et de Budé, Cop avait fait ses études au collège de Montaigu, à Paris. Enseignant la philosophie au collège Sainte-Barbe, il était aussi lié à un autre théologien appelé à devenir célèbre : Jean Calvin. À l'automne 1533, l'impétrant prêcha au couvent des Mathurins. Un de ses sermons explora notamment « la philosophie divinement accordée à l'homme par le Christ afin de manifester la félicité véritable et certaine ». Cop s'en prenait à l'idée de l'accession au salut par les bonnes œuvres, un des fondements du catholicisme. Face aux plaintes, il dut convoquer une assemblée plénière de l'université et finit par s'enfuir, en emportant les sceaux de celle-ci, pour Bâle. Bien que reçu en audience par Marguerite, Calvin lui aussi quitta Noyon pour Bâle, où il allait écrire son *Institution de la religion chrétienne*, traité de théologie appelé à devenir un des ouvrages de référence pour les protestants, et qui s'ouvrait d'ailleurs par une épître adressée à François Ier. Le parlement de Paris ordonna dans la foulée plusieurs arrestations. Conjointement avec la faculté de théologie, les parlementaires mirent en garde le souverain quant à la progression inquiétante de l'hérésie dans la capitale.

En janvier 1534, Noël Béda fut enfin rappelé de son exil pour répondre aux accusations qui pesaient sur lui. Le théologien en profita pour présenter une charge en règle contre le Collège des lecteurs royaux, coupable, selon lui, de saper l'autorité de la Vulgate, version latine de la Bible établie par saint Jérôme. Le Parlement se rangea à son avis. Béda finit par être de nouveau arrêté et destitué en public au début de l'année 1535, les accusations semblant en réalité cibler, au-delà des seuls lecteurs du collège, le roi en personne.

Le contexte était donc explosif, les deux camps se radicalisant de plus en plus, comme allait le montrer la très célèbre affaire des Placards. Au matin du 18 octobre 1534, les Parisiens se rendant à la messe découvrirent partout dans la ville des affiches portant le titre : *Articles véritables sur les horribles, grands & importables abus de la messe papale*. Elles vitupéraient cette cérémonie en affirmant qu'il n'y avait qu'un seul sacrifice, celui du Christ, que sa perfection interdisait de reproduire. La présence réelle du Sauveur dans l'hostie, au cœur du sacrifice célébré par la messe et l'eucharistie, y était contestée. La transsubstantiation (conversion du pain et du vin en corps et sang du Christ) était présentée comme une invention, la communion n'étant pas un miracle mais un simple service commémoratif. Les positions ici exprimées étaient celle d'un autre réformateur suisse, Ulrich Zwingli, la querelle des sacrements (donnant naissance aux sacramentaires, une des branches de l'Église réformée) étant au cœur de sa réflexion, en rupture complète avec Rome. L'auteur des placards demeura longtemps inconnu

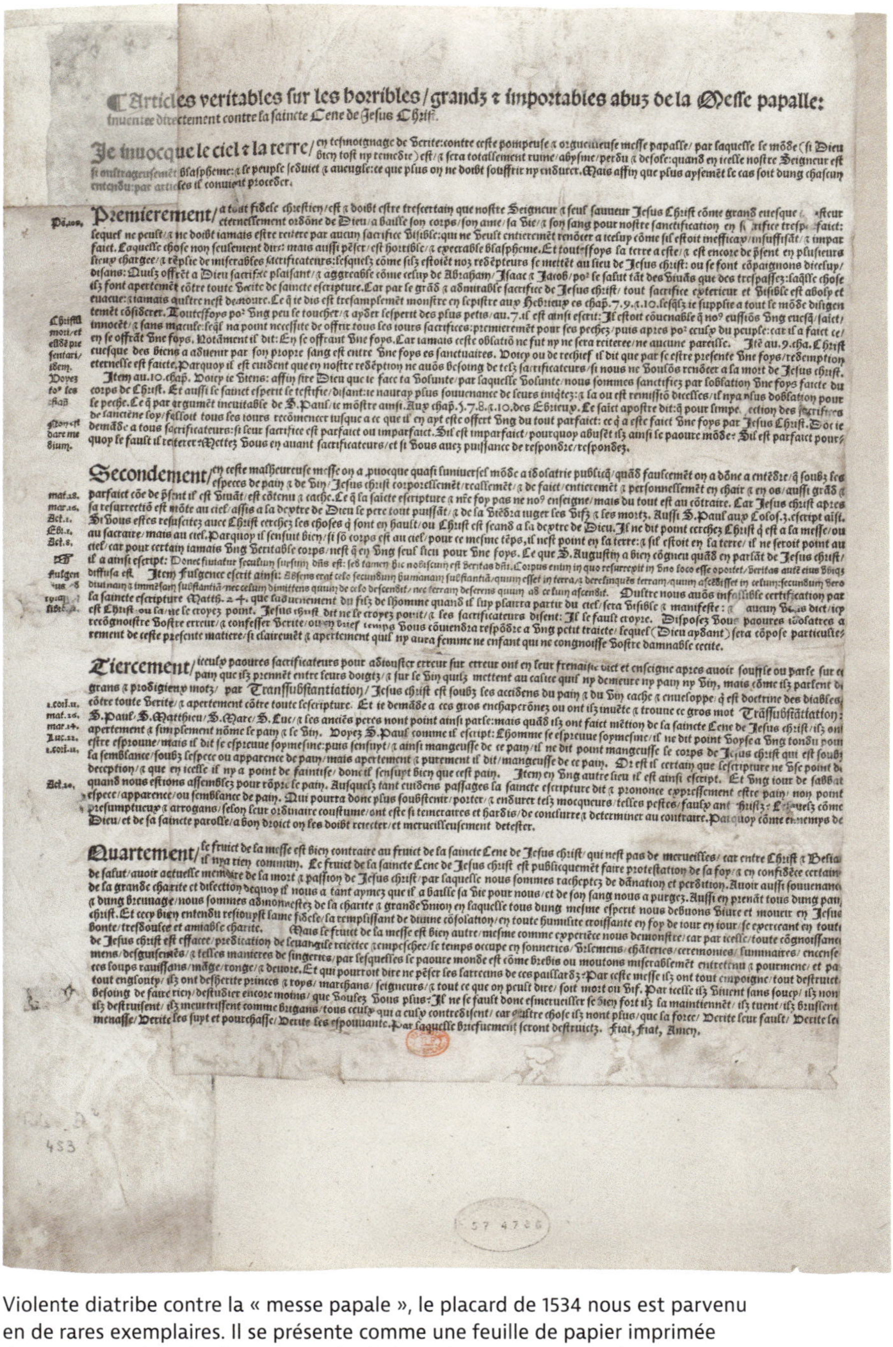
Articles veritables sur les horribles / grands & importables abuz de la Messe papalle: inventee directement contre la saincte Cene de Jesus Christ.

Je invocque le ciel & la terre / …

Premierement / …

Secondement / …

Tiercement / …

Quartement / …

Violente diatribe contre la « messe papale », le placard de 1534 nous est parvenu en de rares exemplaires. Il se présente comme une feuille de papier imprimée de 37 × 25 cm, formée d'un court préambule et de quatre paragraphes.

Antoine Marcourt, *Articles veritables sur les horribles, grandz & importables abuz de la messe papalle inventee directement contre la saincte Cene de Jesus Christ*, Neuchâtel, Pierre de Vingle, 1534. BnF, Réserve des livres rares, D2-543.

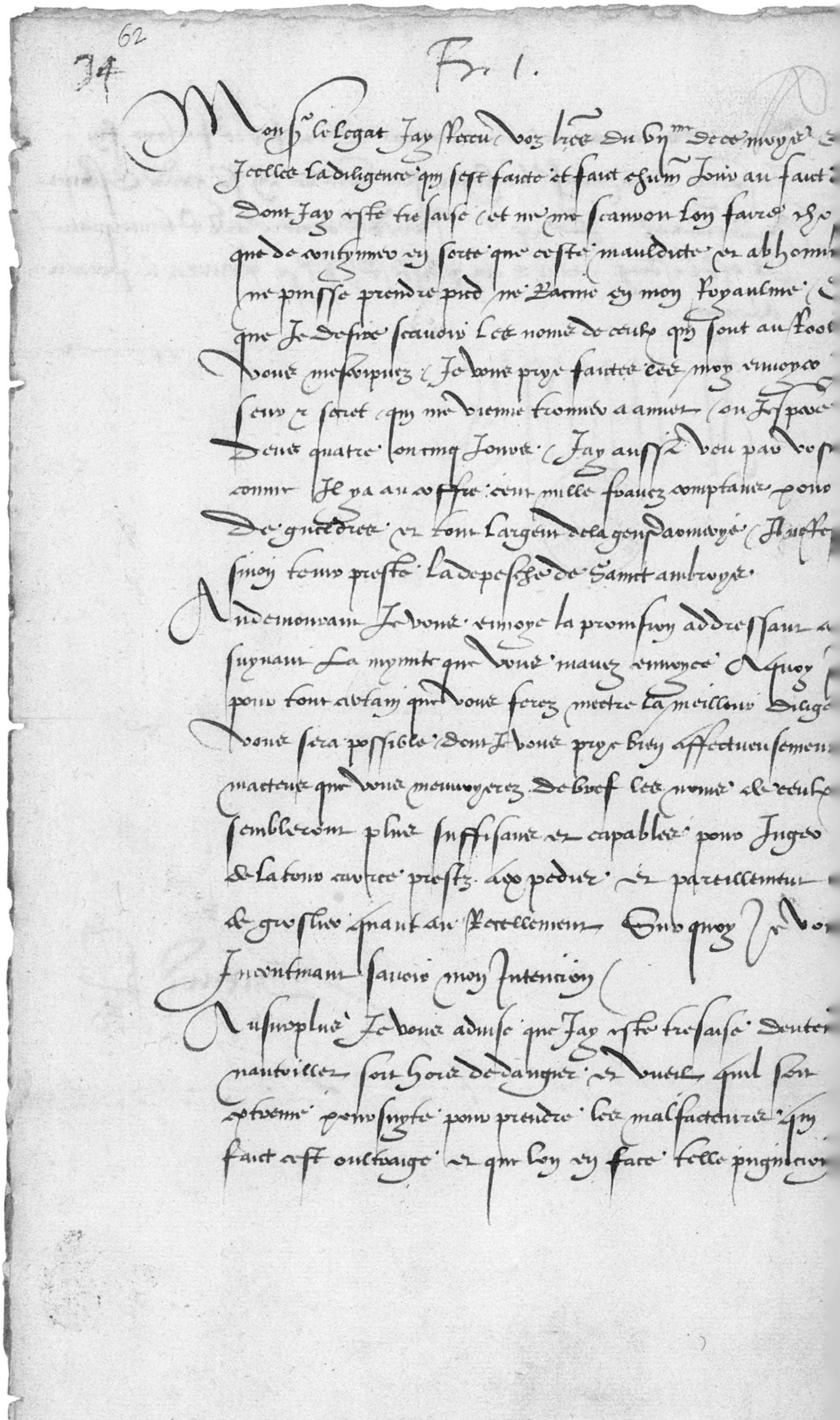

Dans une lettre au chancelier Duprat, François Ier déclara qu'il fallait continuer à œuvrer pour « que cette ceste mauldite et abhominable secte ne puisse prendre pied ne racine en mon royaulme ».

Lettre de François Ier au chancelier Guillaume Duprat, Bonneval, 9 décembre 1534. BnF, Manuscrits, Dupuy 486, f. 81 rº et vº.

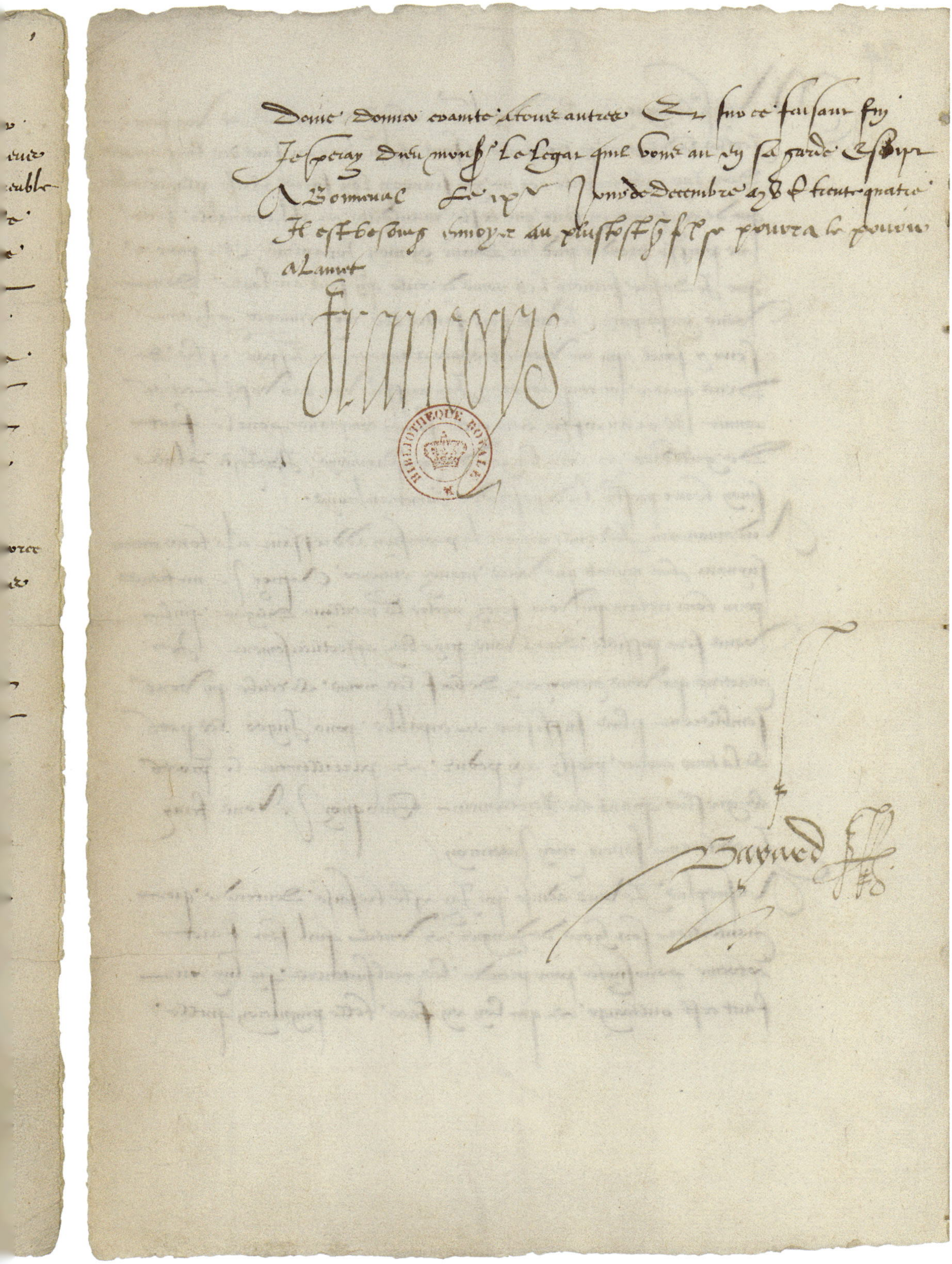
Donc donnes crainte a tous autres. Et sur ce faisant fin
Je prieray Dieu mons[ieu]r le legat qu'il vous ait en sa garde. Escript
a Romorantin le ix[e] jour de decembre m v[c] et vingt quatre
Il est besoing envoyer au plustost qu'il se pourra le pouvoir
a Lamiral
Françoys
Bayard

mais il fut plus tard identifié comme Antoine Marcourt, Français exilé en Suisse, devenu en 1530 le premier pasteur de Neuchâtel[2]. Les affiches furent sans doute introduites en France par Guillaume Féret, serviteur de l'apothicaire du roi de France.

L'affaire fit grand bruit à Paris. Elle eut lieu du reste à un fort mauvais moment, alors que François Ier tentait d'apaiser par la voie diplomatique les risques de schisme religieux en Allemagne. De nombreuses rumeurs se mirent à circuler. On apprit vite que d'autres villes, Orléans, Amboise, Blois, Tours, Rouen, avaient également été touchées par de pareils écrits séditieux. Même si les sources sont quelque peu contradictoires à ce sujet, un placard fut très certainement affiché sur la porte de la chambre du roi à Amboise. Il s'agissait là d'un affront sans précédent envers la personne du souverain, une intrusion dans son intimité. On imagine assez bien la colère du roi, qui changea complètement d'attitude vis-à-vis de la Réforme, passant instantanément de la tolérance à l'hostilité. Une campagne de persécution s'ensuivit, avec toute une série de condamnations au bûcher. Secondant le monarque, le Parlement ordonna une procession expiatoire. Le chancelier adressa une liste de personnes suspectes au roi, qui mit en place une commission de parlementaires pour les juger.

Le retour de François Ier dans la capitale, en janvier 1535, fut marqué par la diffusion du *Petit Traité* d'Antoine Marcourt, paru quelques mois auparavant, qui développait plus amplement la thèse contenue dans les placards. Il s'agissait d'un nouveau pied-de-nez aux autorités. François Ier interdit toute impression et ordonna une nouvelle procession expiatoire, qui eut lieu le 21 janvier. Elle fut particulièrement spectaculaire : les membres des principaux corps constitués, des cours souveraines et les courtisans les plus en vue y participèrent. On sortit de nombreux reliquaires des églises de la capitale, dont celui de la couronne d'épines de la Sainte-Chapelle. Le saint sacrement, si contesté par les réformés français, était au centre de la procession, porté par l'évêque de Paris, sous un dais soutenu par les trois fils du roi et le duc de Vendôme. Le souverain était tête nue, en signe d'humilité. Une messe solennelle fut dite à Notre-Dame. En fin de journée, six condamnés périrent sur le bûcher. Les persécutions se multiplièrent, touchant rapidement aussi les personnes donnant asile aux protestataires.

L'affaire des Placards marqua donc un tournant décisif dans l'histoire de la Réforme française. Ce qui n'était à l'origine qu'une question dérivée de l'humanisme, du rapport et de la transmission des textes, prit dès lors une tournure dogmatique et politique, avant de basculer dans la violence. N'oublions pas que le roi de France était qualifié de « très chrétien » (*rex christianissimus*). Il était le seul souverain à porter ce titre, reconnu

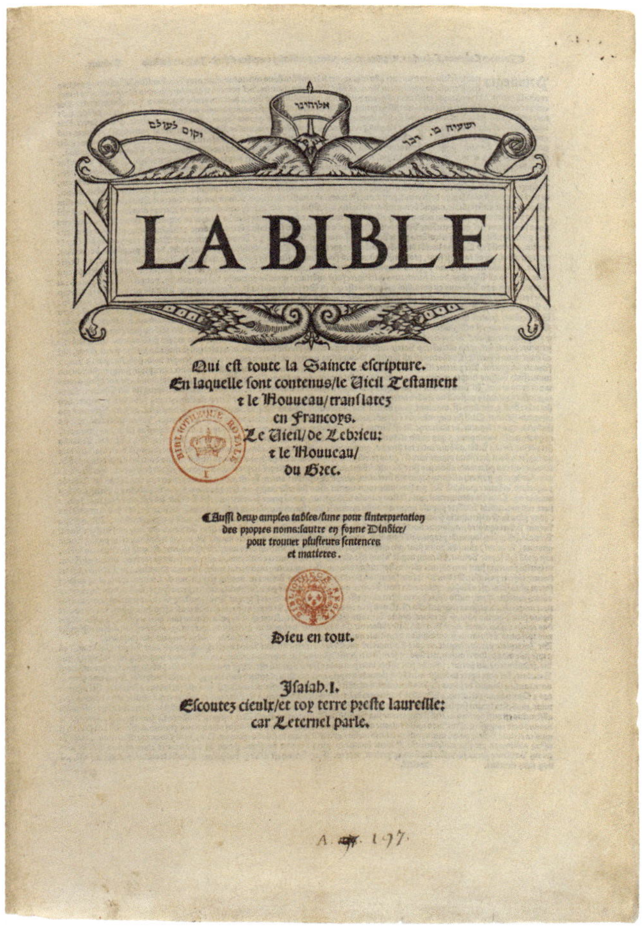

Première traduction en français, non à partir de la Vulgate en latin, mais des textes originaux hébreux et grecs, la Bible d'Olivétan a connu un grand succès et de nombreuses rééditions.

La Bible qui est toute la saint Escripture, en laquelle sont contenus le Vieil Testament & le Nouveau translatez en françois, le Vieil de l'ebrieu & le Nouveau du grec, dite Bible d'Olivétan, Neuchâtel, Pierre de Vingle, 1535. BnF, Réserve des livres rares, A-310, page de titre.

par la papauté depuis la fin du XIVe siècle. Pour François Ier, l'attaque contre le dogme fondamental de la foi catholique et la menace de désordre social impliquaient une réaction ferme. S'il s'agissait d'une aubaine pour le Parlement et la faculté de théologie, qui purent s'afficher comme les meilleurs soutiens du trône, la sévère répression contre les protestants français, sans compter l'instauration de rapports chaleureux entre le roi de France et le sultan, ne tardèrent pas à ternir l'image de François Ier outre-Rhin. Habile politique, le roi savait cependant manier le chaud et le froid : le 16 juillet 1535, l'édit de Coucy vint ainsi officiellement mettre fin à la persécution contre les protestants. Le royaume fut à ce moment déclaré débarrassé de l'hérésie. On libéra les prisonniers et les exilés rentrèrent après avoir accepté d'abjurer, à l'exception notable des sacramentaires qui ne purent bénéficier de l'amnistie. Cet édit coïncidait avec la reprise

Parue à Mayence en 1522 puis à Bâle en 1524, *La Paraphrase de l'Évangile selon saint Matthieu* d'Érasme fut interdite en France en 1527 par la faculté de théologie de Paris. Le Tourangeau, notaire et secrétaire du roi, René Fame en offrit pourtant une traduction, du latin au français, au roi, en 1539. Cet exemplaire de luxe, doté d'un riche frontispice peint, fut placé par le souverain dans son cabinet privé du château de Fontainebleau. Il témoigne de l'ambivalence de François Ier et de son intérêt, durant tout son règne, pour les textes issus de l'humanisme.

Érasme, *Paraphrase sur l'Évangile selon saint Matthieu*, trad. française par René Fame, Paris, 1539, enluminé par Noël Bellemare. BnF, Manuscrits, Français 934, f. 1 v°.

des négociations avec les protestants d'Allemagne, réunis depuis 1531 au sein d'un nouveau système d'alliance, la ligue de Smalkalde, formée par sept princes souverains et onze villes libres. Cette coalition, d'une puissance non négligeable, s'opposait frontalement à Charles Quint et pouvait représenter un atout majeur dans le jeu diplomatique du roi. Les princes protestants allemands gardaient cependant une certaine méfiance vis-à-vis du versatile François Ier, d'autant que les persécutions continuaient, de fait, malgré l'édit de Coucy. Elles touchèrent tout particulièrement en juillet 1535 les Vaudois de Provence, disséminés dans la vallée de la Durance. Suivant les doctrines du prédicateur Pierre Valdo, fondateur en 1170 des Pauvres de Lyon, ils estimaient que la probité spirituelle était essentielle dans l'administration des sacrements, rejetaient l'existence du purgatoire, l'invocation et le culte des saints et de la Vierge, reconnaissaient que l'adoration était possible en dehors des églises. Ils continuaient d'aller à la messe, mais pratiquaient leur culte à la nuit tombée, avec des prêtres souvent itinérants. Au synode de Chanforan, dans le Piémont italien, en 1532, ils décidèrent d'adhérer au mouvement réformé. Ils portèrent un projet de traduction de bible en français, la Bible vaudoise, qui fut publiée à Neuchâtel en 1535 par Pierre de Vingle. Pierre Robert, *alias* Olivétan, cousin de Jean Calvin, en fut le traducteur.

Entamant un nouveau revirement, François Ier ordonna fin 1538 au parlement de Toulouse de poursuivre les hérétiques. Le 1er juin 1540, il promulgua l'édit de Fontainebleau. L'hérésie devenait définitivement une affaire politique, lourde d'une guerre civile sans précédent : les cours ecclésiastiques, normalement compétentes en cette matière, perdirent leurs prérogatives au profit des parlements, sauf pour les clercs des ordres majeurs ; abriter ou aider un hérétique devint un crime de lèse-majesté ; lutter contre l'hérésie gangrénant la société devait être l'affaire de tous, « comme un chacun doit courir à estreindre le feu public ».

Le renforcement de l'État

Au mitan du règne, la situation du royaume de France s'avérait dégradée. Il est difficile d'obtenir des chiffres précis quant aux finances royales, les comptes de la monarchie ayant été largement épurés lors des tris révolutionnaires, qui n'ont épargné, à titre d'échantillons, que quelques registres épars aux Archives nationales tandis que d'autres furent acquis par la Bibliothèque nationale de France[3]. L'incendie de la Chambre des comptes de Paris en 1737 avait également déjà entraîné de lourdes pertes.

En dépit des apories documentaires, tous les témoignages subsistants confirment que François Ier avait constamment besoin d'argent. Les dépenses de son gouvernement en excédaient largement les ressources, entraînant un besoin incessant de subsides. Sans surprise, celles liées aux affaires étrangères connurent une véritable explosion, passant de 150 000 livres en 1515 à près de 800 000 en 1532 – lorsque l'on sait que les revenus annuels de l'État royal oscillaient entre 2,4 millions de livres en 1515 et 4,6 millions en 1544. Le coût des mercenaires tripla durant la même période. Les dépenses liées à la seule guerre de 1536-1538 s'élevèrent à 15 millions. Les entrevues diplomatiques coûtèrent également cher aux finances royales, en particulier le camp du Drap d'or, comme on l'a vu plus haut. Pour la venue de Charles Quint en 1539-1540, on provisionna pour près de 200 000 livres de bagues en or et de soieries. Le roi prit en outre l'habitude de verser d'importantes sommes à des puissances étrangères pour obtenir leur soutien, comme les cantons suisses, ou leur neutralité. Il ne faut pas non plus oublier les rançons, celle exigée par la paix de Cambrai de 1529 s'élevant par exemple à 2 millions de livres, ainsi que les frais liés au mécénat, à la vie de cour et aux constructions.

En conséquence, les impôts, expédients et emprunts augmentèrent de façon continue. Prélevée sur ses sujets, à l'exception du clergé, de la noblesse et des bourgeois de certaines villes qui en avaient obtenu l'exemption, la taille restait l'impôt principal, mais il s'avéra insuffisant. Pour pallier les imprévus, on fondit de la vaisselle précieuse : en 1536, trois des douze coupes commandées trois ans auparavant pour commémorer la rencontre du roi et du pape furent ainsi transformées en pièces d'or. Les villes et les églises de France furent lourdement mises à contribution, non sans contestations. On développa également les décimes, taxe exceptionnelle perçue sur les revenus du clergé de France. Plus largement, on recourut à l'emprunt, notamment auprès des riches banquiers de Lyon. Quand la guerre éclata en 1536, les finances allaient mieux… ou plutôt moins mal.

Afin d'augmenter ses revenus, le roi procéda aussi à des réformes fiscales. L'administration héritée du Moyen Âge devait être remodelée et actualisée afin de s'adapter à un État moderne, à la fois plus lourd et plus complexe[4]. Le monarque avait déjà créé en 1523 le Trésor de l'épargne, organisme chargé de contrôler et centraliser les recettes ainsi que les dépenses. Les charges des trésoriers de France (finances ordinaires) et des généraux des finances (finances extraordinaires) furent bientôt multipliées. Le but était d'accentuer l'emprise de l'administration royale dans tout le royaume, au détriment des entités locales héritées de l'époque médiévale. François Ier souhaitait en outre que les finances fussent décidées par lui seul en son

Ampliation sur les ordonnances de la police de la ville de paris necessaire de scauoir a tous manans & habitans de ladicte ville Publiee a son de trompes le septiesme iour de Feburier lan mil cinq cens trente neuf.

Cum priuilegio.

On les vend a paris en la rue de la Juifrye a lymaige sainct Pierre & a la premiere porte du Palays par Jaques Nyuerd.

François Ier fut aussi un grand législateur, dans de nombreux domaines. Cette activité fut relayée par les imprimeurs-libraires qui permirent la diffusion par centaines d'exemplaires des principaux actes du souverain. Au frontispice de cette plaquette contenant des ordonnances de police pour la ville de Paris, le roi est représenté assis sur son trône, muni de son sceptre, symbole de son pouvoir.

Ampliation sur les ordonnances de la police de la ville de Paris necessaire de sçavoir a tous manans et habitans de ladicte ville, Paris, Jacques Nyverd, 1540. BnF, Réserve des livres rares, Rés. F-1874, page de titre.

Conseil, ébauche d'une centralisation financière qui allait donner sous les souverains suivants naissance au système du contrôle général, des intendants et du surintendant des finances, c'est-à-dire à l'administration des Finances et du Trésor de l'Ancien Régime avec, à sa tête, un ministre sans le titre, le contrôleur général, à la tête d'un étroit maillage local. L'ordonnance de Rouen de 1532 établit le siège du Trésor de l'épargne au palais du Louvre à Paris. Désormais, les coffres ne suivraient plus la cour. C'est au Louvre que furent désormais versés directement les revenus du roi, à l'exception des parties casuelles. Le but était de créer une réserve d'espèces à disposition, tout en sécurisant l'ensemble. Pour ouvrir les coffres, il fallait utiliser trois clefs, déposées entre les mains respectives des trois organes de contrôle : le premier et le second président de la Chambre des comptes de Paris, les contrôleurs et le trésorier de l'Épargne.

Parallèlement à ce renforcement de l'administration fiscale, le roi se montra implacable pour tout ce qui touchait aux questions d'argent, n'hésitant pas à s'en prendre à ses « gens de finance » si ceux-ci se montraient défaillants dans leurs fonctions. Prévôt des marchands, receveur général de Normandie en 1524, commis de l'extraordinaire des guerres en 1525, général des finances d'outre-Seine-et-Yonne (Île-de-France et Champagne) en 1528, Gaillard Spifame fut ainsi arrêté en 1532. Accusé d'avoir frappé de la fausse monnaie, il fut emprisonné et mourut dans sa cellule en 1535. Sous François Ier, une quarantaine de grands officiers des finances, soit un tiers de ceux-ci, furent traduits devant les tribunaux ou diverses cours et commissions. La plus importante fut celle dite de la Tour carrée, fondée en 1527. Durant dix ans, elle condamna une vingtaine d'officiers ou leurs héritiers. Elle ne fut jamais supprimée, mais elle cessa ses activités vers 1537. Ces procès rapportèrent cependant moins qu'escompté : 150 000 livres tout de même auprès des héritiers de Thomas Bohier, et seulement 20 000 avec ceux de Gaillard Spifame. Les financiers étaient de fait des coupables tout désignés par l'opinion publique, toujours prête à vitupérer contre les aigrefins et la pression fiscale, ce qui explique que le roi n'eut aucun scrupule à les sacrifier.

Les réformes touchèrent aussi le domaine militaire, avec un même but d'efficience. Les armées du roi reposaient encore sur le système de levée médiévale du ban et de l'arrière-ban – les vassaux figurant le ban, les vassaux de ces vassaux l'arrière-ban –, auquel s'ajoutait le recours aux mercenaires. Les Suisses étaient efficaces mais hors de prix et peu fiables, d'autant que planait le risque qu'ils passent au service de l'empereur par l'appât d'un gain supérieur ou si l'argent venait à manquer au Trésor royal. On créa donc en 1535 les légions provinciales, sept légions de gens de pied,

La chancellerie royale fut particulièrement active durant le règne. En témoignent les innombrables lettres patentes ou ordonnances destinées aussi bien à l'organisation des relations avec les souverains étrangers qu'à réglementer ou réformer tous les aspects de l'administration du royaume. Le grand sceau royal, avec la représentation du roi assis sur son trône à l'avers, et les armes de France au revers, appendu aux documents, en marquait l'authentification. L'exemple le plus luxueux est sans nul doute la bulle d'or (sceau en or massif) portée par l'exemplaire envoyé à Londres de la ratification du traité d'Amiens, en lieu et place du traditionnel sceau en cire.

Bulle d'or de François Ier, France, 1527. Kew, The National Archives, E 30/1109.

équipés de piques, de hallebardes ou d'arquebuses, recrutés parmi les natifs des régions du royaume : Normandie, Bretagne, Picardie, Languedoc, Guyenne, Bourgogne-Champagne-Nivernais, Dauphiné-Provence-Lyonnais-Auvergne. L'enrôlement était volontaire et apportait, pour les nobles, une exemption du ban et de l'arrière-ban et, pour les roturiers, celle de la taille. Chacune était constituée de six mille hommes, placés sous le commandement d'un capitaine noble, nommé par le roi, libre de désigner ses officiers. Ces hommes de troupe étaient payés uniquement en temps de guerre, même s'ils étaient blessés ou malades. Ils devaient appliquer un sévère code de discipline. Ce système s'avéra assez décevant, mais il amorçait, lui aussi, l'établissement d'une armée plus moderne.

Conçue par le nouveau chancelier Guillaume Poyet, nommé en 1538, l'ordonnance de Villers-Cotterêts de 1539 instaura quant à elle le « langage maternel françoys » dans les actes publics et, plus largement, entendit réformer la justice[5]. Parmi les nombreux articles (192 en tout) figurait aussi la légalisation de différents types de documents, comme les registres de baptêmes et de décès (par les curés), ou les actes privés de donation (par les notaires). Il s'agit du plus ancien texte normatif encore en vigueur en France, certains de ses articles n'ayant jamais été abrogés. Monument parmi les plus célèbres de l'histoire du droit français, l'ordonnance a fait l'objet d'un véritable mythe, déconstruit par les historiens, celui de l'instauration du français comme langue nationale, ferment de l'unité de la France. Il s'agissait davantage de favoriser l'avènement d'une justice intelligible par rapport au latin, langue savante par excellence, en utilisant une langue commune, le français ou toute forme de patois, même si cette dernière interprétation a été combattue. Il est vrai que François Ier a été le premier promoteur du français dans les lettres, ne serait-ce que dans sa propre bibliothèque.

Du point de vue intérieur, un des apports majeurs du règne fut l'intégration officielle, en 1532, du duché de Bretagne au domaine royal, ce qui acheva un processus commencé quarante ans auparavant avec le mariage de son héritière, Anne, avec Charles VIII puis Louis XII. François Ier avait persuadé son épouse, Claude de France, fille de Louis XII et d'Anne de Bretagne, de lui laisser l'usufruit du duché. En 1524, Claude de France mourut en faisant, par testament, du dauphin François l'héritier de ses biens propres. François Ier continua à en conserver l'usufruit jusqu'à la majorité de ce dernier en 1532. Il le déclara alors duc de Bretagne, ce qui était contraire à l'une des clauses du contrat de mariage de 1499 entre Anne de Bretagne et Louis XII, qui stipulait que le duc ne pouvait être héritier de la couronne de France. En août, les états de Bretagne, convoqués à Vannes par le roi, lui adressèrent une supplique le priant de réunir le duché au royaume tout en conservant leurs privilèges et leurs libertés, essayant bon gré mal gré d'accéder au souhait du souverain tout en tentant de conserver une certaine autonomie. L'édit de Nantes fut signé le 13 août 1532, et le dauphin, nouveau duc sous le nom de François III de Bretagne, couronné le lendemain. De fait, François Ier garda l'administration du duché en main propre. Le nouveau duc mourut en 1536, laissant la place, sans couronnement, à son frère Henri, le futur Henri II. La Bretagne devenait ainsi une simple province du royaume de France.

Par son œuvre intérieure, ses réformes administratives et législatives, tout comme par son entreprise de modernisation du système fiscal, François Ier peut être incontestablement considéré comme un roi réformateur. S'agit-il pour autant d'un âge d'or, d'un « beau seizième siècle », comme l'ont martelé ses nombreux thuriféraires ? Le royaume était régulièrement en guerre, mais les combats touchèrent finalement peu les provinces en dehors de celles du Nord et du Sud-Est. Les épidémies, toujours présentes, se firent moins violentes. L'agriculture était prospère, mais les premiers signes d'essoufflement se firent jour vers 1520, les moyens de production ne

Peinte par Rosso Fiorentino sur la paroi sud de la sixième travée de la galerie François Ier du château de Fontainebleau, la fresque de l'Unité de l'État a été diffusée en gravure (en sens inversé en raison du report du dessin sur la plaque) par Antonio Fantuzzi. La scène exalte le pouvoir du roi, vainqueur représenté en nouveau César, un Gaulois captif à ses pieds, serviteur de la concorde et de l'unité du royaume, comme vient le souligner la grenade qu'il tient dans sa main, symbole de prospérité, d'abondance, de protection et de fertilité.

Antonio Fantuzzi, d'après Rosso Fiorentino, *Le Roi garant de l'unité de l'État*, eau-forte, 1543 (?). BnF, Estampes, Réserve Ed-8(B, 1B)-Fol.

permettant plus d'assurer la totalité des besoins alimentaires d'une population qui aurait considérablement augmenté entre 1450 et 1560, passant, selon les estimations, de 11 à 16 millions d'habitants. Le souverain, *via* ses ordonnances destinées à réformer le commerce, imposer des droits de douane ou maintenir la valeur de la monnaie, tenta aussi d'œuvrer pour le développement de l'économie. Marseille profita par exemple de l'essor du commerce en Méditerranée orientale. Le commerce atlantique semble avoir été tout aussi florissant, le roi décidant de fonder le nouveau port de Grâce, future ville du Havre, dont le plan fut conçu en 1541 par l'ingénieur siennois Jérôme Bellarmato. Porte de l'Italie, la cité de Lyon connut également une prospérité économique certaine, portée par les industries de la soie et l'imprimerie. Pour autant, cet état de grâce n'empêcha pas, en 1529, le déclenchement de « la Grande Rebeyne », révolte lyonnaise causée par la cherté du pain, ciblant de supposés spéculateurs et profiteurs. La prospérité était donc fragile, les sujets les plus modestes ne voyant leurs conditions de vie évoluer que très lentement. Malgré ces tensions et une hausse de la fiscalité, le royaume ne connut cependant aucun grand soulèvement de paysans comme le subissait le Saint Empire à la même époque, mais le mécontentement affleurait.

Le temps des factions : Anne de Montmorency et Anne de Pisseleu

Dans ce contexte troublé, un homme sut assurer son ascension. Né en 1493, fils de Guillaume de Montmorency, seigneur de Chantilly, général des finances du roi, et d'Anne Pot, comtesse de Saint-Pol, Anne de Montmorency devint un des conseillers les plus influents de François Ier. Le jeune homme, qui devait son prénom à sa marraine, Anne de Bretagne, avait été élevé au château d'Amboise, avec le futur roi. De cette proximité durant leur enfance naquit une relation solide qui allait encore se renforcer à l'âge adulte. S'ouvrit alors un « moment Montmorency » que l'on connaît notamment grâce à l'extraordinaire collection de lettres d'Anne de Montmorency – plus de trois mille ! – conservées aux archives du musée Condé à Chantilly, auxquelles s'ajoutent les centaines conservées au département des Manuscrits de la Bibliothèque nationale de France[6].

Sa carrière militaire avait commencé à la bataille de Ravenne de 1512. Il devint rapidement un membre influent de l'entourage du roi, et ce, dès l'accession au trône de ce dernier. Anne le suivit par la suite dans sa campagne italienne et il se distingua à Marignan, faisant montre de ses qualités

On conserve plusieurs portraits d'Anne de Montmorency, peints ou dessinés, à différentes étapes de sa vie. Celui-ci, peint par Corneille de Lyon, a peut-être été exécuté en 1533 ou 1536, en tout cas dans les années 1530 au vu de son âge et de son costume. Grand maître de France, il séjourna à Lyon au moment de l'entrée solennelle de la reine Éléonore de Habsbourg, car chargé par sa fonction des grandes cérémonies de la cour. Il y revint à plusieurs reprises en 1536, afin d'assurer la protection de la Provence et du Languedoc face aux armées impériales.

Corneille de Lyon, *Portrait d'Anne de Montmorency*, huile sur bois, Lyon, 1533 ou 1536 (?). Boston, Museum of Fine Arts, inv. 24.264.

militaires et de son aptitude au commandement. François Ier le nomma capitaine de la Bastille en 1515 et gouverneur de Novare en 1518. Habile négociateur, on le vit ensuite au camp du Drap d'or en 1520, où il disposa de sa propre tente luxueuse. En 1521, il commanda la défense de Mézières, avec Bayard. Malgré sa défaite en 1522 à la bataille de La Bicoque, le roi le nomma maréchal de France en reconnaissance de son courage. Capturé à Pavie en 1525, il fut lui aussi envoyé en Espagne, mais libéré contre rançon peu de temps après, avant d'être chargé en 1530 de ramener en France les deux fils du roi. En 1526, il était devenu grand maître de France, un office particulièrement prestigieux, qui faisait de lui l'ordonnateur de la Maison et du service privé du monarque. Nommé gouverneur du Languedoc la même année, il reçut le château de Fère-en-Tardenois en cadeau pour son mariage en 1527 avec Madeleine, fille de René de Savoie, le demi-frère de la mère du roi, et d'Anne de Lascaris. Au début des années 1530, Montmorency pouvait donc à bon droit passer pour l'homme le plus puissant du royaume après le monarque lui-même.

Cette position privilégiée n'empêchait pas les désaccords, comme le montre son départ de la cour en 1536, au moment où il s'opposa à l'invasion de la Savoie, ordonnée par son ami et maître. Leur brouille ne dura guère, puisque celui-ci l'envoya ensuite comme lieutenant dans le Sud-Est, afin de contrer Charles Quint qui avait envahi la Provence. La paix des Dames n'avait, de fait, rien réglé, François Ier et Charles Quint n'abandonnant pas leurs ambitions territoriales. Couronnement de cette carrière éclatante, Anne de Montmorency fut finalement nommé connétable de France en 1538, ce titre faisant de lui la plus haute autorité militaire du royaume. Brillant tacticien, le nouvel homme fort était pourtant le meneur d'une faction appelant à la paix, ce qui le plaçait *de facto* en opposition au roi et à une bonne partie de la cour, où l'on comptait une majorité de figures bellicistes. Montmorency tâcha pourtant constamment de pousser François sur la voie de la négociation, que ce soit face au Saint Empire, à Henry VIII ou au pape. Il fut ainsi à l'initiative des entrevues de Nice et d'Aigues-Mortes en 1538, dont le but était de sceller une énième réconciliation entre François Ier et Charles Quint, sur fond de pression du pape. Le connétable était par ailleurs entouré de nombreux partisans, parmi lesquels le nouveau dauphin Henri, le cardinal Jean de Lorraine et plus généralement la puissante famille de ce dernier. En 1538, Montmorency fit nommer chancelier Guillaume Poyet, premier président du parlement de Paris, qui avait auparavant été chargé par Louise de Savoie de défendre ses intérêts face au connétable de Bourbon. Il s'employa ensuite à discréditer l'amiral Philippe Chabot, plutôt partisan de la guerre à outrance, qui s'était retiré sur ses terres de Bourgogne.

La multiplication des charges apporta d'importants moyens financiers à Anne de Montmorency, confortant son rang à la cour et son prestige. Il fut un des grands mécènes du royaume sous François Ier et Henri II, appréciant les peintures, les sculptures, les vitraux, les tapisseries, les objets d'art ou les livres, imprimés et manuscrits, souvent richement reliés et enluminés, comme l'est ce petit livre de dévotion. Le connétable fit en outre raser la vieille forteresse médiévale d'Écouen, dans le Val-d'Oise, pour édifier à sa place un somptueux château Renaissance.

Oraison de Jesus Christ qui est le Pater Noster *et le* Credo, Paris, entre 1525 et 1531, enluminé par Étienne Colaud. BnF, Manuscrits, Français 19246, f. 3.

La duchesse d'Étampes sut obtenir une place privilégiée et inédite à la cour, le statut officieux de « maîtresse du roi », tour à tour honnie et courtisée pour son pouvoir politique, appelé à un riche avenir durant l'Ancien Régime. Le roi lui fit aménager une luxueuse chambre, transformée en 1749 en escalier, entre les appartements royaux et la Porte dorée. Chef-d'œuvre de la Renaissance bellifontaine, ce décor de stucs et de fresques a été conçu par Primatice, maître d'œuvre des travaux du château après la disparition de Rosso Fiorentino en 1540.

Francesco Primaticcio, dit Primatice, *Escalier du roi, ancienne chambre de la duchesse d'Étampes au château de Fontainebleau*, vue d'ensemble, 1541-1544.

Corneille de Lyon, *Portrait d'Anne de Pisseleu, duchesse d'Étampes*, huile sur bois, Lyon, vers 1535-1540. New York, The Metropolitan Museum of Art, inv. 29.100.197

Ce dernier fut accusé de malversation par une commission présidée par le chancelier, destitué de ses offices et dignités en 1541, puis condamné à une forte amende. Après deux années de détention dans le donjon de Vincennes, Chabot finit cependant par être réintégré grâce au soutien de la maîtresse du roi, la duchesse d'Étampes, avant de disparaître en 1543. Ce retour en grâce montre que le connétable n'était pas tout puissant.

Le connétable était en effet rapidement entré en conflit avec Anne de Pisseleu, duchesse d'Étampes, devenue la maîtresse en titre du roi. Issue d'une famille modeste mais de vieille noblesse picarde, les Heilly de Pisseleu, membre de la suite de Marie de Luxembourg, douairière de Vendôme, puis fille d'honneur de Louise de Savoie, elle avait dix-huit ans au retour du roi de captivité. On lui fit épouser en 1532 un seigneur ruiné mais titré, Jean IV de Brosse, qui reçut le comté d'Étampes, que le roi érigea en duché en 1536. Décrite par les contemporains comme belle et intelligente, favorable à la guerre contre Charles Quint, elle parvint à détourner le souverain de Montmorency qui fut disgracié en 1541, pour mieux revenir par la suite, sous le règne de Henri II. Avec l'amiral Claude d'Annebault et le cardinal François de Tournon, elle conserva son influence jusqu'à la mort du roi en 1547.

Un nouveau monde ?

L'appétit pour la guerre dont faisait preuve François Ier n'était pas seulement motivé par sa rivalité personnelle avec Charles Quint. Il était aussi à l'unisson d'une époque marquée par une première mondialisation et de son corollaire : l'esprit de conquête. Le XVIe siècle fut en effet celui où les Européens partirent à la découverte du monde. Depuis la première expédition de Christophe Colomb en 1492 à la recherche d'une voie maritime occidentale pour rejoindre les Indes, l'horizon de l'Europe s'ouvrait vers ce qui allait bientôt s'appeler l'Amérique, mais aussi vers la partie méridionale de l'Afrique, avec le passage du cap de Bonne-Espérance, franchi pour la première fois en 1498 par Vasco de Gama. Ces expéditions furent largement soutenues financièrement et politiquement par les rois du Portugal et de Castille-Aragon. En 1494, le traité de Tordesillas opéra, sous l'égide du pape Alexandre VI, un partage des nouveaux mondes entre les deux royaumes, selon un méridien passant à l'ouest des îles du Cap-Vert. À la couronne de Castille revenaient les territoires de l'ouest, à celle du Portugal, ceux de l'est, l'Afrique mais aussi le Brésil, découvert par Pedro Álvares Cabral.

Peint sur une sphère de bois enduite de plâtre, devant son nom à la couleur des océans, le *Globe vert* est attribué au géographe et humaniste Martin Waldseemüller, cartographe au Gymnase de Saint-Dié, dans les Vosges. Exécuté vers 1506-1507, il représente l'ensemble des terres alors connues, dont une partie du continent de l'ouest, qu'il désigne ici pour la première fois comme « America », en référence et hommage au navigateur florentin Amerigo Vespucci, considéré comme le premier à avoir compris que les terres reconnues par Christophe Colomb étaient un nouveau continent et non les côtes de l'Asie.

Martin Waldseemüller, *Globe terrestre*, dit *Globe vert*, Saint-Dié (?), vers 1506-1507.
BnF, Cartes et Plans, Ge A-335 (RES).

Les rois de France successifs, de Louis XI à Louis XII, s'étaient montrés peu intéressés par ces grandes expéditions, soucieux avant tout de développer le commerce par les voies maritimes traditionnelles, en particulier au Levant. Ainsi le sultan mamelouk accorda-t-il à Louis XII en 1511 le droit de commercer en Syrie et en Égypte, tout en octroyant quelques concessions pour les pèlerins. La France bénéficiait pourtant de nombreux atouts : une longue côte atlantique, de nombreux ports et des marins entreprenants. Il lui manquait cependant l'essentiel, à savoir la volonté politique et les subsides du souverain. La question se posa de plus belle sous François Ier, notamment pour des raisons liées au commerce des épices, les Portugais ayant ouvert depuis peu une nouvelle route d'approvisionnement vers les Indes orientales. Les marchands français possédaient des entrepôts à Constantinople, à Beyrouth, à Damas ou à Nicosie. Le roi sembla initialement peu enclin à soutenir des expéditions maritimes, préférant se cantonner aux routes traditionnelles plutôt que de soutenir des entreprises hasardeuses et onéreuses, prenant ainsi l'exact contrepied de Charles Quint, qui avait d'emblée compris l'intérêt d'étendre ses possessions, jusqu'à justifier l'adage selon lequel le soleil ne se couchait jamais sur son empire.

Portugais passé au service de la couronne de Castille, Fernand de Magellan partit en 1519 de Séville vers l'ouest, longea l'Amérique du Sud et trouva le passage vers l'océan Pacifique – nom donné par le navigateur même –, avant de mourir au combat dans les îles Philippines en 1521[7]. Charles Quint avait déjà hérité de sa mère la colonie d'Hispaniola (Saint-Domingue), mais dès 1519, Hernán Cortès débarqua dans le Yucatán. L'Empire aztèque (centre du Mexique) tomba en 1521. L'Empire inca, dans la cordillère des Andes, fut quant à lui mis à terre par Francisco Pizarro qui, en 1533, fit exécuter l'empereur déchu Atahualpa.

Ces conquêtes entraînèrent un afflux considérable d'or en Europe, tout particulièrement entre les mains de Charles Quint. François Ier, qui ne disposait pas d'une pareille manne, commença à développer sa propre flotte en s'appuyant sur les marins normands, en particulier ceux de Dieppe et de Honfleur, qui comptaient parmi leurs rangs de nombreux navigateurs aventureux, dont certains avaient déjà poussé au milieu du siècle précédent le long de la côte de Guinée. Binot Paulmier, dit le capitaine de Gonneville, avait été le premier Français à atteindre le Brésil en 1504. Le Honfleurais Jean Denys et le Dieppois Thomas Aubert explorèrent quant à eux la côte de Terre-Neuve, respectivement en 1506 et 1508. Les frères Jean et Raoul Parmentier, également Dieppois, furent parmi les premiers Français à doubler en 1529 le cap de Bonne-Espérance et à atteindre les Maldives

SEP TEN TRI
TERRA·BIMENES
C L I M A
ANTE·YLLAS
CIRCULUS
OCCEANUS OC
MUNDUS NOVUS
CIR CU L US EQ

Portant le nom de son ancien possesseur au XIXe siècle, l'*Atlas Miller* a été exécuté en 1519 pour le roi du Portugal Manuel Ier. Chef-d'œuvre de la cartographie, il était destiné à montrer la puissance et l'étendue de l'Empire portugais. Il représente le monde connu des Européens juste avant l'expédition de Magellan (1519-1522).

L'Atlantique et le Nouveau Monde (Floride), *Atlas Miller* (détail), Portugal, 1519, dessiné par Lopo Homem, Pedro et Jorge Reinel, enluminé par Antonio de Holanda. BnF, Cartes et Plans, Ge AA-640 (RES).

et l'île de Sumatra. Certains pratiquèrent même la piraterie, à l'image du Honfleurais Jean Fleury qui en 1522 s'empara des bateaux chargés du trésor de l'empereur aztèque Moctezuma, que Cortès destinait à Charles Quint. Issu d'une famille d'origine florentine, Giovanni da Verrazzano fut finalement le premier Européen à explorer, en 1524, au nom du roi de France, la côte atlantique de l'Amérique du Nord. Il donna à ces territoires le nom de « Nova Gallia », autrement dit « Nouvelle France », avant de baptiser certaines contrées d'après le nom de membres illustres de la cour, dont l'actuelle baie de New York, initialement dénommée Sainte-Marguerite en hommage à la sœur du roi. Verrazzano mourut dans les Antilles en 1528, peut-être victime d'indigènes anthropophages.

Un autre armateur du règne de François Ier doit être mentionné : il s'agit du Dieppois Jean Ango, proche de Marguerite de Navarre, qui pratiqua aussi bien le commerce régulier que la course (pratique consistant à attaquer en temps de guerre tout navire battant pavillon d'un État ennemi), ou même la piraterie. Ango lança plusieurs expéditions à Terre-Neuve, en Guinée, au Brésil, en Indonésie, notamment à l'instigation de l'amiral Philippe Chabot, qui souhaitait encourager la colonisation de l'Amérique. Il fut anobli par François Ier, qui le nomma gouverneur de Dieppe. Des prêts répétés au roi finirent par avoir raison de sa fortune, mais le mouvement avait été lancé.

En s'engageant tardivement à la conquête du Nouveau Monde, les Français y importèrent aussi leurs propres conflits, tout en suscitant de nouveaux griefs auprès des puissances rivales. D'importantes tensions se firent ainsi jour avec le Portugal, au sujet du commerce dans les eaux du Brésil et de l'Afrique équatoriale. En 1527, le navigateur Cristovão Jaques captura et exécuta sur ordre de Jean III de Portugal des marins bretons qui chargeaient du bois à Bahia, au Brésil. François Ier estimait en effet que les routes maritimes étaient ouvertes à tous. Il obtint en 1533 du pape Clément VII une modification de la bulle *Inter cætera* de 1493, qui avait fixé une ligne de partage du Nouveau Monde entre le Portugal et l'Espagne.

Il restait cependant des terres à explorer, notamment au Nord. Le grand aumônier du roi, Jean Le Veneur, par ailleurs évêque de Lisieux et abbé du Mont-Saint-Michel, suggéra au roi une expédition de découverte dont il partagerait les frais. Il lui présenta le Malouin Jacques Cartier, qui avait déjà fait le voyage du Brésil et de Terre-Neuve. Ce dernier fut nommé « capitaine et pilote pour le roi ayant charge de voyager et aller aux Terres Neuves passé le détroit de la baie des Châteaux ». Il effectua trois voyages, en 1534, 1535-1536 et 1541-1542, et atteignit le golfe du Saint-Laurent, explorant des terres qu'il nomma « Canada », d'après le mot *kanata* qui signifie « village » en langue iroquoise.

L'armateur dieppois Jean Ango commanda vers 1514-1515 un livre d'heures pour ses prières quotidiennes. Il y est peint, en prière, avec sa femme et sa fille. Ils sont vêtus bourgeoisement, avec des vêtements doublés de fourrure, signe de la richesse et de la réussite sociale de la famille.

Horæ ad usum Rotomagensem, dites *Heures de Jean Ango*, Rouen, vers 1514-1515, enluminé par le Maître des Heures Ango. BnF, Manuscrits, NAL 392, f. 6 v°.

TERRE DV LABOVREVR
CANADA

Aux armes de François Ier et du dauphin, cette mappemonde serait un des premiers planisphères nautiques normands. On y trouve notamment, traduits en cartes, les résultats des expéditions de Jacques Cartier en Amérique du Nord.

Planisphère nautique, dit *Carte harléienne* (détail), Dieppe, vers 1542-1547 Londres, British Library, MS Add. 5413.

Du premier voyage, Cartier rapporta en France des fourrures, échangées contre des armes et des bibelots, ainsi que deux Indiens. La deuxième expédition permit de remonter le cours du Saint-Laurent. La troisième expédition eut pour but de fonder une colonie, d'œuvrer à la propagation de la foi catholique et de trouver le riche et légendaire royaume de Saguenay, somptueuse cité d'or, inventée par le chef iroquoien Donnacona, probablement pour inciter les nouveaux venus à établir des relations commerciales avec son peuple. Cette expédition se fit sous la supervision de Jean-François de La Rocque de Roberval, un militaire que François Ier nomma vice-roi du Canada. Cartier fit édifier le fort de Charlesbourg-Royal, en hommage au troisième fils du roi. On rapporta ce que l'on pensait être de l'or et des diamants, en réalité de la pyrite et du quartz, sans aucune valeur. François Ier, tout occupé à combattre l'empereur, se détourna par la suite de l'exploration des terres de l'Ouest. Les expéditions de Jacques Cartier en Terre-Neuve préparèrent néanmoins le terrain pour celles de Samuel de Champlain sous le règne de Henri IV. Trop peu, trop tard, le roi-chevalier n'était décidément pas doté d'un esprit marin, et il ne rêvait pas d'un monde nouveau.

De Cambrai à l'entente cordiale

En dépit de ses nombreuses clauses qui semblaient mettre fin aux appétits de conquête du roi, la paix de Cambrai n'apporta aucun changement notable dans la politique étrangère de François Ier, pour qui la reconquête du Milanais demeurait une priorité, pour ne pas dire une obsession. Elle offrit néanmoins un moment de répit au souverain.

François Ier tenta rapidement de former une coalition avec les ennemis de Charles Quint : les princes allemands, le roi d'Angleterre, le pape et les Turcs. Une coalition pour le moins fragile, et pour tout dire intenable ! Pour sortir de son isolement, le souverain se montra conciliant, à l'intérieur comme à l'extérieur. La Réforme protestante avait divisé l'Allemagne en deux clans, mais les rapports de plus en plus conflictuels de l'empereur avec les huguenots français ulcéraient, comme on l'a dit, les princes allemands. L'élection en 1531 comme roi des Romains (autrement dit héritier du trône du Saint Empire) de son propre frère Ferdinand, roi de Hongrie et de Bohême depuis 1526, laissait entrevoir un raidissement de la politique impériale face aux protestants. Ceux-ci allaient cependant pouvoir bénéficier d'un nouvel allié de poids venu d'Angleterre. La répudiation par Henry VIII de Catherine d'Aragon en 1532, puis son remariage en 1533 avec Anne Boleyn, rapidement enceinte (elle allait donner naissance à la future Élisabeth Ire),

L'ordre de la Jarretière avait été fondé en 1348 par le roi Édouard III. Plus élevé des ordres de chevalerie britanniques, il servait à distinguer des nobles pour leurs services rendus ou leur loyauté envers le roi. Ses membres étaient d'ordinaire anglais mais cette distinction pouvait être attribuée à des étrangers, en général des souverains. Son octroi, par Henry VIII, en 1532, à Anne de Montmorency fut donc un grand honneur pour ce dernier et un gage du rapprochement franco-anglais. Comme les autres chevaliers, Montmorency reçut un exemplaire des statuts de l'ordre enluminé à ses armes et à celles du roi d'Angleterre.

Statuts de l'ordre de la Jarretière, Angleterre, 1532. BnF, Manuscrits, Français 25271, f. A v°.

provoqua sa rupture avec Clément VII, qui voyait un souverain de premier plan se détacher de l'Église romaine et de ses préceptes pour des raisons de convenances personnelles. La question du divorce alla jusqu'à agiter la faculté de théologie de Paris. Henry VIII fut excommunié le 23 mars 1534, ce qui provoqua un schisme avec Rome. Le souverain se proclama dans la foulée chef de l'Église d'Angleterre, donnant naissance à l'anglicanisme.

Une nouvelle entrevue entre François Ier et Henry VIII, certes moins luxueuse que celle du Drap d'or en 1520, eut lieu du 21 au 29 octobre 1532, pour moitié à Boulogne, pour moitié à Calais. On assista à des combats d'ours et on vit même François Ier danser avec Anne Boleyn, à qui il offrit

Les cadeaux échangés à la Renaissance lors de mariages et d'entrevues diplomatiques rivalisaient souvent de luxe. Le mariage de Henri d'Orléans, futur Henri II, avec Catherine de Médicis, nièce du pape Clément VII, en offre des exemples (ci-dessus et ci-contre) particulièrement spectaculaires.

Valerio Belli, *Cassette Médicis*, Vicence, 1530-1532. Florence, galerie des Offices, palais Pitti, trésor des Grands-Ducs, inv. Gemme 1921, n° 505.

un diamant d'une valeur de 15 000 écus. Le monarque anglais, en retour, effaça une dette française de 300 000 écus. On décida en outre que le duc Henri de Richemont, fils naturel de Henry VIII, serait envoyé en France pour être élevé avec les fils du roi. Thomas Howard, duc de Norfolk, devint chevalier dans l'ordre de Saint-Michel, tandis qu'Anne de Montmorency et Philippe Chabot reçurent celui de la Jarretière. Les deux souverains, enfin, conclurent une alliance… contre les Turcs !

La question d'une alliance avec les Turcs constituait un enjeu diplomatique de plus en plus important, car ceux-ci menaçaient désormais l'Europe centrale et donc la chrétienté dans son ensemble. Conscient du danger qu'ils représentaient, François Ier tenait cependant à les utiliser afin de faire prospérer le commerce français avec le Levant, tout en gênant Charles Quint. Malgré ses promesses, le roi ne cessa donc jamais de négocier avec Soliman, même après que ce dernier eut tenté de prendre Vienne en 1529, à la grande inquiétude des princes européens. En 1535, Jean La Forest fut

Lissier anonyme, d'après Léonard de Vinci, *Cène*, Flandres, entre 1516 et 1524 (?).
Rome, musées du Vatican, Pinacothèque, inv. MV.43789.0.0.

ainsi envoyé à Constantinople et devint le premier ambassadeur permanent auprès de la Sublime Porte, avec la mission de négocier des traités, en particulier les Capitulations de 1536. Celles-ci permirent aux Français d'obtenir d'importants privilèges commerciaux. La Forest mourut en 1537 et fut remplacé par Antonio Rincón, un noble d'origine espagnole devenu maître de l'hôtel du roi de France. Inédites en Europe, ces relations diplomatiques créèrent une forme d'entente cordiale paradoxale entre le champion de l'islam et celui de la chrétienté.

Dans le même temps afin de renforcer les liens entre le royaume de France et le Saint-Siège, François Ier et Clément VII organisèrent une entrevue au sommet, qui eut lieu à Marseille en octobre 1533. Le pape arriva en grande pompe, avec une flotte de soixante vaisseaux. On célébra pour l'occasion le mariage de sa nièce, Catherine de Médicis, avec le deuxième fils du roi, Henri d'Orléans, futur Henri II. Trois ans plus tard, Henri allait devenir dauphin, après la mort prématurée, probablement par pleurésie, de

Psautier du pape Paul III, Rome, 1542, enluminé par Vincenzo Raimondi. BnF, Manuscrits, Latin 8880, f. 182 v°.

son aîné, François de Bretagne. Les noces donnèrent lieu à des échanges de cadeaux, un coffret en cristal, argent doré et émail exécuté par Valerio Belli, ainsi qu'une corne de licorne (de fait, une défense de narval), pour le roi de France, une tapisserie représentant la *Cène* de Léonard de Vinci, pour Clément VII[8]. François Ier obtint le droit de lever une décime sur le clergé de France et le pape fulmina une bulle contre les luthériens qui s'agitaient à l'intérieur du royaume.

La disparition subite du pape en 1534, en raison d'une intoxication alimentaire due à l'ingestion de champignons, rebattit une fois encore les cartes diplomatiques. Le nouveau souverain pontife, Alexandre Farnèse, élu sous le nom de Paul III, souhaitait pacifier la chrétienté, réunir un concile général et lancer une croisade contre les Turcs, contredisant la diplomatie beaucoup plus pragmatique du Français.

Cependant, la priorité de François Ier en matière de politique extérieure demeurait encore et toujours, comme on l'a déjà dit, d'effacer l'humiliation de Pavie par la reconquête du Milanais. À la mort du duc de Milan, François II Sforza, en 1535, le roi de France revendiqua une fois de plus l'héritage du duché, revenant ainsi à son vieux mirage italien. François II Sforza était mort sans héritier : selon le droit féodal, son duché devait donc revenir à son suzerain, autrement dit Charles Quint, perspective que François Ier était incapable d'accepter. Début 1536, les troupes françaises envahirent les terres du duc Charles III de Savoie, à la fois oncle du Valois et beau-frère du Habsbourg. L'armée royale s'arrêta cependant à la frontière lombarde. Charles Quint riposta en envahissant la Provence, mais il se heurta à la défense du connétable Anne de Montmorency, qui pratiqua la tactique de la terre brûlée, ordonnant l'évacuation de la ville d'Aix. L'empereur plia et leva le siège de Marseille.

Poussés par Anne de Montmorency et grâce à l'intercession de Paul III, le roi de France et l'empereur signèrent finalement à Nice, en mai-juin 1538, une trêve de dix ans, même si les pourparlers achoppèrent une fois de plus sur la question du Milanais. En juillet eut lieu une nouvelle entrevue à Aigues-Mortes. Il s'agissait cette fois-ci de sceller une alliance pour combattre la menace protestante et ramener les hérétiques au sein de l'Église. François Ier semblait décidé à faire un ami de son ennemi de vingt ans, en lui proposant une forme d'union sacrée entre les deux grandes puissances. Commença alors une « entente stérile[9] », qui fut surtout bénéfique à la France, puisque Montmorency en profita pour consolider l'occupation de la Savoie et du Piémont. Ces deux régions reçurent un parlement et une chambre des comptes, et on fortifia Turin, François Ier semblant ainsi esquisser une implantation française durable de l'autre côté des Alpes.

Considéré comme un des portraitistes les plus habiles de son temps, le peintre vénitien Titien travailla pour Charles Quint et François Ier. En 1538, Pietro Aretino lui commanda un portrait du roi. Le peintre, qui l'avait peut-être déjà portraituré en 1516 lors de sa rencontre avec le pape Léon X à Bologne, semble s'être inspiré de la médaille fondue par Benvenuto Cellini en 1537. Ce portrait a eu une grande postérité, bien plus que celui peint par Jean Clouet. Vu de profil, le roi s'impose comme un véritable Hercule, avec son impressionnante carrure et sa barbe fournie.

Tiziano Vecellio, dit Titien, *Portrait de François Ier de profil*, huile sur toile, Venise, 1538. Paris, musée du Louvre, inv. 753.

En signe de bonne volonté, François Ier autorisa cependant le libre passage dans le royaume des troupes impériales, en route pour mater la ville de Gand, révoltée contre Charles Quint depuis août 1539, évitant aux soldats impériaux d'emprunter des voies maritimes beaucoup plus hasardeuses. De novembre 1539 à janvier 1540, celui-ci traversa ainsi la France, passant par Bayonne, Bordeaux, Orléans et Paris. Pour le recevoir dignement, on décora les rues de la capitale sur le thème de la Paix et de la Concorde. L'empereur reçut de somptueux cadeaux : à Poitiers, un aigle et un lys, emblèmes des deux royaumes, sur un rocher, le tout d'argent ; à Paris, un Hercule grandeur nature en argent soutenant deux colonnes, sur un dessin de Rosso. L'empereur visita également Chenonceau, Chambord, Fontainebleau, le château de Madrid, le Louvre, Villers-Cotterêts, Chantilly. À Chambord, une compagnie de nymphes et de Dianes chasseresses l'accueillirent à la porte du parc, jetant des fleurs sur son passage, tout en entonnant des chants. À Fontainebleau, il logea dans le pavillon des Poêles, décoré par Rosso et Primatice. De sa fenêtre, il pouvait voir dans la cour de

C'est à l'occasion de l'éphémère traité de Nice et de la réconciliation d'Aigues-Mortes entre François Ier et Charles Quint que le frère de ce dernier, Ferdinand de Habsbourg, alors roi de Hongrie et de Bohême, et roi des Romains, commanda cette armure pour l'offrir au roi de France. Ce dernier ne la reçut jamais, en raison de la rupture de la trêve. Chef-d'œuvre de l'armurier innsbruckois Jörg Seusenhofer, il s'agit de la seule armure pouvant être de façon certaine mise en relation avec François Ier. Elle rend tangibles les extraordinaires taille (près de 2 m !) et carrure du roi.

Jörg Seusenhofer (armurier), Degen Pirger, Hans Polhaimer le Vieux et le Jeune, Paul Dax (graveurs), *Armure équestre de François Ier*, Innsbruck, vers 1539-1540. Paris, musée de l'Armée, inv. G 117.

la Fontaine une haute colonne surmontée d'une flamme brûlant jour et nuit, des flancs de laquelle coulaient de l'eau et du vin. L'illustre visiteur put en outre découvrir la galerie François Ier dont les travaux venaient tout juste de s'achever. À Paris, la grande salle du palais de la Cité, où l'on organisa un bal et un grand banquet, fut parée de tapisseries sur le thème de l'*Iliade* et des Actes des Apôtres, tirées des collections royales. Au centre de la cour du Louvre, où il logea, on avait installé une statue colossale de Vulcain. Le but était assurément de l'impressionner par une débauche de luxe et de faste. Ces efforts de conciliation par les arts furent vains. Le 11 octobre 1540, l'empereur conféra l'investiture du duché de Milan, lors d'une grande cérémonie à Bruxelles, à son fils, l'infant Philippe, le futur Philippe II, ce qui était une provocation à l'encontre de son principal antagoniste. La paix de dix ans fut écourtée. L'effondrement de l'entente franco-impériale entraîna rapidement la disgrâce d'Anne de Montmorency et la victoire du clan de la guerre. La fin du règne semblait bien incertaine.

---

1. G. Frantzwa, *Le Rêve brisé*..., p. 111-163.
2. G. Berthoud, *Antoine Marcourt*..., p. 157-160.
3. AN, KK 91 à 104 et BnF, Manuscrits, Français 10383 (comptes du camp du Drap d'or) et 10388 (comptes de l'entrevue de Boulogne).
4. B. Barbiche, *Les Institutions*..., p. 254-255.
5. B. Cerquiglini, « 1539. Le français sur ordonnance », dans B. Cassin, *Le Livre*..., p. 79-80.
6. T. Rentet, *Anne de Montmorency*..., p. 7-14.
7. C. Hofmann, H. Richard, J.-Y. Sarrazin et E. Vagnon (dir.), *L'Âge d'or*..., p. 110-113.
8. P. C. Marani (dir.), *La* Cène *de Léonard de Vinci*..., n° 22 (notice A. Rodolfo).
9. R. Knecht, *Un prince*..., p. 397-410.

▸ Conservé au prieuré de Haute-Bruyère jusqu'à la Révolution française, le cœur du roi fut placé dans un monument en forme d'urne funéraire commandé en 1550 au sculpteur Pierre Bontemps. Achevé quelques années plus tard, il célèbre par son décor le prince mécène que fut François Ier. Les bas-reliefs allégoriques ont ainsi pour thème l'architecture, la sculpture, la peinture, la géométrie (urne), l'astronomie, la musique instrumentale, le chant, la poésie lyrique (piédestal).

Pierre Bontemps, *Urne funéraire du cœur de François Ier*, Île-de-France, vers 1550-1556. Saint-Denis, basilique – cathédrale.

CHAPITRE 7

Le crépuscule d’un roi

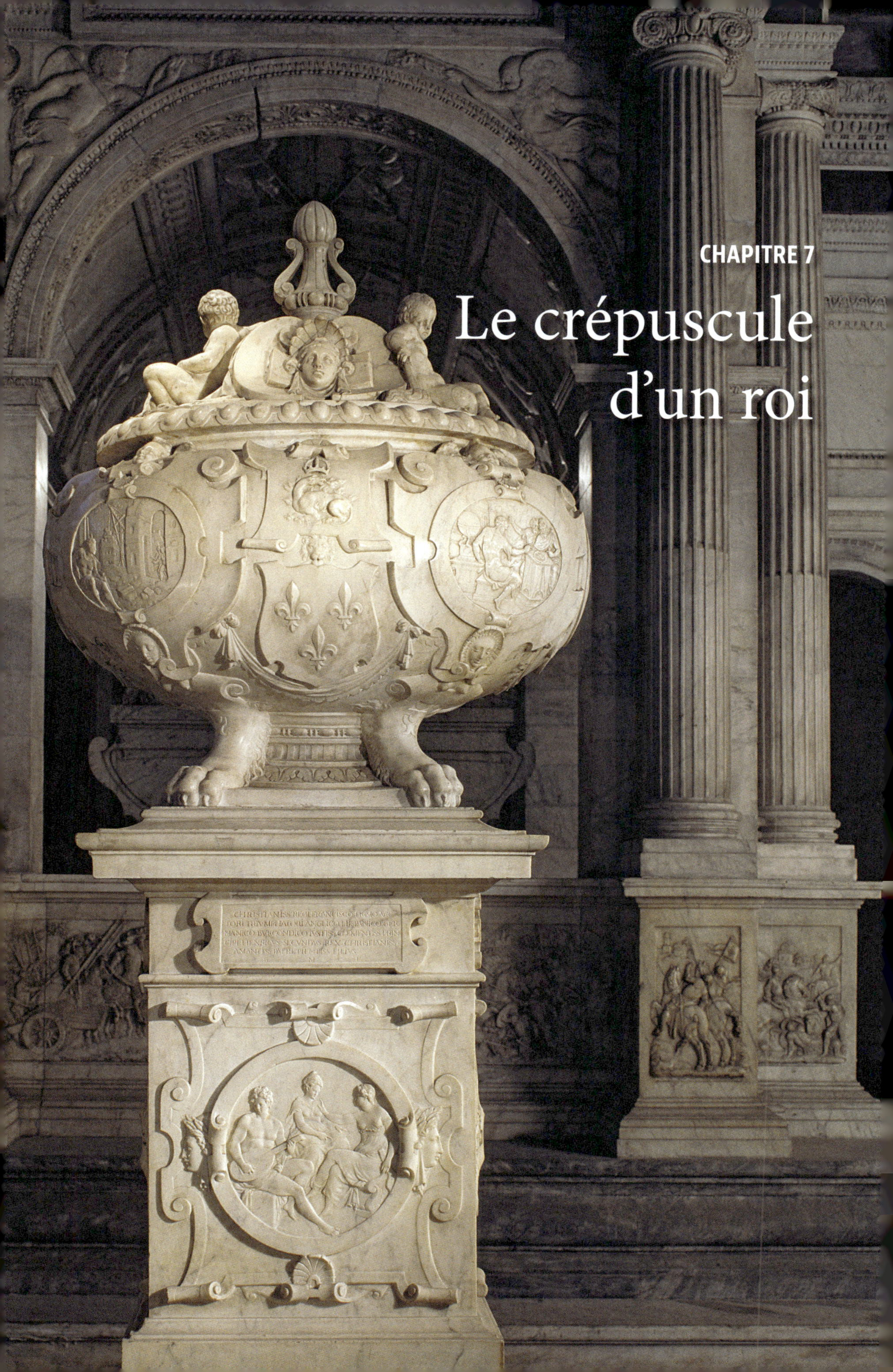

« Cet ulcère maling, qui luy estoit venu l'an 1539, n'ayant pu estre guéry par ses médecins, qui n'osèrent pas le traitter avec la rigoureuse méthode qu'il faut apporter à ces maux-là, s'estoit traisné jusqu'au col de la vessie, et commençoit à le ronger avec des ardeurs insupportables. Tellement que cette douleur et l'âcre levain de cette infection, qui estoit espandu par toute l'habitude du corps, lui causoient une fièvre lente et une morne fascherie, qui le rendoient incapable d'aucune entreprise. »

F.-E. de Mézeray, *Histoire de France…*, vol. 2, p. 581.

Le début des années 1540 marqua l'échec d'un règlement pacifique du conflit entre François Ier et Charles Quint. Tous deux vieillissaient et s'apprêtaient peut-être sans même y songer à transmettre à leurs héritiers leurs querelles territoriales et dynastiques. Un malheur n'arrivant jamais seul, les difficultés s'accumulèrent pour le roi de France sur le plan extérieur. Les princes allemands se méfiaient désormais de lui, d'autant que l'Électeur Maurice de Saxe, succédant à son père Henri en 1541, bien que protestant, apporta son soutien au Habsbourg. Chargé de renouveler l'alliance avec Soliman le Magnifique, Antonio Rincón, qui rentrait en France, fut assassiné en 1541 par des soldats impériaux dans la région de Pavie, vraisemblablement sur ordre de l'empereur, et au grand scandale de l'Europe entière.

Une guerre incertaine et interminable

En 1541, Charles Quint connut un important revers avec l'échec de l'expédition d'Alger, qui visait à mettre fin aux actes de piraterie des Barbaresques en Méditerranée occidentale. Persuadé que son vieil adversaire projetait de le chasser du Piémont, François Ier en profita pour lancer en 1542 une double offensive, qui lui permit en même temps de mettre sa progéniture à l'épreuve. Le troisième fils du roi, Charles d'Orléans, épaulé par le duc Claude de Guise et François d'Aumale (fils de Claude), se vit confier une armée au Luxembourg, tandis que son frère, le dauphin Henri, était chargé de conquérir le Roussillon et Perpignan. Le siège de cette dernière place fut un échec cuisant et le roi fut contraint d'ordonner la retraite. Enchaînant les victoires, Charles d'Orléans abandonna cependant le duché de Luxembourg sous prétexte d'apporter son aide à son frère, cherchant en réalité à l'éclipser. Les deux fils étaient ouvertement rivaux et ne s'entendaient guère, d'autant que la préférence du roi allait nettement à Charles.

Les relations entre la France et l'Angleterre étaient toujours aussi instables avec, comme point de friction principal, la question écossaise. Cette alliance récurrente entre royaumes de France et d'Écosse permettait en effet, vu du continent, de gêner le roi d'Angleterre sur ses frontières du Nord. La défaite du roi Jacques V d'Écosse à la bataille de Solway Moss, suivie de sa mort, en décembre 1542, entraîna une lutte pour le pouvoir entre factions pro-anglaises et pro-françaises. Son héritière Marie Stuart venait tout juste de naître : elle n'avait que six jours, mais elle devint officiellement la nouvelle reine d'Écosse, sa mère étant en réalité une Française, Marie de Guise, fille du duc Claude de Guise. La régence fut provisoirement confiée au faible et irrésolu James Hamilton, comte d'Arran. Cherchant à s'emparer du royaume, Henry VIII persuada les Écossais d'accepter un mariage entre la jeune Marie et son fils, le prince Édouard, le futur Édouard VI. Il fallut plusieurs années pour que le parti pro-français finisse par l'emporter.

En février 1543, Charles Quint et Henry VIII scellèrent une alliance secrète, s'entendant pour envahir la France dans les deux ans. Le roi d'Angleterre lança un ultimatum à François, avant de lui déclarer finalement la guerre en juin. L'armée anglaise ne tarda pas à débarquer à Calais. Des combats eurent ensuite lieu le long des frontières de l'Artois et du Hainaut. Au même moment, l'empereur attaqua le duc de Clèves, allié de la France, qui venait d'envahir le Brabant. Charles d'Orléans et Claude d'Annebault, favori du roi, furent dépêchés pour le soutenir. Ils s'emparèrent de Luxembourg, mais il était déjà trop tard, Clèves s'étant rendue. Pour contrer cette menace, François Ier se rapprocha une fois de plus de Soliman le Magnifique. Les forces navales françaises et ottomanes, s'unissant pour la première fois, mirent le siège devant Nice, alors dépendant du duché de Savoie, tout en faisant face à une résistance farouche. François Ier proposa ensuite à la flotte de Khayr ad-Din Barberousse, grand amiral de la flotte ottomane, d'hiverner dans la rade de Toulon, ce qui causa un grand émoi dans la chrétienté. Cette base arrière permit aux improbables alliés de menacer les côtes italiennes contrôlées par Charles Quint. Les Ottomans

La décision de construire la ville nouvelle de Vitry-le-François, nommée en l'honneur du souverain, fut prise en 1545. Les travaux furent donc pour l'essentiel exécutés après la mort du roi. Le plan caractéristique de la ville, en damier, avec des rues se coupant à angle droit, en îlots, autour d'une place centrale, avec des fortifications ponctuées de bastions et dotées d'une garnison, est caractéristique de l'influence italienne en matière de protection des villes face aux innovations militaires du milieu du XVIe siècle, marqué par la généralisation de l'artillerie.

Claude Chastillon, *La Ville de Victry le François*, Paris, vers 1644. BnF, Cartes et Plans, Ge BB-246 (IX, 173).

quittèrent leur port d'attache début 1544, non sans avoir reçu une lourde compensation de 800 000 livres de la part de François Ier. Soliman attaqua parallèlement la Hongrie, avec l'aide de troupes françaises. Face à cette résistance inattendue, Charles Quint et Henry VIII renouvelèrent leur entente fin décembre 1543. Le premier attaqua la Champagne, le second la Picardie. Cette nouvelle alliance franco-impériale incita le roi de France à rappeler ses troupes, qui avaient commencé à faire des incursions dans le Piémont.

Fortifiée par Girolamo Marini, la ville de Saint-Dizier offrit plus de résistance que prévu aux armées impériales. Elle finit cependant par capituler à l'été 1544. Après cette victoire, Charles Quint était résolu à continuer sa marche vers Paris, en dépit de l'avis de certains de ses conseillers. C'est dans ce contexte qu'eut lieu la destruction totale du bourg de Vitry-en-Perthois, qui fut appelé par la suite Vitry-le-Brûlé. Ce désastre poussa François Ier à se pencher sur l'épineux problème de la protection de la frontière orientale du royaume : « Et ayant expérimenté par la precedente guerre que la principale descente d'Allemagne pour entrer en ce royaume estoit par la Champagne, et toustefois qu'il n'avoit frontiere en son royaume si mal garnie de place fortes, pour faire teste à une grosse armée, delibera d'y pourvoir[1]. » Il décida de confier à Marini en 1545 la reconstruction et fortification du nouveau Vitry, nommé à dessein Vitry-le-François, non loin de là, cette place forte esquissant le projet de la « ceinture de fer » qui fut concrétisé seulement à la fin du siècle suivant par Vauban.

Continuant sa campagne, Charles Quint prit ensuite la direction de Châlons-en-Champagne, dont le conseil de ville prit peur, ordonnant la destruction des faubourgs, églises comprises, afin que les édifices ne puissent être utilisés comme bases pour les armées impériales. Celles-ci furent arrêtées non loin de là, à Jâlons, mais l'empereur prit encore plusieurs villes plus à l'ouest : Épernay, Châtillon-sur-Marne, Château-Thierry, Soissons, ces défaites françaises ouvrant la route vers Paris. La capitale fut prise de panique, le Parlement ordonna aux couvents de prier et d'organiser des processions pour la paix dans la chrétienté. Cependant, Charles Quint renonça finalement à son dessein, tant par crainte d'un sac de la capitale qui aurait provoqué un scandale – celui de Rome restant bien présent dans les esprits – que par manque de moyens financiers. François Ier avait fait le choix, très risqué, de ne pas intervenir, préférant préserver ses troupes en ordonnant une retraite stratégique. Une défaite en Champagne aurait en effet livré Paris à l'empereur tout en ouvrant un boulevard aux Anglais : Henry VIII avait en effet mis le siège devant Boulogne qui tomba en septembre 1544, au bout de deux mois de combats.

Lettres d'enregistrement du traité de Crépy-en-Laonnois par le conseil de ville de Namur, scellées du grand sceau de Charles Quint, Namur, 17 août 1545. BnF, Manuscrits, Mélanges de Colbert 368, n° 336.

L'alerte avait été rude pour le roi de France, mais le conflit s'éteignit de lui-même : Charles Quint était à court de liquidités et les troubles religieux croissants en Allemagne le poussaient à cesser au plus vite le combat afin de s'occuper des affaires intérieures de l'empire. Il accepta donc de conclure rapidement une paix séparée avec François Ier, qui fut signée à Crépy le 18 septembre 1544, sans attendre la réponse de Henry VIII. Un des intermédiaires dans l'établissement de ce traité fut le duc François Ier de Lorraine, qui mena une politique de neutralité entre les deux puissances.

Cette paix – pour tout dire une trêve entre les deux éternels adversaires –, fut également encouragée par la reine Éléonore de Habsbourg et par Anne de Pisseleu. Elle comprenait en réalité deux accords, un public et un privé. Par le traité de paix, le *statu quo* de 1538 fut en premier lieu restauré : Charles Quint abandonna ses anciennes revendications sur la Bourgogne et François Ier celles sur la Savoie et le Piémont. Les clauses suivantes s'accordèrent sur un mariage entre Charles d'Orléans, fils cadet du souverain, et Marie d'Espagne, fille de Charles Quint, ou à défaut Anne d'Autriche, sa nièce, le choix devant être fait par l'empereur dans les quatre mois. À l'occasion de ce mariage, François Ier devait céder à son fils ses droits sur les duchés de Bourbon, de Châtellerault et d'Angoulême. Dans le premier cas, la mariée recevrait en dot les Pays-Bas et la Franche-Comté, dans le second, le duché de Milan. François Ier acceptait enfin d'apporter son aide à l'empereur contre les Ottomans. Cette négociation, qui unissait les Valois et les Habsbourg, permettait ainsi de résoudre la guerre de trente ans entre les deux dynasties.

L'accord secret prévoyait quant à lui une aide du roi de France pour réformer l'Église, réclamer un concile général et éliminer le protestantisme, si besoin par la force. Ce traité fut cependant fort mal accueilli par le dauphin Henri, qui estima que son cadet avait été ouvertement favorisé à ses dépens, mais aussi par Henry VIII et Soliman le Magnifique, qui se sentirent trahis à bon droit par leurs alliés respectifs. Furieux, le sultan alla jusqu'à menacer d'empaler l'ambassadeur français[2] ! La mort brutale de Charles d'Orléans, moins d'un an plus tard, alors que son mariage avec Anne d'Autriche était imminent, rendit pourtant ce traité caduc. François Ier, apprenant la funeste nouvelle au cours d'une chasse, aurait déclaré avoir perdu « celluy par lequel la Chrestienté pouvoir demeurer en perpétuel repos et quietude, celluy qui eust nourry la paix et tranquilité entre les princes[3] ». Privé de son fils préféré, le souverain se rapprocha du dauphin Henri, qu'il fit admettre au Conseil afin de le préparer à son futur rôle de roi.

Malgré la trêve de Crépy, la guerre entre la France et l'Angleterre se poursuivit. Les pourparlers échouèrent tous, Henry VIII refusant de

L'identification de ce portrait dessiné à la pierre noire, avec des lavis roses et des rehauts de peinture jaune et bleue et de sanguine, a longtemps été incertaine. On s'accorde désormais à y voir le troisième fils de François Ier, Charles, qui devint en 1536 duc d'Orléans à la mort de son frère le dauphin François. Il était particulièrement aimé par son père, qui le préférait au dauphin Henri, futur Henri II. Il mourut brutalement en 1545, vraisemblablement victime de la peste.

François Clouet, *Portrait de Charles de France, duc d'Angoulême puis d'Orléans*, France, vers 1545-1547. BnF, Estampes, Réserve Na-22(12)-Boîte Écu.

rendre Boulogne et insistant pour que François Ier retire son soutien aux Écossais. La priorité de ce dernier était désormais de récupérer cette enclave anglaise sur le continent, véritable épine plantée dans son flanc, cet enjeu stratégique faisant même passer au second plan la question milanaise, pourtant son obsession depuis le début de son règne. Avec le soutien des Écossais, le roi planifia en 1544 une invasion de l'Angleterre, à la fois par le nord et par le sud. Quatre cents navires quittèrent Le Havre sous la conduite de l'amiral Claude d'Annebault. Le résultat ne fut pas à la hauteur des attentes et la flotte française ne s'illustra guère au combat, malgré la perte par les Anglais du *Mary Rose*, navire amiral britannique qui coula… accidentellement, le 19 juillet 1545. Les Français débarquèrent

ENRICVS
octauus dei gratia Anglie Francie et Hibernie,
Rex. fidei defensor. et in terra ecclesie Anglica
ne et Hibernice supremum caput. OMNIBUS
et singulis ad quorum manus presentes litere
peruenerint salutem. NOTVM facimus. Q,
cum tractatus quidam perpetue pacis inter ora
tores nostros et oratores et deputatos potentissimi principis Francisci eadem
gratia francorum regis etc fratris et consanguinei nostri charissimi. initus.
conuentus. concordatus et conclusus fuerit. cuius tenor sequitur. NOS Johan
nes vicecomes lisle baro de Malpas et Somercy. preclari ordinis garterij equ
es auratus. Dominus de Basset et Tyasse. magnus Anglie Admirallus. Guil
lielmus Paget eques auratus. et Serenissimi ac inuictissimi principis Henrici
eius nominis octaui Anglie Francie et Hibernie regis. fidei defensoris et in terra
ecclesie Anglicane et Hibernice supremi capitis Secretarius. et Nicolaus Wot
ton legum doctor. ecclesiarum Metropolitanarum Cantuarien et Eboracen
decanus consiliarij. dicti Serenissimi principis in consilio suo priuato. ac com
missarij oratores Ambasiatores procuratores et nuncij speciales dicti Serenis
simi principis. cum Illustri et excellenti domino Claudio dno Dennebault
barone de la hunaudaye de Retz et du Houmet. equite aurato. ordinis diui
Michaelis Archangeli. Mariscallo et admirallo Francie. locumtenente ge
nerali potentissimi et inuictissimi principis Francisci primi eius nominis
Francorum regis christianissimi in omnibus exercitibus illius sub et in absen
tia potentissimi et inuictissimi principis domini Delphini dicti christianis
simi regis filij. ac Magnificis viris Petro Remon equite. Corsilam domino
eiusdem christianissimi regis in priuato eius consilio consiliario ac senatus
Rothomagen. primario preside. et Guillielmo Bochetel Sassiaci domino.
eiusdem christianissimi Regis consiliario et status regni a secretis. ac etiam
dicti ordinis diui Michaelis graphario commissarijs oratoribus procurato
ribus et ambasiatoribus eiusdem christianissimi regis Francorum. conuenien
tes de sedandis belli tumultibus et pace conciliandа tractaturi. NOTVM
facimus vniuersis. Q, cum dei benignitas. calamitatum miserta quas bel
la intulerunt pacis et concordie studia presenti rerum conditioni minimum

Ratification du traité d'Ardres par Henry VIII, Londres, 17 juillet 1546. Archives nationales, AE III, 33 (ancien J 651, n° 18 *bis*).

sur l'île de Wight, puis à Seaford, mais une série d'incidents (le premier navire amiral d'Annebault brûla et le second coula) les incita à rentrer sur le continent. La France ne pouvait, de fait, se permettre, notamment financièrement, de poursuivre une guerre d'importance. Cette impasse conduisit à la signature, le 7 juin 1546, du traité d'Ardres. L'Angleterre devait conserver Boulogne jusqu'en 1554, date à laquelle elle rétrocéderait la ville à la France contre 2 millions d'écus. D'ici là, aucune des deux parties ne devait ériger de forteresse dans la région. François Ier s'engagea à payer les pensions dues à Henry VIII en vertu des traités antérieurs et qui n'avaient jamais été versées. Celui-ci promit en retour de ne plus attaquer l'Écosse sans raison valable. Vaine promesse !

Le Vénitien Tiziano Vecellio, dit Titien, avait rencontré Charles Quint en 1530 et peint par la suite des portraits des proches de l'empereur. Celui-ci lui avait accordé le titre de *conte palatino* et de *cavaliere dello Speron d'oro*, honneurs sans précédent pour un peintre. En 1548, il exécuta un spectaculaire portrait équestre de l'empereur qui avait triomphé l'année précédente à la bataille de Mühlberg.

Tiziano Vecellio, dit Titien, *Portrait équestre de Charles Quint à Mühlberg*, huile sur toile, Augsbourg, 1548. Madrid, musée du Prado, inv. P000410.

Dans ce contexte troublé, le pape Paul III avait convoqué le 12 mai 1542 un grand concile qui devait se réunir à Trente, dans l'espoir de contrer le développement du protestantisme en Europe. Ce concile, dont les séances s'étirèrent sur une longue période, allait fermement affirmer les fondements de la doctrine catholique – l'autorité des Écritures et de la Tradition, l'importance des sept sacrements, et surtout le dogme de la présence réelle du Christ dans l'eucharistie, dite transsubstantiation –, mais aussi réformer la liturgie et enfin mettre en place des réformes pour mieux assurer la formation du clergé et son exemplarité. Son ouverture effective, un temps retardée par la guerre, eut lieu le 13 décembre 1545. Avec le concile de Trente commença l'ère de la Contre-Réforme, véritable reconquista spirituelle. Les débats des pères conciliaires ne s'achevèrent qu'en 1563 !

Quelques mois auparavant, Charles Quint avait déclaré la guerre aux princes protestants, ciblant principalement leurs deux chefs, l'Électeur Jean-Frédéric de Saxe et le landgrave de Hesse Philippe Ier, unis depuis 1531 dans la ligue de Smalkalde. L'armée impériale occupa plusieurs villes dans la vallée du Danube. Les princes cherchèrent comme d'habitude l'appui de l'Angleterre et celui de la France, mais François Ier posa des conditions intenables, telle l'organisation d'une nouvelle élection à l'Empire, naturellement orientée en sa faveur. Le roi avait beaucoup perdu en crédibilité en raison de sa diplomatie changeante, contrastant avec sa politique plus ferme, depuis l'affaire des Placards, à l'encontre des réformés français. Les protestants furent finalement écrasés par l'empereur à la bataille de Mühlberg le 24 avril 1547.

Après ces années de conflits incessants qui déchiraient l'Europe, Henry VIII fut le premier des trois souverains à disparaître. Pesant plus de 150 kg, souffrant de la goutte, d'ulcères et vraisemblablement d'un fort diabète, il s'éteignit le 28 janvier 1547. Selon l'ambassadeur impérial Jean de Saint-Mauris, la duchesse d'Étampes se serait alors exclamée à la porte de la chambre de la reine : « Nouvelles ! Nouvelles ! [...] Nous avons perdu notre principal ennemy, et m'a commandé le roy le vous venir dire[4]. »

Un roi vieillissant face à un royaume en crise

En France, les idées de la Réforme ne cessaient de progresser, sans que l'on puisse au demeurant évaluer de manière très précise le nombre d'individus impactés. La faculté de théologie de Paris édicta en 1542 une profession de foi de vingt-cinq articles, publiée dans tout le royaume, à laquelle tout docteur ou licencié de l'université devait souscrire. Malgré la plainte des libraires, la faculté commença à compiler un index des livres et auteurs interdits : s'y trouvaient notamment Jean Calvin, Martin Luther, Philippe Mélanchton, Étienne Dolet, ou les traductions de la Bible par Robert Estienne.

En 1544, on brûla solennellement à Paris la « bible des réformés », l'*Institution de la religion chrétienne* de Calvin, ainsi que quatorze ouvrages publiés par Étienne Dolet. Entre 1541 et 1546, plusieurs libraires ou imprimeurs-libraires parisiens furent traînés devant la justice et deux furent brûlés vifs, dont Dolet lui-même, le 3 août 1546, place Maubert. De pareilles exécutions se répétèrent dans les différentes provinces du royaume. De fait, la fin du règne connut une multiplication des procès pour hérésie. Les couvents furent épurés par le parlement de Paris, notamment celui des Augustins, réputé être un vivier de réformés.

En 1540, François Ier habilita le parlement de Provence à poursuivre les Vaudois, si besoin par la torture, et à les juger en première instance. L'arrêt de Mérindol condamna le village éponyme à être rasé mais il ne fut appliqué qu'en 1545, à la suite de la nomination de Jean Maynier, baron d'Oppède, un ultracatholique, au poste de premier président au parlement de Provence. La majorité des habitants purent cependant s'enfuir. Fort du soutien de soldats envoyés par le vice-légat d'Avignon, le baron s'empara, après un court siège, du village de Cabrières et voulut faire un exemple. On ignore le nombre de victimes, qui oscille, selon les sources et les décomptes, entre quelques centaines et plusieurs milliers. Beaucoup furent emprisonnés, d'autres furent conduits aux galères. Les propagandistes protestants et impériaux s'emparèrent de ces massacres qui firent grand bruit.

Outre la montée de la contestation religieuse, François Ier fut aussi confronté à une grave crise financière : la guerre menée au début des années 1540 contre l'empereur et le roi d'Angleterre était un gouffre financier, les dépenses s'avérant bien plus importantes que durant les campagnes précédentes. Les efforts pour doter la France d'une véritable flotte coûtèrent ainsi près de 2 millions de livres. Chaque année, le roi aurait en outre dépensé près de 250 000 livres pour fortifier des places. La monarchie était donc sans cesse en quête de nouveaux subsides.

Afin de soutenir l'effort de guerre, le clergé fut régulièrement ponctionné. De 1542 à 1546, on compte au moins vingt « décimes » – taxe perçue exceptionnellement par le roi sur les revenus du clergé – qui, de fait, devinrent un impôt régulier. Le roi imposa aussi des versements aux villes, multiplia les emprunts auprès des banquiers lyonnais, puis italiens, suisses et allemands, malgré des intérêts parfois importants. Le but était autant d'assurer les dépenses que d'approvisionner sa réserve au trésor du

Le Catalogue
DES LIVRES CENSVREZ
par la faculté de Theologie de Paris.

Auec priuilege.

On les vend à Paris, en la grand salle du Palais, au premier pillier, par Iehan André libraire iuré de luniuersité de Paris.

1544.

Le Catalogue des livres censurez par la faculté de théologie de Paris, Paris, Jean André, 1544. BnF, Réserve des livres rares, Rés. P-Q-835, page de titre.

Louvre afin de parer, le cas échéant, à des frais d'envergure. Le roi poursuivit également sa réforme de l'administration fiscale et financière[5]. En 1542, l'édit de Cognac porta le nombre des recettes à seize, établies aux sièges des différentes généralités – on parlerait aujourd'hui de recettes générales. François Ier autorisa les généralités à opérer les paiements réguliers et à pourvoir aux dépenses imprévues si le trésor du Louvre ne le pouvait. En 1545, l'édit de Saint-Germain imposa l'obligation de résidence aux trésoriers de France et aux généraux des finances au siège de l'une des recettes générales de leur généralité, et de se faire représenter par un commis dans chacune des autres. Seule la Bretagne resta, pour un temps, en dehors de

Réhabilité après un épisode de disgrâce, l'amiral Philippe Chabot fut inhumé avec faste dans la chapelle d'Orléans du couvent parisien des Célestins. Son tombeau, surmonté d'un gisant en albâtre, partiellement conservé au musée du Louvre, est un des chefs-dœuvre de la Renaissance. Il ne fut achevé qu'au milieu des années 1560.

Louis Boudan, *Relevé du tombeau de l'amiral Philippe Chabot*, aquarelle, fin du XVIIe-début du XVIIIe siècle. BnF, Estampes, Réserve Pe-11-Fol, f. 14.

cette nouvelle organisation qui mettait un terme à la structure branlante héritée de Charles VII. Certaines de ces réformes suscitèrent comme il se doit d'importantes oppositions. En 1541, le roi décida par exemple d'unifier les régimes relatifs à l'impôt sur le sel en un impôt unique, la gabelle. Cette décision, qui touchait à des particularismes ancestraux et remettait en question des privilèges locaux, provoqua une vive opposition dans les pays de marais salants, notamment à La Rochelle, où l'insurrection fut durement matée. Ces régions avaient en effet bénéficié jusqu'alors d'un impôt très allégé. L'ordonnance fut finalement révoquée en 1543, ce qui constituait une prudente reculade du pouvoir royal. En 1544, deux autres ordonnances étendirent le système des « greniers » (entrepôts royaux créés en 1342 pour contrôler le sel et sa fiscalité) dans l'ensemble du royaume, à l'exception du Languedoc, du Dauphiné, de la Bretagne et de la Provence. Ce nouveau système mit cependant du temps à s'installer et la contrebande demeura largement répandue. En 1546, la gabelle fut cette fois-ci affermée (*via* un contrat de délégation moyennant finance, appelé le « fermage ») pour dix ans, mais les revenus qu'en tira l'État ne furent pas à la hauteur escomptée et une nouvelle révolte éclata en Angoumois et en Saintonge.

La disgrâce d'Anne de Montmorency en juillet 1541 avait rebattu les cartes des rapports de force à la cour. Le dauphin Henri lui resta fidèle, alors que Charles d'Orléans se rallia à la duchesse d'Étampes. Le chancelier Guillaume Poyet fut arrêté en 1542 pour malversations, emprisonné à Bourges puis à la Bastille. Il fut condamné en 1545 à une lourde amende et, après avoir payé celle-ci, fut enfin libéré grâce à une lettre de rémission du souverain. Après deux années de détention dans le donjon de Vincennes, l'amiral Chabot fut quant à lui rétabli dans ses offices et fonctions, mais il mourut peu après, en 1543.

La chute du chancelier et la mort de l'amiral permirent l'arrivée au premier plan de Claude d'Annebault et du cardinal François de Tournon, éminents membres de l'administration royale depuis les années 1530. Le premier, qui s'était distingué en 1521 lors du siège de Mézières et avait été fait prisonnier à Pavie en 1524 avant d'être nommé gouverneur du Piémont en 1539, fut nommé amiral en 1543. Fort de ses compétences financières, le second fut nommé en 1542 lieutenant général dans le Lyonnais et le Sud-Est, et entra en 1543 au comité financier du Conseil, qui, dès lors, se réunit chez lui. Proche conseiller du monarque, il disposait même du privilège d'ouvrir le courrier de celui-ci.

En cette fin de règne, la reine Éléonore de Habsbourg semblait cependant s'effacer. De son côté, Marguerite de Navarre passait désormais le plus clair de son temps à Nérac ou dans ses domaines, consacrant les dernières années de sa vie à écrire son *Heptaméron*, un recueil de contes répartis sur sept journées, sur le modèle du *Décaméron* de Boccace. La maîtresse du roi, Anne de Pisseleu, duchesse d'Étampes, jouissait en revanche d'un réel pouvoir et d'un accès privilégié au souverain – ne serait-ce que par la proximité de leurs chambres au château de Fontainebleau –, son influence étonnant nombre de visiteurs et d'ambassadeurs. Ainsi le nonce pontifical Dandino écrivit-il en mai 1543 : « Le roi est plus que jamais adonné à ses plaisirs et à la lascivité de madame d'Étampes qui, pour paraître sage, dit toujours le contraire des autres et donne au roi l'impression qu'il est un dieu en ce monde et que rien ne peut lui nuire, et que celui qui dit le contraire le fait pour ses propres intérêts[6]. » Le jugement est probablement exagéré, mais il est vrai que la duchesse sut, avec ses alliés, peser de tout son poids dans les choix du gouvernement. Face à son père, dont la santé déclinait et qui semblait de plus en plus influençable, le dauphin Henri attendait son heure.

Un roi malade

Les dernières années de la vie de François Ier furent marquées par sa santé fragile et une succession de douloureuses maladies. Il avait déjà failli succomber à une infection lors de sa captivité à Madrid, mais il connut diverses rechutes par la suite, ainsi en 1539, à la veille de la visite de Charles Quint. En 1545, il fut sujet à des fièvres intermittentes ; un gros abcès fut ouvert par les médecins dans les « parties basses ». Souffrit-il de la syphilis, le fameux « mal de Naples », comme on l'a souvent dit ? Les ambassadeurs ne mentionnent pas de symptômes de désordres mentaux qui sont pourtant très souvent associés à cette maladie à un stade avancé. Les médecins estimèrent cependant que ses entrailles étaient « en état de pourriture ». En 1546, un nouvel abcès finit par crever de lui-même et se résorber. Le roi put alors reprendre la chasse, mais allongé dans une litière et non plus à cheval. Malgré sa santé défaillante, il continua à s'occuper des affaires de l'État.

Un des témoignages les plus précis et les plus fiables des derniers jours du souverain est le récit de l'évêque de Macon et confesseur du roi, Pierre Du Chastel, qui l'adressa au parlement de Paris[7]. Le 20 mars 1547, alors qu'il se trouvait à Rambouillet pour une chasse, François fut saisi de malaises et prit conscience de l'inéluctable. Après la messe, il se confessa publiquement avant de communier, exprimant sa confiance en la miséricorde divine en dépit de ses nombreux péchés. L'ambassadeur Saint-Mauris suggère que le roi n'avait pas la conscience tranquille, ce qui expliquerait ces actes de contrition, inhabituels pour un monarque. Montrant en revanche qu'il était bien conscient que la monarchie lui survivrait, François Ier enjoignit ensuite au dauphin de défendre le royaume et de bien gouverner comme l'imposait l'obligation divine. Le 29 mars, il réclama l'extrême-onction et renouvela ses conseils à son fils. Il reçut les derniers sacrements un peu avant minuit. Il vit une troisième fois le dauphin le lendemain matin. Il commençait alors à être tourmenté par des « visions », signe probable d'un délire fiévreux. Le 31 mars, il assista une dernière fois à la messe, demandant à nouveau pardon à ses ennemis et évoquant la couronne céleste qu'il s'apprêtait à recevoir. Il réclama la lecture d'une homélie de saint Jean Chrysostome, mais on lui lut, manifestement par erreur, un texte d'un autre théologien, Origène. Ses propos devinrent alors confus. Il signifia à sa maîtresse de partir et de ne pas assister à l'extrême-onction, avant de la confier au dauphin. Deux autres femmes puissantes n'étaient pas présentes au chevet du mourant : la reine et la sœur du roi. La situation aurait été cachée à la première, sans doute pour ne pas l'inquiéter. Quant à la seconde, elle était alors en retraite dans un couvent de Navarre.

Le roi rendit enfin son dernier souffle à l'âge de cinquante-deux ans, le jeudi 31 mars 1547, au château de Rambouillet, entre 13 et 14 heures. La dépêche de l'ambassadeur impérial Saint-Mauris relatant sa disparition commence sobrement : « Le roi morust à Rambouillet d'une fièbvre que luy avoit duré trente jours[8]. » Le rapport d'autopsie a disparu mais le même diplomate précise : « Il fust ouvert après sa mort et trouva l'on une apostume [abcès] en son estomach, les roignons gastez et toutes les entrailles pourriez ; et sy avoit la partie du gousier enchancrée, le polmon jà [déjà] quelque peu entamé. »

Monté immédiatement sur le trône, Henri II donna dès le 31 mars des instructions pour les triples funérailles de son père et de ses deux frères, le dauphin François et Charles d'Orléans. Le peintre François Clouet se rendit à Rambouillet pour confectionner le masque mortuaire du défunt afin de préparer son effigie funèbre. Des frères mendiants vinrent veiller sa dépouille. Le 1er avril, les médecins placèrent, comme de coutume, son cœur et ses entrailles dans des coffrets. Le corps embaumé fut quant à lui mis en bière. L'ensemble prit le lendemain la route pour le prieuré de Haute-Bruyère, à une dizaine de kilomètres au nord de Rambouillet. Le cœur et les entrailles du roi y furent déposés dans un caveau, où ils demeurèrent jusqu'à leur transfert à Saint-Denis en 1852.

Quelques jours plus tard, sa dépouille fut transportée à Saint-Cloud, dans le château du cardinal-évêque de Paris. Commença alors un cérémonial dont les origines remontent au xve siècle. Une effigie fut installée, les mains jointes, sur un lit de parade, revêtue du manteau royal, le collier de l'ordre de Saint-Michel autour du cou, la tête couronnée, le sceptre et la main de justice placés sur des coussins. Durant onze jours, on servit des repas au roi défunt dans cette salle tendue de velours or et azur. Elle fut ensuite transformée en salle funèbre, désormais tendue de noir. On enleva ensuite l'effigie et on apporta le cercueil. Henri vint enfin asperger celui-ci. Il ne pouvait en effet, selon la tradition, paraître en public aux côtés de l'image de son père : il n'était pas possible que deux rois de France se retrouvent face à face, le corps « mystique » de la monarchie s'incarnant dans une seule enveloppe charnelle. Le 21 mai, le cercueil fut transporté à Paris, dans l'église Notre-Dame-des-Champs, sur un chariot tiré par six chevaux. Il y fut exposé à côté de ceux de ses deux fils. Le lendemain, après la messe, on apporta les trois effigies que l'on attacha sur des litières. Les mains du roi n'étaient plus jointes en prière, mais munies du sceptre et de la main de justice. Une procession solennelle réunissant membres du Parlement, officiers du roi, prélats, clercs réguliers et séculiers, étudiants, archers de la ville, légat du pape, ambassadeurs et troupes de la Maison souveraine se mit en marche. Une messe eut lieu dans la cathédrale Notre-Dame. Le 24, le cortège se dirigea enfin vers la nécropole des rois et reines de France sise en l'abbatiale de Saint-Denis. On célébra des vêpres avant de procéder le lendemain aux derniers rites des funérailles. Les cercueils furent descendus dans leur caveau et les effigies enlevées. L'épée de France fut placée la tête en bas sur le cercueil du roi par le grand écuyer, Claude Gouffier. Les maîtres d'hôtel jetèrent leurs bâtons dans le caveau. L'amiral d'Annebault abaissa la bannière afin qu'elle effleure le cercueil. Le héraut d'armes cria « Le roi est mort ! » mais l'amiral, étreint par l'émotion, ne put prononcer la célèbre formule qui lui revenait, « Vive le roi ! », que le héraut dut crier pour lui. À la fin du dîner qui suivit les funérailles, le premier maître d'hôtel Mendosse brisa son bâton pour symboliser la dissolution de la Maison du défunt roi. Cette étiquette, expression des fondements théologiques et politiques à la base même du pouvoir royal, en vigueur depuis la mort de Charles VIII en 1498, se répéta par la suite durant tout l'Ancien Régime.

Même s'il n'avait pas toujours entretenu les meilleurs rapports avec lui, Henri II commanda un somptueux tombeau pour son père. De marbre blanc et noir, conçu par l'architecte Philibert Delorme sur le modèle de l'arc de Septime Sévère à Rome, il ne fut installé qu'en 1558. Sous l'arcade centrale sont sculptés les gisants de François Ier et de Claude de France, alors que sur la terrasse sont figurés, en prière, le couple royal et trois de leurs enfants défunts : Charlotte de France, le dauphin François et Charles

Pierre-François Giffart, *Tombeau du roy François Ier*, tiré de Michel Félibien, *Histoire de l'abbaye royale de Saint-Denys en France*, Paris, 1706. BnF, Estampes, Réserve Qb-201 (4)-Fol.

d'Orléans, par Pierre Bontemps et les Orléanais François Marchand et François Carmoy. C'est également à Bontemps que l'on doit les reliefs ornant la base du tombeau, célébrant les hauts faits du roi à Marignan et Cérisoles. Henri II commanda en outre une statue en pied de son père, qui fut installée en 1556 dans le palais de la Cité où siégeait le Parlement.

La mort de François Ier sonna pour Henri II l'heure de la revanche tant attendue. Le nouveau roi n'avait en effet jamais pardonné la paix de Crécy à la duchesse d'Étampes et aux conseillers de son père. Anne de Montmorency fit son retour à la cour, recouvrant ses postes et offices. Le clan des Guises, dont l'influence n'allait cesser de croître, fit également irruption sur le devant de la scène. Claude d'Annebault et le cardinal de Tournon furent congédiés, Anne de Pisseleu tomba en disgrâce et dut rendre les bijoux offerts par son royal amant. La favorite fut remplacée par Diane de Poitiers, la somptueuse maîtresse du nouveau souverain. Éléonore de Habsbourg fut invitée par Henri II à rester en France mais elle préféra partir pour les Pays-Bas, puis pour l'Espagne, où elle mourut en 1558. L'avenir de la monarchie française était assuré, du moins le croyait-on. La nouvelle reine Catherine de Médicis avait en effet donné naissance, début 1544, à un premier fils, le futur François II.

---

1. M. et G. Du Bellay, *Mémoires...*, vol. 4, p. 324.
2. E. Charrière, *Négociations...*, vol. 1, p. 593.
3. M. François, *Le Cardinal...*, p. 213.
4. A. Castan, « La mort... », p. 441.
5. B. Barbiche, *Les Institutions...*, p. 254 et 367.
6. *Correspondance...*, éd. par J. Lestocquoy, p. 220.
7. R. Doucet, « La mort... », p. 309.
8. A. Castan, « La mort... », p. 445.

▸ Guillaume Budé, *De l'institution du prince*, Paris, vers 1518-1519, enluminé par le Maître des Entrées parisiennes. BnF, Arsenal, Ms-5103 Réserve, f. 1 v° (détail).

CONCLUSION

Un règne en héritage

« Pour cette raison, l'auteur du livre des Proverbes, qui a réuni les dits de Salomon, dit que les rois et grands princes, en lisant les histoires anciennes, doivent réunir les faits, les dits mémorables et les exemples ayant une insigne autorité, [...] et en faire par eux ou en faire faire par d'autres qui en ont le loisir et la faculté, des livres et traités en la forme qu'il faut pour leur servir de mémoires et d'enseignements. »

Guillaume Budé, *De l'institution du prince*, BnF, Arsenal, Ms-5103 Réserve, f. 114 v°-115.

Vers 1518-1519, dans le contexte bouillonnant du début de son règne, Guillaume Budé avait offert à François Ier un luxueux exemplaire de présentation de son *Institution du prince*[1]. Écrit en français, le nouveau souverain ne goûtant que peu le latin, le manuscrit n'a pas trouvé sa place dans la Librairie royale de Blois ni dans la bibliothèque personnelle du roi, si bien que l'on a douté qu'il l'ait effectivement reçu. On peut raisonnablement penser que le volume, tout comme les trois tomes des *Commentaires de la guerre gallique*, a fait partie du noyau originel de son futur cabinet privé, formé pour l'essentiel de quelques dizaines de manuscrits en français, qui n'intégrèrent jamais les collections officielles de la monarchie et furent donc dispersés à la mort du souverain. Cette destinée particulière renforce la portée politique et programmatique du cadeau de Guillaume Budé.

Le frontispice de ce somptueux manuscrit est orné d'une grande peinture sur deux registres, qui tranche avec les habituelles figurations de l'auteur remettant son œuvre au commanditaire ou au destinataire. Au registre supérieur, Budé est au travail, assis devant son présentoir, entre Mercure, le héraut des dieux, source de l'éloquence, et l'allégorie de la philologie ; à l'arrière-plan, sur une longue table et des étagères sont disposés de nombreux livres et instruments, vecteurs du savoir. Au registre inférieur, dans une loggia ouverte sur un vaste paysage, François Ier, assis sur un trône fleurdelysé, lit l'ouvrage que Budé, agenouillé, la main tendue, vient de lui remettre. À sa gauche, une femme porte un faucon sur sa main gauche et tient de la droite la laisse d'un lévrier, marquant probablement le goût du roi pour la chasse ; sa robe, frappée de monnaies dorées, en fait une personnification d'un volume antérieur de Guillaume Budé, le *De asse*, une histoire antique sous l'angle du monnayage. La page qui fait face, ouvrant le texte, porte les armes royales ainsi qu'une large bordure où on peut lire deux maximes[2] : « *E celo descendit* » (Et il descendit du ciel) et la célèbre « *ΓΝΩΘΙ ΣΕΑΥΤΟΝ* » (*Gnothi seauton*, « Connais-toi toi-même »).

Dans la tradition des miroirs destinés aux princes, traités d'éthique, de morale, de préceptes moraux et de marches à suivre, Budé délivre ici un manuel de bon gouvernement à partir d'exemples tirés de l'histoire antique, d'Aristote, de Pline, de Plutarque en particulier. L'humaniste accordait en effet une grande importance à l'éducation du prince, et espérait trouver en François Ier une incarnation de l'image platonicienne du roi philosophe. *De l'institution du prince* est aussi, on a tendance à l'oublier, une défense des prérogatives monarchiques. Le texte invite certes le souverain à écouter ses conseillers, respecter les ordonnances de ses prédécesseurs, faire siennes la vertu et la prudence, sauvegarder la liberté et la prospérité de ses sujets, éviter la guerre, mais il ajoute que le roi est libre d'ignorer de tels conseils, seul face au jugement de la postérité, et que le Parlement ne peut être comparé au Sénat romain, le roi étant source de tout droit et de toute autorité. Budé développe donc une conception forte de l'idéologie royale, qui s'imposa durant le règne.

L'accession au trône de François Ier suscita de formidables espoirs chez les humanistes. Comment doit-on pour autant juger son règne ? Les conseils de Budé furent naturellement mis à l'épreuve des événements et du caractère du roi, mais qu'en conserva-t-il ? L'historiographie contemporaine oscille entre deux regards, l'un mettant en valeur le roi de la Renaissance et de Marignan, ami des auteurs et des artistes, constructeur de châteaux, œuvrant à l'unité administrative et financière du royaume ; l'autre pointant des dépenses inouïes, une obsession italienne qui faillit le mener à sa propre perte, un système de gouvernement annonçant la centralisation et l'absolutisme à venir, ou la répression des protestants portant en germe les conflits religieux à venir. Des tentatives de conciliation ont été menées, en déconstruisant les images d'Épinal à partir d'un rigoureux travail archivistique et documentaire, allant jusqu'à parler d'un « souvenir fantasmé du roi[3] », à l'instar de l'historien Didier Le Fur.

Verbi certa fides, ut mūdo augustior esset
Principe francisco nobilitata fuit.

A Trespuissant, tresuictorieux
tresemininent prince, francoys
le roy trescrestien de france premier
de ce nom. duc de milan, seigneur
de gennes. Guillaume bude son
treshumble et tresobeissant subiect et
secretaire. Accroissement dhonneur
et de maieste, augmentation de toutes
vertuz royalles en longue vie et
grande sante. illustration de son
nom et armes de france en toute
prosperite.

Sire il est escript ou
dixhuitiesme chapitre
des prouerbes de salomo.
Donum hominis dilatat
viam eius et ante
principes spacium ei facit, Cest a
dire le don presente par lhomme luy

E CAELO
DESCENDIT
ΓΝΩΘΙ ΣΕΑΥΤΟΝ

Guillaume Budé, *De l'institution du prince*, Paris, vers 1518-1519, enluminé par le Maître des Entrées parisiennes. BnF, Arsenal, Ms-5103 Réserve, f. 2.

Une politique en trompe-l'œil

L'historiographie a eu trop tendance à dire que le roi avait masqué ses échecs diplomatiques et militaires par une politique culturelle volontariste. François Ier poursuivit certes jusqu'à l'obsession son ambition italienne, mais il s'inscrivit dans l'action de ses deux prédécesseurs. Sa captivité à la suite de la bataille de Pavie entacha son prestige, mais il sut se relever. Il dut faire face à deux monarques puissants, Henry VIII, qui rêvait probablement d'une France anglaise, dans la continuité des conflits de la guerre de Cent Ans, et Charles Quint, qui lui avait arraché la couronne de l'Empire et espérait créer un empire universel, tout en récupérant l'héritage bourguignon. François Ier œuvra à ramener sous son autorité directe les grandes principautés de l'hexagone (Bretagne, Bourbonnais) alors que Charles Quint étendait toujours plus loin ses velléités territoriales, notamment en Amérique. Malgré l'importance des côtes de son royaume, François Ier n'exprima que peu d'intérêt pour les grandes conquêtes ultramarines, laissant la part belle à l'Espagne et au Portugal. Face à l'Angleterre et au Saint Empire, il fit le choix, qui lui fut fort reproché, en particulier à Rome, de s'allier avec l'Empire ottoman qui rongeait les marges orientales des terres de Charles Quint. Sa politique extérieure a ainsi posé les bases des relations diplomatiques du royaume de France à l'époque moderne.

François Ier se préoccupa beaucoup plus des affaires intérieures. Initialement clément envers le mouvement évangélique, notamment sous l'influence de sa sœur Marguerite, il dut, comme tous les souverains européens, faire face à la montée du protestantisme. L'affaire des Placards marqua certes un tournant, mais le roi oscilla toujours entre opposition ferme aux troubles menaçant la concorde et la paix sociale dont il était le garant, et clémence envers les développements de l'humanisme religieux, non sans agacement ou incompréhension de la part de Rome. Les répertoires d'actes de la chancellerie royale témoignent de l'importance de son activité normative. Même si la portée de l'édit de Villers-Cotterêts a pu être exagérée, le rôle du roi dans le domaine de la promotion de la langue française n'est plus à démontrer. Tout en s'appuyant sur les structures administratives, fiscales, militaires établies depuis la fin de la guerre de Cent Ans, François Ier mena un train de réformes sans précédent, visant certes à la centralisation, au contrôle et à l'uniformisation, mais œuvrant avant tout à faire entrer le royaume dans la modernité en donnant plus d'efficience à la puissance publique. Sa pensée politique ne laissait pas de place à l'État féodal et à ses éléments semi-autonomes. François Ier nourrissait ainsi une grande méfiance envers les états généraux, unique assemblée représentative de la France, qu'il ne réunit jamais. S'il ne faut pas non plus exagérer son autoritarisme, il a plusieurs fois refusé de suivre les avis du parlement de Paris, avec le soutien de son chancelier, fer de lance de son pouvoir. Le roi décidait seul de la politique, avec l'avis de son Conseil qui prenait encore sous son règne des formes variées, pas encore figées, intégrant des personnalités qui changèrent au cours des années, au gré des grâces et des disgrâces. La menace intérieure, politique et religieuse, ajoutait à la guerre permanente, pour le pousser naturellement à renforcer son pouvoir. Durant l'absence du souverain en raison de sa captivité, le Parlement alla jusqu'à contester le pouvoir de la régente, qui gouvernait pourtant en son nom. Il était même sur le point d'inculper le chancelier Duprat quand fut annoncée sa libération. De retour de captivité, le roi fit en sorte de restaurer son autorité. En 1539, le Parlement décida de procéder à un examen minutieux des articles de l'ordonnance de Villers-Cotterêts. François Ier s'en irrita, et réclama l'enregistrement sans délai. De fait, il affirma sa souveraineté absolue sur le Parlement, cantonnant leur rôle à l'exercice de la justice. Le règne de François Ier fut en cela fondateur, amorçant nombre de processus administratifs et législatifs qui allaient se développer et s'amplifier jusqu'au XVIIIe siècle, portant en germe l'opposition entre le trône et la robe jusqu'à empoisonner l'exercice du pouvoir royal.

Le modèle du roi mécène

L'apport culturel de François Ier, enfin, est bel et bien majeur. Les recherches sur la symbolique menées par Anne-Marie Lecoq avaient déjà démontré dans les années 1980 combien la valorisation de l'image et la quête du sens sont consubstantielles au souverain. Les entrées dans les villes ou les fêtes à la cour étaient extrêmement codifiées, parfois opaques pour nos esprits contemporains. L'ampleur des chantiers royaux avec, en tête, celui du château de Fontainebleau, nouvelle Rome, témoigne de l'ambition du souverain de surpasser ses adversaires, Charles Quint et Henry VIII, en se mettant dans la droite ligne des grands princes italiens. Un souverain emblématique de la Renaissance, suivant ce modèle, ne pouvait être qu'un immense mécène. François Ier, en la matière, est un précurseur du remarquable collectionneur que fut par la suite Louis XIV. À Fontainebleau, comme plus tard à Versailles, les appartements, les galeries, les cabinets, les cours regorgeaient d'œuvres d'art, tableaux, sculptures, tapisseries de fils d'or et d'argent, précieux textiles, vaisselle et objets d'orfèvrerie, bijoux somptueux, sans compter les décors de peinture et de stuc, témoignant de

Loin d'appartenir à la seule légende romantique, l'image du roi-chevalier s'est rapidement diffusée en dehors du royaume de France, en particulier dans les pays germaniques et en Italie. La gravure au burin d'Agostino Veneziano acquit ainsi une célébrité certaine puisqu'elle fut reprise par Giorgio Vasari dans sa représentation de l'entrevue entre le pape et le roi de France dans la salle Clément VII du Palazzo Vecchio de Florence.

Agostino de Musi, dit Agostino Veneziano, *Franciscus Gallorum Rex Cristianissimus*, burin, [Venise], 1536. BnF, Estampes, Eb-7 (2)-Fol.

la volonté de leur propriétaire de faire état de sa puissance, de son goût et de sa richesse.

Dans ce domaine, un pan de l'histoire du règne a connu ces dernières années un vrai renouveau. S'il faut redire ici que le dépôt légal tel que nous l'entendons n'a pas été créé par François Ier, les contours de sa riche bibliothèque, ou plutôt de ses bibliothèques, ont été précisés, bien plus complexes et riches de sens qu'on ne le pensait : la bibliothèque officielle héritée de ses prédécesseurs depuis Louis XI, avec la part essentielle des saisies de Charles VIII à Naples et de Louis XII à Pavie, mais aussi la bibliothèque personnelle du roi, les deux fusionnant à Fontainebleau en 1544, sans oublier son cabinet privé, ce dernier permettant de toucher du doigt les goûts du souverain à la fin de son règne.

Dans ce domaine comme dans d'autres, le rôle et l'influence de Louise de Savoie, grande bibliophile, furent décisifs. La redécouverte de l'héritage d'Angoulême permet notamment de jeter un regard neuf sur l'éducation d'un prince qui ne devait théoriquement jamais devenir roi mais fut élevé comme tel par sa mère. Ses livres, probablement près de cinq mille, chiffre considérable pour l'époque, n'avaient bien sûr pas vocation à être tous lus par lui, même si on sait qu'il aimait la poésie et la littérature italienne ou les traductions françaises d'historiens antiques, et qu'il appréciait qu'on les lui lise. Cet ensemble multiforme répondait certes à un souhait des humanistes de son entourage, mais aussi et surtout à un programme politique voulu par lui et mis en place par ses bibliothécaires, celui de rassembler en un même lieu la quintessence du savoir et de prendre ainsi la place de Rome, de Venise ou de Florence. Un souverain puissant devait l'être territorialement, diplomatiquement et culturellement.

Au jugement de l'Histoire, le règne de François Ier, personnage complexe, au même titre que ses principaux adversaires, poursuivit la promotion des formes et idées nouvelles de la Renaissance amorcée par ses prédécesseurs. Il mit un terme malgré lui, dans la douleur, au rêve italien, assit le royaume dans le concert des grandes nations face à l'Angleterre, l'empire des Habsbourg, Rome et l'Empire ottoman sans être parvenu cependant à s'imposer. Il transmit une France dont les réformes commençaient à porter leurs fruits et allaient permettre, à terme, la centralisation à venir. Enfin, grande réussite du souverain, il fit de la monarchie française l'emblème des arts et de la culture. Bien des difficultés étaient cependant en germes et la France du « beau seizième siècle » dont parlait Michelet allait entrer, sitôt le vieux roi disparu, dans un demi-siècle de troubles civils et religieux, marqué par les incertitudes, une monarchie chancelante et l'opposition sanglante entre catholiques et protestants.

L'historiographie n'a jamais réellement dépassé la vision optimiste, mais tellement flatteuse, qui fait du grand roi de la Renaissance un roi-chevalier à la tête folle, là où les contemporains retinrent plutôt à sa mort son caractère cultivé et réfléchi :

> Ce prince fut fort regretté tant de ses subjects que des estrangers, pour avoir flory en toutes vertus. Il estoit magnanime et genereux, amateur de bonnes lettres, lequel par son moyen a illuminé les tenebres d'ignorance, lesquelles avoient regné par cy devant, et aima toutes gens d'esprit, et fonda a Paris des colleges pour les lettres latine, grecques et hebraiques, et feit venir de toutes les parties du mondes gens instruicts en toutes sciences [...]. Il mourut en son aage de cinquante et trois ans, aprés avoir eu beaucoup de bonnes et mauvaises fortunes, mais plus de malheureuses que de prosperes ; toutesfois jamais adversité qui luy peust advenir ne luy abaissa le cœur[4].

---

1. M. D. Orth, *Renaissance...*, vol. 2, n° 20.
2. A.-M. Lecoq, *François Ier...*, p. 115.
3. D. Le Fur, *François Ier...*, p. 791-793.
4. M. et G. Du Bellay, *Mémoires...*, vol. 4, p. 336.

GÉNÉALOGIE SIMPLIFIÉE

Charles V
ROI DE FRANCE
(1338-1380)

Jeanne
de Bourbon
(1338-1378)

Charles VI
ROI DE FRANCE
(1368-1422)

Isabeau
de Bavière
(1371-1435)

Charles VII
ROI DE FRANCE
(1403-1461)

Marie
d'Anjou
(1404-1463)

Louis XI
ROI DE FRANCE
(1423-1483)

Charlotte
de Savoie
(1441-1483)

Charles VIII
ROI DE FRANCE
(1470-1498)

Anne
de Bretagne
(1477-1514)

Louise
de France
(1515-1518)

Charlotte
de France
(1516-1524)

François III
de Bretagne
(1518-1536)

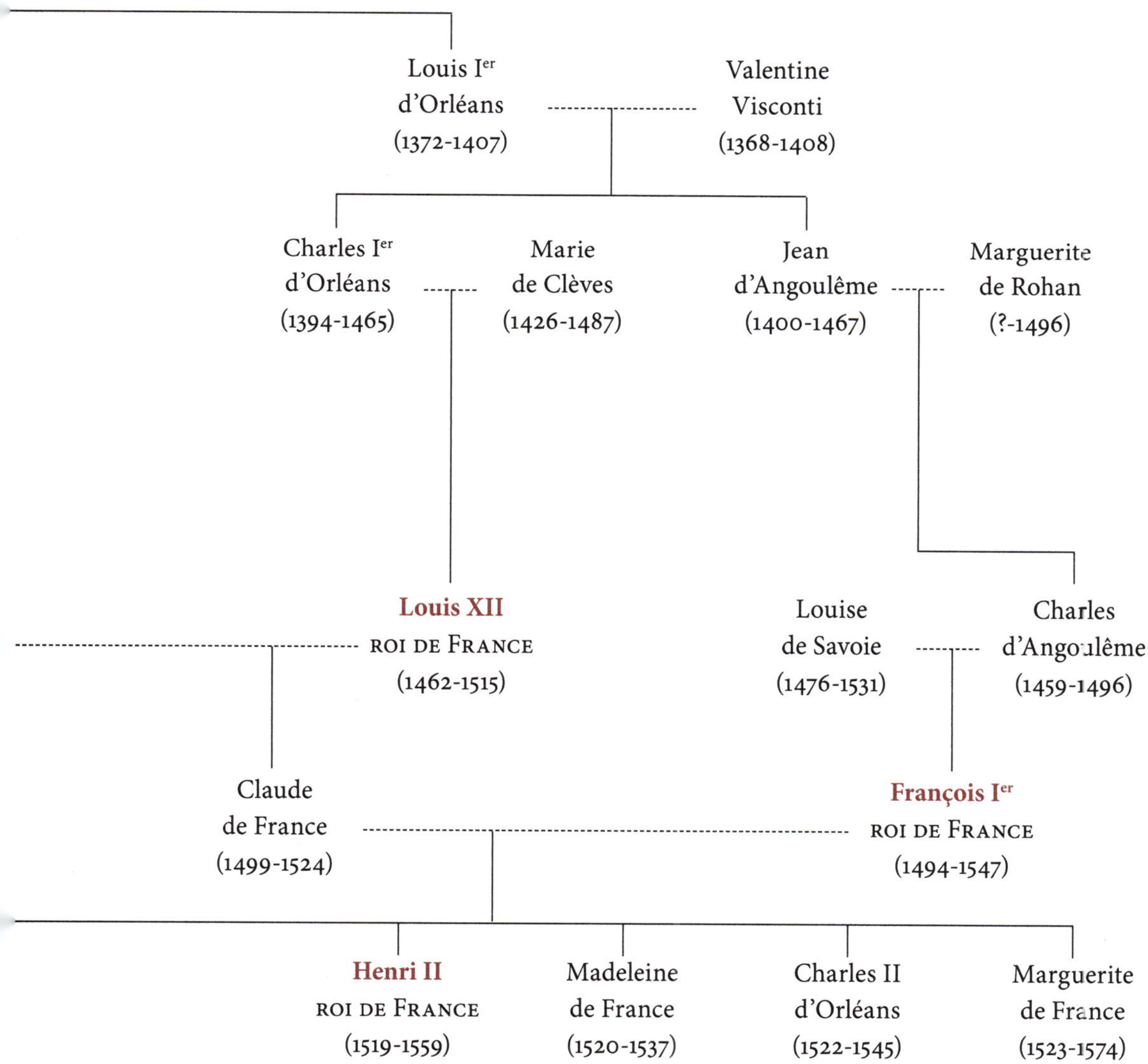
Louis Ier d'Orléans (1372-1407)
Valentine Visconti (1368-1408)
Charles Ier d'Orléans (1394-1465)
Marie de Clèves (1426-1487)
Jean d'Angoulême (1400-1467)
Marguerite de Rohan (?-1496)
Louis XII ROI DE FRANCE (1462-1515)
Louise de Savoie (1476-1531)
Charles d'Angoulême (1459-1496)
Claude de France (1499-1524)
François Ier ROI DE FRANCE (1494-1547)
Henri II ROI DE FRANCE (1519-1559)
Madeleine de France (1520-1537)
Charles II d'Orléans (1522-1545)
Marguerite de France (1523-1574)

CHRONOLOGIE

1494

12 SEPTEMBRE Naissance à Cognac de François d'Angoulême, fils de Charles d'Orléans, comte d'Angoulême, et de Louise de Savoie.

1496

1er JANVIER Mort de Charles d'Orléans.

1506

21 MAI États généraux de Tours, réunis afin de demander à Louis XII de fiancer sa fille Claude à François d'Angoulême.

1514

18 MAI Mariage de François d'Angoulême avec Claude de France.

1515

1er JANVIER Mort de Louis XII et avènement de François Ier.

25 JANVIER Sacre de François Ier à Reims.

13-14 SEPTEMBRE Victoire française de Marignan.

1516

13 AOÛT Signature du traité de Noyon entre François Ier et Charles de Habsbourg, roi d'Espagne, qui cède Milan à la France.

18 AOÛT Signature du concordat de Bologne avec le pape Léon X.

29 NOVEMBRE Signature de la paix de Fribourg établissant la paix perpétuelle avec les cantons suisses.

1517

31 OCTOBRE Martin Luther publie ses *95 thèses*.

1518

28 FÉVRIER Naissance du dauphin François.

1519

12 JANVIER Mort de l'empereur Maximilien.

31 MARS Naissance de Henri, futur Henri II.

28 JUIN Élection au trône impérial, échec de François Ier et avènement de Charles Quint.

1520

7-24 JUIN Entrevue du camp du Drap d'or entre François Ier et Henry VIII.

1521

4 AOÛT Ouverture des négociations de Calais entre François Ier et Charles Quint, sous la médiation de Henry VIII.

27 SEPTEMBRE Fin du siège de Mézières, défendu par Bayard.

1522

22 JANVIER Naissance de Charles, troisième fils de François Ier, titré duc d'Angoulême puis duc d'Orléans.

27 AVRIL Défaite des Français à la bataille de La Bicoque.

MAI Les Français sont chassés de Crémone et de Gênes.

1523

SEPTEMBRE Passage à l'ennemi du connétable Charles III de Bourbon.

19 NOVEMBRE Élection du cardinal Jules de Médicis comme pape sous le nom de Clément VII.

1524

30 AVRIL Mort de Bayard au combat de Romagnano Sesia.

20 JUILLET Mort de la reine Claude, épouse de François Ier.

JUILLET-SEPTEMBRE Invasion de la Provence par le connétable Charles III de Bourbon.

24 OCTOBRE Début du siège de Pavie.

1525

24 FÉVRIER Défaite de Pavie et capture de François Ier.

1526

14 JANVIER Signature du traité de Madrid entre François Ier et Charles Quint.

17 MARS Libération de François Ier en échange de ses deux fils, François et Henri.

22 MAI Signature du traité de la Ligue de Cognac avec la France, Rome, l'Angleterre, Venise, Florence.

1527

24 JANVIER Mariage de Marguerite, sœur du roi, avec Henri II d'Albret, roi de Navarre.

6 MAI Sac de Rome par les Impériaux et mort du connétable Charles III de Bourbon.

1528

FÉVRIER Début des travaux au château de Fontainebleau.

1529

AVRIL Émeute de la « Grande Rebeyne » à Lyon.

3 AOÛT Signature du traité de Cambrai, dit la « paix des Dames ».

1530

2 MARS Couronnement de Charles Quint à Bologne.

1er JUILLET Libération des deux fils de François Ier contre une rançon de deux millions.

7 JUILLET Mariage de François Ier avec Éléonore de Habsbourg, sœur aînée de Charles Quint.

1531

22 SEPTEMBRE Mort de Louise de Savoie.

1532

13 AOÛT Rattachement de la Bretagne à la France.

28 OCTOBRE Signature du traité de Calais contre les Ottomans entre François Ier et Henry VIII.

1533

28 OCTOBRE Mariage de Henri, futur Henri II, avec Catherine de Médicis, nièce du pape Clément VII.

1534

23 MARS Excommunication du roi Henry VIII.

18 OCTOBRE Début de l'« affaire des Placards », avec des proclamations contre la messe affichées à Paris puis dans différentes villes du pays.

1535

16 JUILLET Signature de l'édit de Coucy offrant l'armistice aux protestants repentis.

24 OCTOBRE Mort du duc François II Sforza et revendication du duché de Milan par François Ier pour son fils.

1536

JANVIER Invasion du Piémont et de la Savoie par les troupes françaises.

4 FÉVRIER Signature des Capitulations, traité de bonne entente entre la France et l'Empire ottoman.

2 JUIN Attaque de la Provence par Charles Quint.

10 AOÛT Mort du dauphin François.

1538

18 JUIN Signature, à Nice, sous l'égide du pape Paul III, d'une trêve de dix ans entre François Ier et Charles Quint.

14-15 JUILLET Entrevue d'Aigues-Mortes entre François Ier et Charles Quint.

1539

AOÛT Signature de l'ordonnance de Villers-Cotterêts.

1540

1er JUIN Signature de l'édit de Fontainebleau contre les protestants.

11 OCTOBRE Charles Quint donne l'investiture du Milanais à son fils Philippe.

1541

JUILLET Disgrâce du connétable Anne de Montmorency.

1542

JUILLET François Ier déclare la guerre à Charles Quint.

1543

2 AOÛT-8 SEPTEMBRE Siège de Nice par des troupes françaises, appuyées par une flotte ottomane.

31 DÉCEMBRE Signature d'une alliance entre Charles Quint et Henry VIII.

1544

19 JUILLET-18 SEPTEMBRE Prise de Boulogne par les troupes de Henry VIII.

18 SEPTEMBRE Signature du traité de Crépy entre François Ier et Charles Quint.

1545

18-20 AVRIL Massacre des Vaudois en Provence par les troupes royales, dans les villages de Mérindol et des environs.

9 SEPTEMBRE Mort de Charles II, duc d'Orléans, troisième fils de François Ier.

1546

7 JUIN Signature du traité de paix d'Ardres avec l'Angleterre.

1547

28 JANVIER Mort du roi Henry VIII.

31 MARS Mort de François Ier à Rambouillet.

24 MAI Inhumation de François Ier et de ses fils François et Charles dans la basilique de Saint-Denis.

SOURCES ET BIBLIOGRAPHIE

Sources manuscrites

Archives nationales

J 937, n° 10 (AE III 205) : Lettre de Soliman à François Ier sur la protection accordée aux chrétiens dans ses États (1528).

KK 90 : Comptes de Louise de Savoie (1521).

KK 91-104 : Comptes de François Ier (1515-1541).

XA 8610 : Actes royaux enregistrés par le parlement de Paris (1498-1514).

Bibliothèque nationale de France, bibliothèque de l'Arsenal

Ms-3435 : *Journal de Louise de Savoie* (XVIIe siècle).

Bibliothèque nationale de France, département des Manuscrits

Dupuy 81 : Recueil de testaments (XVIe-XVIIe siècle).

Dupuy 486 : Recueil de lettres et de documents concernant le règne de François Ier (XVIe-XVIIe siècle).

Français 5738 : Procès criminel du duc d'Alençon et autres pièces historiques et littéraires (XVe-XVIIe siècle).

Français 8815 : Pierre Gazet et Jean Cyvandier, *Comptes de la Maison de Louise de Savoie* (1497).

Français 10383 : Guillaume de Seigne, *Comptes des tentes et pavillons du camp du Drap d'or* (1521).

Français 10388 : Comptes de l'entrevue de Boulogne (1532).

Français 11576 : Jean Domartin, Pierre Dozet et Walleran Payon, *Inventaire des joyaux, reliquaires, chappes, images et aultres vaisseaux d'or et d'argent appartenants à l'église et fabrique de Reims* (1622).

Français 21449-21450 : Officiers et domestiques de la Maison de François Ier (1516-1549).

Français 22335 : Inventaires des meubles et des archives de divers princesses et princes français (XVe-XVIIe siècle).

Mélanges de Colbert 360, n° 267 : Lettre d'Anne de Bretagne au sujet du futur mariage de Claude de France et de Charles, duc de Luxembourg (1504).

Mélanges de Colbert 364, n° 305 : Pouvoirs donnés à François de Tournon, Jean de Selve et Philippe Chabot pour négocier une trêve entre François Ier, Henry VIII et Charles Quint (1525).
NAF 6791 : Contrat de mariage entre François Ier et Éléonore de Habsbourg (1530).
NAF 7669, f. 308 : Lettre de François Ier à Soliman pour accréditer un ambassadeur (1526).
NAF 17369 : Original du traité de Cambrai (1529).
Supplément Turc 822 : Lettre de Soliman à François Ier (1536).
Supplément Turc 1638 : Lettre de Soliman à François Ier (1526).

Lille, palais des Beaux-Arts
Inv. Pl. 104 *bis* : Lettre de François Ier à Michel-Ange (1546).

Sources imprimées

ANDROUET DU CERCEAU (Jacques), *Le Premier [Second] Volume des plus excellents bastiments de France auquel sont designez les plans de quinze bastiments et de leur contenu ensemble les elevations et singularitez d'un chascun*, Paris, Billes Beys, 1576-1579.

BARRILLON (Jean), *Journal de Jean Barrillon, secrétaire du chancelier Duprat, 1515-1521*, éd. par Pierre de Vaissière, Paris, H. Laurens, 1897-1899, 2 t.

BEATIS (Antonio de), *Voyage du cardinal d'Aragon en Allemagne, Hollande, Belgique, France et Italie (1517-1518)*, éd. par Madeleine Havard de La Montagne, Paris, Perrin, 1913.

CHAMPIER (Symphorien), *Les Gestes ensemble de la vie du preulx chevalier Bayard*, éd. par Denis Crouzet, Paris, Imprimerie nationale, 1992.

CHARRIÈRE (Ernest), *Négociations de la France dans le Levant, ou Correspondances, mémoire et actes diplomatiques des ambassadeurs de France à Constantinople et des ambassadeurs, envoyés ou résidents à divers titres à Venise, Raguse, Rome, Malte et Jérusalem, en Turquie, Perse, Géorgie, Crimée, Syrie, Égypte, etc., et dans les États de Tunis, d'Alger et du Maroc*, Paris, Imprimerie nationale, 1848-1860, 4 t.

Les Comptes des bâtiments du roi (1528-1571), éd. par Léon de Laborde, Paris, J. Baur, 1877-1880, 2 t.

Correspondance des nonces en France Capodiferro, Dandino et Guidiccione, 1541-1546. Légations des cardinaux Farnèse et Sadolet et missions d'Ardinghello, de Grimani et de Hieronimo da Correggio, éd. par Jean Lestocquoy, Rome, Presses de l'université grégorienne/Paris, E. de Boccard, 1963.

DAN (Pierre), *Fontainebleau, le trésor des merveilles de la maison royale*, Paris, Sébastien Cramoisy, 1642.

DOUCET (Roger), « La mort de François Ier », *Revue historique*, vol. 113, 1913, p. 309-316.

DU BELLAY (Martin et Guillaume), *Mémoires*, Paris, H. Laurens, 1908-1919, 4 vol.

GODEFROY (Théodore), *Le Cérémonial françois*, Paris, Sébastien Cramoisy, 1649, 2 t.

GUICHENON (Samuel), *Histoire généalogique de la royale maison de Savoie*, Lyon, 1660, 4 t.

LA MARCK (Robert de), *Mémoires du maréchal de Florange, dit le jeune Adventureux*, Paris, H. Laurens, 1913-1924, 2 t.

MÉZERAY (François-Eudes de), *Histoire de France depuis Faramond jusqu'à maintenant* [...], Paris, 1643-1651, 3 t.

OCCHIPINTI (Carmelo), *Carteggio d'arte degli ambasciatori estensi in Francia (1536-1553)*, Pise, Scuola normale superiore, 2001.

OMONT (Henri), *Anciens Inventaires et Catalogues de la Bibliothèque nationale*, vol. 1, *La Librairie royale à Blois, Fontainebleau et Paris au XVIe siècle*, Paris, Ernest Leroux éditeur, 1908.

Ordonnances des rois de France. Règne de François Ier, Paris, Imprimerie nationale, puis Centre national de la recherche scientifique, 1902-1992, 9 t. parus.

Relations des ambassadeurs vénitiens sur les affaires de la France au XVIe siècle, éd. par Niccolò Tommaseo, Paris, Imprimerie royale, 1838, 2 t.

VASARI (Giorgio), *Les Vies des meilleurs peintres, sculpteurs et architectes*, trad. et éd. par André Chastel, Paris, Berger-Levrault, 1981-1989, 12 t.

Bibliographie sélective

BARBICHE (Bernard), *Les Institutions de la monarchie française à l'époque moderne, XVIe-XVIIIe siècle*, Paris, PUF, 2012 (rééd.).

BASSET (Bérengère) et BÉNÉVENT (Christine), « Les apophtegmes de Plutarque et la tradition des miroirs du prince au XVIe siècle : l'exemple de l'*Institution du prince* de Guillaume Budé », *Littératures classiques*, vol. 84, 2014/2, p. 63-96.

BAUD (Charles), *Le Mythe et l'Exactitude. L'ordonnance de Villers-Cotterêts à l'époque moderne*, Paris, Classiques Garnier, 2024.

BAURMEISTER (Ursula), « À propos de la librairie de la chambre du roi : livres imprimés de la bibliothèque personnelle de François Ier », *Bulletin du bibliophile*, 2014/2, p. 225-281.

BAURMEISTER (Ursula) et LAFFITTE (Marie-Pierre), *Des livres et des rois*, cat. exp. (Blois, château royal, 20 juin – 30 août 1992 ; Paris, Bibliothèque nationale, 15 octobre 1992 – 17 janvier 1993), Paris, Bibliothèque nationale/Quai Voltaire, 1992.

BEAUFILS (Oriane), « "Francesco Bolognese scultore". Primatice et la chambre de la duchesse d'Étampes au château de Fontainebleau », *Revue de l'art*, n° 215, 2022/1, p. 8-23.

— (dir.), *La Porte dorée du château de Fontainebleau. Histoire et restauration*, Dijon, Faton/Fontainebleau, château de Fontainebleau, 2024.

BEAUFILS (Oriane) et CAPODIECI (Luisa) [dir.], *La Cour en fête. Dans l'Europe des Valois*, Tours, Presses universitaires François-Rabelais, 2022.

BEAUFILS (Oriane) et COCHET (Vincent) [dir.], *Louis-Philippe à Fontainebleau. Le roi et l'histoire*, cat. exp. (Fontainebleau, château de Fontainebleau, 3 novembre 2018 – 4 février 2019), Paris, Réunion des musées nationaux/Fontainebleau, 2018.

BÉLY (Lucien), *L'Art de la paix en Europe. Naissance de la diplomatie moderne, XVIe-XVIIIe siècle*, Paris, Presses universitaires de France, 2007.

BÉNÉVENT (Christine), MENINI (Romain) et SANCHI (Luigi-Alberto) [dir.], *Les Noces de Philologie et de Guillaume Budé. Un humaniste et son œuvre à la Renaissance*, actes du colloque de Paris, École nationale des chartes/Cour de cassation/université Paris-2 Panthéon-Assas, Paris, École des chartes, 2021.

BÉNÉVENT (Christine) et WALSBY (Malcolm), « Les premières éditions imprimées de l'*Institution du Prince* de Guillaume Budé : une histoire à réécrire », *Histoire et civilisation du livre. Revue internationale*, vol. 11, 2015, p. 239-275.

Berthoud (Gabrielle), *Antoine Marcourt. Réformateur et pamphlétaire. Du « Livre des marchands » aux placards de 1534*, Genève, Droz, 1973.

Blasselle (Bruno) et Toscano (Gennaro) [dir.], *Histoire de la Bibliothèque nationale de France*, Paris, Bibliothèque nationale de France, 2022.

Bosc (Olivier) et Hermant (Maxence) [dir.], *Le Siècle de François Ier. Du roi guerrier au roi mécène*, cat. exp. (Chantilly, musée Condé, 7 septembre – 7 décembre 2015), Paris, Cercle d'art, 2015.

Boudon (Françoise) et Blécon (Jean), avec la collab. de Grodecki (Catherine), *Le Château de Fontainebleau de François Ier à Henri IV. Les bâtiments et leurs fonctions*, Paris, Picard, 1998.

Boudon (Françoise) et Mignot (Claude), *Jacques Androuet Du Cerceau. Les dessins des « plus excellents bâtiments de France »*, Paris, Picard/Cité de l'architecture et du patrimoine/Le Passage, 2010.

Brioist (Pascal), *François Ier*, Paris, PUF, 2020.

Brioist (Pascal), Fagnart (Laure) et Michon (Laure) [dir.], *Louise de Savoie, 1476-1531*, actes du colloque de Romorantin-Lanthenay, 1er-2 décembre 2011, Tours, Presses universitaires François-Rabelais/Rennes, Presses universitaires de Rennes, 2015.

Cassin (Barbara) [dir.], *Le Livre d'une langue*, Paris, Éditions du patrimoine, Centre des monuments nationaux, 2023.

Castan (Auguste), « La mort de François Ier et l'avènement d'Henri II d'après les dépêches secrètes de l'ambassadeur impérial Jean de Saint-Mauris », *Mémoires de la Société d'émulation du Doubs*, 5e s., vol. 3, a. 1878, 1879, p. 441.

Champollion-Figeac (Aimé), *Captivité du roi François Ier*, Paris, Imprimerie royale, 1847.

Chatelain (Jean-Marc) et Toscano (Gennaro), *L'Invention de la Renaissance. L'humaniste, le prince et l'artiste*, cat. exp. (Paris, BnF, 20 février – 16 juin 2024), Paris, BnF, 2024.

Chatenet (Monique), *La Cour de France au XVIe siècle. Vie sociale et architecture*, Paris, Picard, 2002.

—, *Chambord*, Paris, Éditions du Patrimoine/Centre des monuments nationaux, 2013.

Cordellier (Dominique) [dir.], *Primatice, maître de Fontainebleau*, cat. exp. (Paris, musée du Louvre, 22 septembre 2004 – 3 janvier 2005), Paris, Réunion des musées nationaux/Louvre, 2004.

Cottret (Bernard), *Henri VIII. Le pouvoir par la force*, Paris, Payot, 2005.

Cox-Rearick (Jannet), *Chefs-d'œuvre de la Renaissance. La collection de François Ier*, Anvers, Fonds Mercator, 1995.
Crépin-Leblond (Thierry) et Barbier (Muriel) [dir.], *Une reine sans couronne ? Louis de Savoie, mère de François Ier*, cat. exp. (Écouen, musée national de la Renaissance, 14 octobre 2015 – 1er février 2016), Paris, Réunion des musées nationaux, 2015.
Crépin-Leblond (Thierry) et Droguet (Vincent) [dir.], *Le Roi et l'Artiste. François Ier et Rosso Fiorentino*, cat. exp. (Fontainebleau, château de Fontainebleau, 23 mars – 24 juin 2013), Paris, Réunion des musées nationaux/Fontainebleau, Château de Fontainebleau, 2013.
Crépin-Leblond (Thierry) et Fonkenell (Guillaume), *Le Château d'Écouen, grand œuvre de la Renaissance*, Écouen, musée national de la Renaissance/Paris, Éditions de l'Esplanade, 2018.
D'Amico (Juan Carlos) et Danet (Alexandra), *Charles Quint. Un rêve impérial pour l'Europe*, Paris, Perrin, 2022.
David-Chapy (Aubrée), *Anne de France, Louise de Savoie. Inventions d'un pouvoir au féminin*, Paris, Classiques Garnier, 2016.
—, *Louise de Savoie. Régente et mère du roi*, Paris, Passés composés, 2023.
Delaruelle (Louis), *Guillaume Budé. Les origines, les débuts, les idées maîtresses*, Paris, Champion, 1907.
Demouy (Patrick), *Le Sacre du roi. Histoire, symbolique, cérémonial*, Strasbourg, La Nuée bleue/Paris, Place des Victoires, 2016.
Deruelle (Benjamin) et Vissière (Laurent) [dir.], *L'Énigme Bayard. Une figure européenne de l'humanisme guerrier*, Tours, Presses universitaires François-Rabelais, 2021.
[Ducoudray (Gustave)], *Nouveau Cours primaire du certificat d'études. Histoire et civilisation de la France. Cours élémentaire et moyen*, Paris, Hachette, 1890.
Fagnart (Laure) et Lecoq (Isabelle), *Arts et artistes du Nord à la cour de François Ier*, actes du colloque de Bruxelles, Institut royal du patrimoine artistique, 25-26 février 2016, Paris, Picard, 2017.
Fonkenell (Guillaume) [dir.], *À cheval. Le portrait équestre dans la France de la Renaissance*, cat. exp. (Écouen, musée national de la Renaissance, 16 octobre 2024 – 27 janvier 2025), Paris, In Fine/Écouen, musée national de la Renaissance, 2025.
Fournial (Étienne), *Monsieur de Boisy. Grand-maître de France sous François Ier*, Lyon, Presses universitaires de Lyon, 1996.
François (Michel), *Le Cardinal François de Tournon. Homme d'État, diplomate, mécène et humaniste (1489-1562)*, Paris, E. de Boccard, 1951.

FRANTZWA (Guillaume), *1520. Au seuil d'un nouveau monde*, Paris, Perrin, 2020.
—, *Le Rêve brisé de Charles Quint, 1525-1545. Un empire universel?* Paris, Perrin, 2022.
FRANTZWA (Guillaume) et LE CLECH (Sylvie) [dir.], *La Paix des Dames, 1529. Faire la paix à la Renaissance*, actes de la journée d'études de La Courneuve, Archives du ministère de l'Europe et des Affaires étrangères, 8 décembre 2021, Paris, ministère de l'Europe et des Affaires étrangères, direction des Archives/Aubervilliers, Comité des travaux historiques et scientifiques, 2024.
GIRAULT (Pierre-Gilles) [dir.], *François Ier, images d'un roi. De l'histoire à la légende*, cat. exp. (Blois, château royal, 3 juin – 10 septembre 2006), Paris, Somogy/Blois, château royal, 2006.
GIRY-DELOISON, (Charles) [dir.], *François Ier et Henri VIII. Deux princes de la Renaissance, 1515-1547*, actes du colloque de Londres, Institut français du Royaume-Uni, 9-11 mai 1991, Villeneuve-d'Ascq, Centre d'histoire de la région Nord et de l'Europe du Nord-Ouest/Londres, Institut français du Royaume-Uni, 1996.
—, *1520. Le camp du Drap d'or. La rencontre d'Henri VIII et de François Ier*, cat. exp. (Hardelot, Centre culturel de l'entente cordiale, 30 juin – 30 septembre 2012), Hardelot, château d'Hardelot – Centre culturel de l'entente cordiale/Paris, Somogy, 2021.
GUILLAUME (Jean), *Jacques Androuet Du Cerceau, « un des plus grands architectes qui se soient jamais trouvés en France »*, Paris, Cité de l'architecture et du patrimoine/Picard, 2010.
HERMANT (Maxence), *Trésors royaux. La bibliothèque de François Ier*, cat. exp. (Blois, château royal, 4 juillet – 18 octobre 2015), Blois, château royal/Paris, BnF/Rennes, Presses universitaires de Rennes, 2015.
—, « Les traductions manuscrites en français pour François Ier », dans Sandra Hindman et Elliot Adam [dir.], *Au prisme du manuscrit. Regards sur la littérature française du Moyen Âge (1300-1550)*, actes du colloque de Paris, mai 2014, Turnhout, Brepols, 2019, p. 138-157.
—, « François Ier bibliophile », dans Barbara Cassin [dir.], *Le Livre d'une langue*, Paris, Éditions du patrimoine, Centre des monuments nationaux, 2023, p. 74-77.
—, *Arts et artistes en Champagne du Nord. Entre Moyen Âge et Renaissance*, Rennes, Presses universitaires de Rennes, 2024.
HERMANT (Maxence) et LEPAPE (Séverine), *Les Heures de Charles d'Angoulême* [commentaire accompagnant le fac-similé du manuscrit Latin 1173 de la BnF], Barcelone, Moleiro, 2016.

HOFMANN (Catherine), RICHARD (Hélène), SARRAZIN (Jean-Yves) et VAGNON (Emmanuelle) [dir.], *L'Âge d'or des cartes marines. Quand l'Europe découvrait le monde*, cat. exp., Bibliothèque nationale de France, 23 octobre 2012-27 janvier 2013, Paris, Seuil/Bibliothèque nationale de France, 2012.
JACQUART (Jean), *François I*[er], Paris, Fayard, 1994 (nouvelle édition).
JENKINS (Catherine), *Prints at the Court of Fontainebleau, c. 1542-47*, Ouderkerk aan den Ijssel, Sound & Vision Publishers, 2017, 3 t.
KNECHT (Robert J.), *Un prince de la Renaissance. François I*[er] *et son royaume*, Paris, Fayard, 1998.
LAFFITTE (Marie-Pierre), *Reliures royales du département des Manuscrits (1515-1559)*, Paris, Bibliothèque nationale de France, 2001.
—, « À propos de la librairie de la chambre du roi : manuscrits de la bibliothèque personnelle de François Ier hérités des comtes d'Angoulême (1445-1496) », *Bulletin du bibliophile*, 2018/1, p. 11-52.
LASSABATÈRE (Thierry), *Bayard, le « bon chevalier »*, Paris, Perrin, 2024.
LAVISSE (Ernest), *Histoire de France. Cours moyen*, Paris, Colin, 1912.
LE CLECH (Sylvie), *François I*[er]*. Le roi chevalier*, Paris, Tallandier, 1999.
—, *Guillaume Budé. L'humaniste et le prince*, Paris, Riveneuve, 2008.
LECOQ (Anne-Marie), *François I*[er] *imaginaire. Symbolique et politique à l'aube de la Renaissance française*, Paris, Macula, 1987.
LE FUR (Didier), *La France de la Renaissance*, Paris, Tallandier, 2011.
—, *François I*[er], Paris, Perrin, 2015.
—, *Marignan, 1515*, Paris, Perrin, 2015 (nouvelle édition).
—, *Une autre Renaissance*, Paris, Perrin, 2018.
— [dir.], *Les Guerres d'Italie. Un conflit européen, 1494-1559*, Paris, Passés composés/Ministère des Armées, 2022.
LE ROUX (Nicolas), *1515. L'Invention de la Renaissance*, Paris, Armand Colin, 2015.
LÉVY (Tania), *Les Peintres de Lyon autour de 1500*, Rennes, Presses universitaires de Rennes, 2017.
MARANI (Pietro C.) [dir.], *La* Cène *de Léonard de Vinci pour François I*[er]*. Un chef-d'œuvre d'or et de soie*, cat. exp. (Amboise, château du Clos-Lucé, 7 juin – 8 septembre 2019), Paris, Skira/Amboise, Clos-Lucé-Parc Leonardo da Vinci, 2019.
MATTEONI (Olivier) [dir.], *Les Bourbons en leur bibliothèque, XIII*[e]*-XVI*[e] *siècle*, Paris, Éditions de la Sorbonne, 2022.
MENINI (Romain) et SANCHI (Luigi-Alberto), *L'Antiquité selon Guillaume Budé. À l'école d'un humaniste érudit*, Paris, Les Belles Lettres, 2025.
MICHELET (Jules), *Histoire de France au seizième siècle. Renaissance*, Paris, Chamerot, 1855.

MICHON (Cédric), *La Crosse et le Sceptre. Les prélats d'État sous François Ier et Henri VIII*, Paris, Tallandier, 2008.
— [dir.], *Les Conseillers de François Ier*, Rennes, Presses universitaires de Rennes, 2011.
— [dir.], *Conseils & Conseillers dans l'Europe de la Renaissance, v. 1450-v. 1550*, Tours, Presses universitaires François-Rabelais/Rennes, Presses universitaires de Rennes, 2012.
—, *François Ier. Les femmes, le pouvoir et la guerre*, Paris, Belin, 2015.
—, *François Ier. Un roi entre deux mondes*, Paris, Belin, 2018.
—, *Dans la cour des lions. Hommes et femmes de pouvoir de la Renaissance*, Paris, Passés composés, 2020.
—, *Henri VIII. La démesure au pouvoir*, Paris, Perrin, 2022.
MICHON (Cédric) et PETRIS (Loris) [dir.], *Le Cardinal Jean Du Bellay. Diplomatie et culture dans l'Europe de la Renaissance*, Tours, Presses universitaires François-Rabelais/Rennes, Presses universitaires de Rennes, 2013.
MINOIS (Georges), *Henri VIII*, Paris, Fayard, 1989.
ORTH (Myra D.,) *Renaissance Manuscripts: The Sixteenth Century*, Londres, Harvey Miller, 2015, 2 t.
PARIS (Paulin), *Études sur François Ier, roi de France, sur sa vie privée et son règne*, Paris, L. Techener, 1885, 2 t.
PETEY-GIRARD (Bruno) et VÈNE (Magali), *François Ier. Pouvoir et image*, cat. exp. (Paris, Bibliothèque nationale de France, 24 mars – 21 juin 2015), Paris, Bibliothèque nationale de France, 2015.
RENTET (Thierry), *Anne de Montmorency. Grand maître de François Ier*, Rennes, Presses universitaires de Rennes, 2011.
ROY (Lyse) et KEMP (William), « "France que son cueur luy présente" : les relations de l'entrée de François Ier à Paris en 1515 », *Bibliothèque d'humanisme et Renaissance*, vol. 76, 2014, p. 471-500.
RUSSELL (Jocelyne G.), *The Field of Cloth of Gold. Men and Manners in 1520*, Londres, Routledge & Kegan Paul, 1969.
SCAILLIÉREZ (Cécile) [dir.], *François Ier et ses artistes dans les collections du Louvre*, Paris, musée du Louvre, 1992.
—, *François Ier par Clouet*, cat. exp. (Paris, musée du Louvre, 23 mai – 26 août 1996), Paris, Réunion des musées nationaux, 1996.
— [dir.], *François Ier et l'art des Pays-Bas*, cat. exp. (Paris, musée du Louvre, 18 octobre 2017 – 15 janvier 2018), Paris, Somogy/musée du Louvre, 2017.
SCHAER (Roland) et PERRAULT (Dominique), *Chambord, 1519-2019, l'utopie à l'œuvre*, cat. exp. (Chambord, château de Chambord, 26 mai – 1er septembre 2019), Dijon, Faton/Chambord, domaine national de Chambord, 2019.

SÉNEMAUD (Edmond), « La bibliothèque de Charles d'Orléans comte d'Angoulême au château de Cognac en 1496 », *Bulletin de la Société archéologique et historique de la Charente*, 1860, 3e et 4e trimestres, p. 130-182 et 201-213.
TULLIO CATALDO (Stefania), *Léonard en France. Le maître et ses élèves 500 ans après la traversée des Alpes, 1516-2016*, cat. exp. (Paris, ambassade d'Italie, 20 septembre – 20 novembre 2016), Paris, Skira, 2016.
WINN (Mary Beth), *Anthoine Vérard, Parisian Publisher (1485-1512). Prologues, Poems and Presentations*, Genève, Droz, 1997.
ZERNER (Henri), *École de Fontainebleau. Gravures*, Paris, Arts graphiques, 1969.

INDEX

REMERCIEMENTS

Je tiens ici à remercier Benoît Yvert, directeur des éditions Perrin, pour sa relecture attentive de l'ouvrage, Christophe Parry, directeur éditorial, Marguerite de Marcillac, qui en a assuré la mise en page, ainsi que les équipes des éditions Perrin et du service des Éditions de la BnF. Ma gratitude va également à Gilles Pécout, président de la BnF, à Marie de Laubier, directrice des Collections, à Guillaume Fau, directeur du département des Manuscrits, ainsi qu'à Gennaro Toscano, conseiller scientifique à la BnF, pour ses précieux conseils. Je remercie aussi les collègues et amis qui m'ont aidé dans la rédaction de cet ouvrage ou qui en ont relu certains chapitres, à commencer par Charles-Éloi Vial, Oriane Beaufils, Mathieu Deldicque, Adrien Enfedaque, Annabelle Ténèze, sans oublier bien entendu Charlotte Denoël, cheffe du service des manuscrits médiévaux et de la Renaissance, pour son soutien sans faille et ses encouragements constants.

TABLE

CRÉDITS PHOTOGRAPHIQUES

Sauf mention contraire, les œuvres de la Bibliothèque nationale de France illustrant ce volume ont été photographiées par le département Images et Prestations numériques. Ces reproductions sont disponibles, pour la consultation, sur Gallica : https://gallica.bnf.fr et sur la banque d'images : https://images.bnf.fr et, pour la vente, auprès du département Images et Prestations numériques : reproduction@bnf.fr.

9 CCØ Paris Musées/Petit Palais, musée des Beaux-Arts de la ville de Paris ◆ 10 GrandPalaisRmn/Gérard Blot ◆ 50 Bibliothèque Herzog August Wolfenbüttel ◆ 52-53 GrandPalaisRmn (Domaine de Chantilly)/Michel Urtado ◆ 58 GrandPalaisRmn (musée du Louvre)/René-Gabriel Ojeda ◆ 62 CNRS/IRHT ◆ 75 © Paris – Musée de l'Armée, Dist. GrandPalaisRmn/Pascal Segrette ◆ 78-79 Scala, Florence, Dist. GrandPalaisRmn/image Scala ◆ 85 GrandPalaisRmn (musée de la Renaissance, château d'Écouen)/Stéphane Maréchalle ◆ 92 GrandPalaisRmn (Domaine de Chantilly)/René-Gabriel Ojeda ◆ 105 CCØ Paris Musées/Musée Carnavalet – Histoire de Paris ◆ 108-109 © Château de Fontainebleau, Dist. GrandPalaisRmn/image château de Fontainebleau ◆ 112 Musée du Louvre, Dist. GrandPalaisRmn/Angèle Dequier ◆ 116 © KHM-Museumsverband ◆ 117 Bridgeman Images ◆ 120 © Christian Simoulin/Palais des Beaux-Arts de Lille ◆ 123 Cecilia Heisser/Nationalmuseum, Stockholm ◆ 128 GrandPalaisRmn (musée du Louvre)/ Michel Urtado ◆ 145 GrandPalaisRmn (Domaine de Chantilly)/René-Gabriel Ojeda ◆ 146 GrandPalaisRmn (Domaine de Chantilly)/Michel Urtado ◆ 169 © Kew, The National Archives ◆ 173 Photograph © 2025 Museum of Fine Arts, Boston. All rights reserved. Bridgeman Images ◆ 176-177 © Château de Fontainebleau, Dist. GrandPalaisRmn/image château de Fontainebleau ◆ 178 CCØ New York, The Metropolitan Museum of Art ◆ 186-187 The British Library archive/Bridgeman Images ◆ 190 © akg-images/Rabatti & Domingie ◆ 191 Governatorato SCV – Direzione dei Musei ◆ 194 Bridgeman Images/Luisa Ricciarini ◆ 195 © Paris – Musée de l'Armée, Dist. GrandPalaisRmn/Émilie Cambier, Fanny Reynaud ◆ 197 © Pascal Lemaître/Centre des monuments nationaux ◆ 205 Archives nationales, France ◆ 206 Museo Nacional del Prado, Dist. RMN-GP/image du Prado.

Imprimé en France par PPO